江苏高校哲学社会科学重点研究基地
东南大学"道德哲学与中国道德发展"研究所成果
国家"985"三期"哲学社会科学创新基地"研究成果

意义批判的逻辑
——马克思辩证法的存在论阐释

高广旭 著

中国社会科学出版社

图书在版编目(CIP)数据

意义批判的逻辑：马克思辩证法的存在论阐释／高广旭著.—北京：中国社会科学出版社，2013.12
ISBN 978-7-5161-3736-9

Ⅰ.①意… Ⅱ.①高… Ⅲ.①辩证批判理论—研究 Ⅳ.①B085

中国版本图书馆 CIP 数据核字（2013）第 294028 号

出 版 人	赵剑英
选题策划	冯　斌
责任编辑	冯　斌
特约编辑	丁玉灵
责任校对	周　昊
责任印制	戴　宽

出　版	中国社会科学出版社
社　址	北京鼓楼西大街甲 158 号（邮编 100720）
网　址	http://www.csspw.cn
	中文域名：中国社科网　010-64070619
发 行 部	010-84083685
门 市 部	010-84029450
经　销	新华书店及其他书店

印刷装订	环球印刷（北京）有限公司
版　　次	2013 年 12 月第 1 版
印　　次	2013 年 12 月第 1 次印刷
开　　本	710×1000　1/16
印　　张	18.5
插　　页	2
字　　数	313 千字
定　　价	56.00 元

凡购买中国社会科学出版社图书，如有质量问题请与本社联系调换
电话：010-64009791
版权所有　侵权必究

总　序

东南大学的伦理学科起步于20世纪80年代前期，由著名哲学家、伦理学家萧焜焘教授、王育殊教授创立，90年代初开始组建一支由青年博士构成的年轻的学科梯队，至90年代中期，这个团队基本实现了博士化。在学界前辈和各界朋友的关爱与支持下，东南大学的伦理学科得到了较大的发展。自20世纪末以来，我本人和我们团队的同仁一直在思考和探索一个问题：我们这个团队应当和可能为中国伦理学事业的发展作出怎样的贡献？换言之，东南大学的伦理学科应当形成和建立什么样的特色？我们很明白，没有特色的学术，其贡献总是有限的。2005年，我们的伦理学科被批准为"985工程"国家哲学社会科学创新基地，这个历史性的跃进推动了我们对这个问题的思考。经过认真讨论并向学界前辈和同仁求教，我们将自己的学科特色和学术贡献点定位于三个方面：道德哲学；科技伦理；重大应用。

以道德哲学为第一建设方向的定位基于这样的认识：伦理学在一级学科上属于哲学，其研究及其成果必须具有充分的哲学基础和足够的哲学含量；当今中国伦理学和道德哲学的诸多理论和现实课题必须在道德哲学的层面探讨和解决。道德哲学研究立志并致力于道德哲学的一些重大乃至尖端性的理论课题的探讨。在这个被称为"后哲学"的时代，伦理学研究中这种对哲学的执著、眷念和回归，着实是一种"明知不可为而为之"之举，但我们坚信，它是我们这个时代稀缺的学术资源和学术努力。科技伦理的定位是依据我们这个团队的历史传统、东南大学的学科生态，以及对伦理道德发展的新前沿而作出的判断和谋划。东南大学最早的研究生培养方向就是"科学伦理学"，当年我本人就在这个方向下学习和研究；而东南大学以科学技术为主体、文管艺医综合发展的学科生态，也使我们这些90年代初成长起来的"新生代"再次认识到，选择科技伦理为学科生长点是明智之举。如果说道德哲学与科技伦理的定位与我们的学科传统有关，那么，重大应用的定位就是基于对伦理学的现实本性以及为中国伦理道德建设作出贡献的愿望和抱负而作出的选择。定位"重大应用"而不是一般的"应用伦理学"，昭明我们在这方面有所为也有所不为，只是试图在伦理学应用的某些重大方面和重大领域进行我们的努力。

基于以上定位，在"985工程"建设中，我们决定进行系列研究并在长期积累的基础上严肃而审慎地推出以"东大伦理"为标识的学术成果。"东大伦理"取名于两种考虑：这些系列成果的作者主要是东南大学伦理学团队的成员，有的系列也包括东南大学培养的伦理学博士生的优秀博士论文；更深刻的原因是，我们希望并努力使这些成果具有某种特色，以为中国伦理学事业的发展作出自己的贡献。"东大伦理"由五个系列构成：道德哲学研究系列；科技伦理研究系列；重大应用研究系列；与以上三个结构相关的译著系列；还有以丛刊形式出现并在20世纪90年代已经创刊的《伦理研究》专辑系列，该丛刊同样围绕三大定位组稿和出版。

"道德哲学系列"的基本结构是"两史一论"。即道德哲学基本理论；中国道德哲学；西方道德哲学。道德哲学理论的研究基础，不仅在概念上将"伦理"与"道德"相区分，而且从一定意义上将伦理学、道德哲学、道德形而上学相区分。这些区分某种意义上回归到德国古典哲学的传统，但它更深刻地与中国道德哲学传统相契合。在这个被宣布"哲学终结"的时代，深入而细致、精致而宏大的哲学研究反倒是必须而稀缺的，虽然那个"致广大、尽精微、综罗百代"的"朱熹气象"在中国几乎已经一去不返，但这并不代表我们今天的学术已经不再需要深刻、精致和宏大气魄。中国道德哲学史、西方道德哲学史研究的理念基础，是将道德哲学史当作"哲学的历史"，而不只是道德哲学"原始的历史"、"反省的历史"，它致力探索和发现中西方道德哲学传统中那些具有"永远的现实性"的精神内涵，并在哲学的层面进行中西方道德传统的对话与互释。专门史与通史，将是道德哲学史研究的两个基本纬度，马克思主义的历史辩证法是其灵魂与方法。

"科技伦理系列"的学术风格与"道德哲学系列"相接并一致，它同样包括两个研究结构。第一个研究结构是科技道德哲学研究，它不是一般的科技伦理学，而是从哲学的层面、用哲学的方法进行科技伦理的理论建构和学术研究，故名之"科技道德哲学"而不是"科技伦理学"；第二个研究结构是当代科技前沿的伦理问题研究，如基因伦理研究、网络伦理研究、生命伦理研究等等。第一个结构的学术任务是理论建构，第二个结构的学术任务是问题探讨，由此形成理论研究与现实研究之间的互补与互动。

"重大应用系列"以目前我作为首席专家的国家哲学社会科学重大招标课题和江苏省哲学社会科学重大委托课题为起步，以调查研究和对策研究为重点。目前我们正组织四个方面的大调查，即当今中国社会的伦理关系大调查；道德生活大调查；伦理—道德素质大调查；伦理—道德发展状况及其趋向大调查。我们的目标和任务，是努力了解和把握当今中国伦理道德的真实状况，在此基础上进行理论推进和理论创新，为中国伦理道德建设提出具有战略意义和创新意义的对策思路。这就是我们对"重大应用"的诠释和理解，今后我们将沿着这个方向走下去，并贡献出团队和个人的研究成果。

"译著系列"、《伦理研究》丛刊，将围绕以上三个结构展开。我们试图进行的努力是：这两个系列将以学术交流，包括团队成员对国外著名大学、著名学术机构、著名学者的访问，以及高层次的国际国内学术会议为基础，以"我们正在做的事情"为主题和主线，由此凝聚自己的资源和努力。

马克思曾经说过，历史只能提出自己能够完成的任务，因为任务的提出表明完成任务的条件已经具备或正在具备。也许，我们提出的是一个自己难以完成或不能完成的任务，因为我们完成任务的条件尤其是我本人和我们这支团队的学术资质方面的条件还远没有具备。我们期图通过漫漫兮求索乃至几代人的努力，建立起以道德哲学、科技伦理、重大应用为三元色的"东大伦理"的学术标识。这个计划所展示的，与其说是某些学术成果，不如说是我们这个团队的成员为中国伦理学事业贡献自己努力的抱负和愿望。我们无法预测结果，因为哲人罗素早就告诫，没有发生的事情是无法预料的，我们甚至没有足够的信心展望未来，我们唯一可以昭告和承诺的是：

我们正在努力！

我们将永远努力！

樊　浩

谨识于东南大学"舌在谷"

2007 年 2 月 11 日

序　言

辩证法是马克思主义的活的灵魂。如何拓展和深化马克思辩证法研究，是哲学基础理论研究的重要内容之一。高广旭博士撰写的《意义批判的逻辑——马克思辩证法的存在论阐释》，是对这一研究领域的一次新的探索。作者尝试从哲学存在论的研究视角重新阐释马克思的辩证法思想，重新建构马克思辩证法的理论形态，体现了作者敢于攻坚克难的理论勇气和魄力，表现出作者良好的哲学素养和理论创新能力，是一部值得学界关注的研究成果。现在这部著作即将出版，我为之由衷的高兴和欣慰。

辩证法之所以是马克思主义的活的灵魂，首先在于它的本质是马克思所说的批判的和革命的本质。但是，马克思生前却对于辩证法没有形成系统的理论专著，对于辩证法的理论本质和理论形态的论断也比较分散和零散，这就为学界后来从不同视角阐发马克思辩证法的理论形态留下了充分的历史余地。同时，由于马克思和恩格斯多次就德国古典哲学特别是黑格尔的辩证法思想做出批判性与肯定性的论述，使得马克思辩证法与黑格尔辩证法的理论传承关系构成学界不断试图破解的理论之谜，从而又让学界对于马克思辩证法的理论形态和思想本质的阐发获得充分的理论余地。基于以上两个方面的原因，深入探讨和阐释马克思辩证法的理论形态和思想本质始终是我国马克思主义理论研究者普遍关注的重要问题。

上世纪80年代以来通过对苏联模式哲学体系的反省，马克思辩证法研究经历了从实在论到认识论研究范式的转变。在教科书哲学模式中，辩证法的存在论平台是客观实在的物质实体，辩证法的诸多性质在

2　意义批判的逻辑

这个平台上得以展开，辩证法被阐述为客观物质世界的固有属性。上世纪90年代以来，学界开始对辩证法的物质实在论基础提出质疑，这就是，辩证法始终是思维与存在矛盾关系的结果，而非任何一方的固有属性，只有从思维与存在的否定性统一关系入手，辩证法才能获得自己的合法根基，辩证法的否定性和能动性才能获得内在的支撑。

本世纪初，学界更加注重从人的实践活动出发，把辩证法视为建立在实践活动基础上的人与世界的否定性统一关系，进而把握到人与世界的认知关系的理论前提，为辩证法奠定生存论根基。这种研究思路超越实在论客观主义和认识论主观主义，以马克思实践观点为理论基础，推进和拓展了马克思辩证法的存在论基础研究。但是，在这种研究思路中，往往忽略了马克思对于存在的实践化理解中所固有的超越维度，也就是没有考察实践关系性的具体存在形态即资本存在、历史存在和社会存在的意义维度和价值维度。

在国外，从卢卡奇对总体性辩证法的强调，要求把辩证法的存在论基础建立在社会存在的本体论之上，到阿多诺提出否定的辩证法，提出辩证法的存在论基础只能是价值多元的理论星丛。从伽达默尔强调语言辩证法的对话功能，辩证法的存在论进而建基于语用学基础上，到科西克的具体辩证法对辩证法存在论基础的现象学还原等等，这些理论家都从各自视角推进了对辩证法一般理论和马克思辩证法理论形态问题的研究。但这些研究仍然缺乏对辩证法与存在论二者关系问题的直面，仍然没有触及辩证法视域中的存在是意义性存在的问题。

纵观以上辩证法理论研究的基本状况，我们发现，这些研究都把存在论问题当作不证自明的理论预设，但是未对存在论的基本问题即存在的意义问题做出深入阐发，进而都忽略了辩证法存在论基础所蕴含的意义维度。与之不同，本书主张这样的研究思路，即如果马克思哲学视域中的"存在"是意义性或价值性的存在，"存在论"是对于现实存在的存在意义的追问，那么，从意义维度重新探讨马克思辩证法的存在论基础问题，或许能为辩证法理论研究打开更广阔的视野。

哲学理论研究最为重要的创新应该表现为对于既有理论研究的解释原则的反思。总体来看，本书试图通过对于马克思辩证法的存在论阐释，实现对于辩证法一般理论的解释原则的转换。基于这一研究目标，作者在开篇就强调，以往研究的实体性或事实性视角忽略了辩证法理论本质的意义性或价值性特征，遮蔽了辩证法和存在论固有的意义维度。进而作者在本书的主体部分提出，当代马克思辩证法研究应该从意义维度入手，应该诉诸于马克思哲学存在论的多重表现形态，如生命存在的意义、资本存在的意义、历史存在的意义等问题。基于这些主体研究内容，本书得出结论：在意义维度的解释原则下，辩证法把握到的世界是一个意义世界，辩证法对世界的批判是意义维度的批判，辩证法的合理形态是意义批判的逻辑。

本书借助哲学存在论的理论资源，强调"哲学存在论的核心任务是求索存在的意义问题，存在论对意义问题的本源性澄明，既克服了实在论对存在意义问题的'遗忘'，也解决了认识论在存在意义问题面前的'无能'。以存在论的视角阐释辩证法，不仅能够超越实在论解释原则和认识论解释原则的局限性，而且能够以符合辩证法理论本性的方式开显出辩证法固有的意义维度"。沿着这一思路，作者主张以"存在的意义问题"这一存在论的基本问题为视角，为重新阐发马克思辩证法的理论品质和理论形体开拓崭新的"问题域"。为此，作者分别从"马克思辩证法存在论阐释的理论前提"、"马克思辩证法的存在论基础"、"马克思辩证法的存在论批判"、"马克思辩证法的存在论旨趣"和"马克思辩证法的存在论世界观"五个方面具体展开了对马克思辩证法的存在论阐释。

本书是高广旭博士的第一部学术专著。他在吉林大学哲学系求学十载，先后获得哲学学士、哲学硕士和哲学博士学位，接受过专业的哲学理论教育和系统的哲学思维训练。作者求学期间的研究方向和擅长领域一直是马克思辩证法理论，并以马克思辩证法为研究主题在国内核心学术期刊发表多篇学术论文。令人欣慰的是，作者的博士学位论文还获得了"2012年全国优秀博士学位论文的提名奖"，本书的原型就是这一同名博士学位论文，后经过作者的补充和修订，内容和思想在原有基础上都获得了更丰富的扩充和更深入的思考。

我希望本书的出版能够在推动学界对于马克思辩证法方面的研究做出积极贡献。"文章千古事，得失寸心知"。相信高广旭博士对于本书的不足和需要改进之处有充分的理论自觉，这种理论自觉会帮助他以更踏实的脚步行走在学术研究的征途上，并在今后的哲学研究道路上取得更多更厚重的成果。

是为序。

孙正聿

2013 年 7 月 13 日于长春

目 录

导 言 存在论阐释与马克思辩证法的生命力 …………………… (1)
    一 寻求意义的逻辑与辩证法的生命力 ……………………… (1)
    二 两种解释原则对辩证法生命力的遮蔽 …………………… (6)
    三 存在论阐释与辩证法的生命力 …………………………… (11)
    四 马克思辩证法存在论阐释的思路和内容 ………………… (15)

第一章 辩证法与存在论合流：马克思辩证法存在论阐释的理论前提 ………………………………………………………… (22)
    一 辩证法与存在论合流的思想背景 ………………………… (22)
    二 反思黑格尔辩证法的存在论基础 ………………………… (37)
    三 黑格尔辩证法的否定性及其存在论性质 ………………… (54)
    四 黑格尔辩证法与存在论合流的现代性批判意义 ………… (68)

第二章 存在意义批判及其实践奠基：马克思辩证法的存在论基础 ……………………………………………………………… (80)
    一 反思马克思辩证法的理论基础 …………………………… (80)
    二 马克思辩证法实践论基础的存在论意蕴 ………………… (89)
    三 马克思辩证法存在论基础的时间性视阈 ………………… (105)
    四 时间与意义：马克思辩证存在论的实践奠基 …………… (117)

2　意义批判的逻辑

第三章　资本意义批判及其内在瓦解：马克思辩证法的存在论批判 ……………………………………………………（127）
　　一　存在论批判：辩证法理论的固有任务 ………………（127）
　　二　资本逻辑的存在论基础与黑格尔辩证法的局限性 ………（141）
　　三　马克思辩证法对于资本逻辑的存在论批判 …………（155）

第四章　历史意义批判及其人学阐释：马克思辩证法的存在论旨趣 ……………………………………………………（183）
　　一　历史的意义与作为内涵逻辑的辩证法 ………………（183）
　　二　存在与救赎：黑格尔概念辩证法的神性本质 ………（196）
　　三　存在与解放：马克思历史辩证法的人学性质 ………（210）

第五章　意义世界的重建：马克思辩证法的存在论世界观 ………（231）
　　一　反思流俗的世界观理解 ………………………………（231）
　　二　意义总体性与辩证法的世界观 ………………………（239）
　　三　马克思辩证法的世界观革命 …………………………（249）

结语　辩证法与可能世界 ……………………………………………（261）
参考文献 ………………………………………………………………（267）
学术索引 ………………………………………………………………（277）
后记 ……………………………………………………………………（279）

导　言

存在论阐释与马克思辩证法的生命力

辩证法在其诞生之初就是一种寻求事物存在意义的逻辑，辩证法始终以寻求和批判存在的意义问题作为自己的基本任务。但是，实在论解释原则把辩证法理解为关于客观存在的实证规律和法则，认识论解释原则把辩证法理解为人类思维认知形式与认知对象错位的消极产物。辩证法在这两种解释原则之下其固有的意义维度被遮蔽掉了。本书旨在探索一种能够揭示辩证法意义维度的哲学解释原则。众所周知，哲学存在论的核心任务是求索存在的意义问题。存在论对意义问题的本源性澄明，既克服了实在论对存在意义问题的"遗忘"，也解决了认识论在存在意义问题面前的"无能"。因此，以存在论的视角阐释辩证法，不仅能够超越实在论解释原则和认识论解释原则的局限性，而且能够以符合辩证法理论本性的方式开显出辩证法固有的意义维度。从而使辩证法对于事物的意义关系式把握的理论实质被揭示出来，事物在辩证法视阈中是以意义关系而非实在关系的样态呈现出来的。从"实在性"到"意义性"的转变不仅是辩证法理论载体的转变，更是辩证法阐释原则的变革和创新。

一　寻求意义的逻辑与辩证法的生命力

哲学是思想中所把握的时代，是时代精神的精华。哲学理论的兴衰成败取决于哲学理论自身的生命力。这种生命力表现在，哲学理论的内核是否会随着时代与现实的变迁既能保持自身的基本性质的稳定性，又能不断焕发出新的时代性内涵。作为哲学基础理论之一的辩证法也是如此。在当代哲学视野下，守护辩证法理论的生命力，必须不断创新对辩证法理论内核的理解，不断结合时代内容挖掘和创新辩证法的理论内涵。

众所周知，辩证法的理论本质是批判的和革命的，批判和革命的动力来自于辩证法自身的否定本性。可以说，否定性是辩证法的理论特质和理论内核，更是辩证法的生命力所在。守护辩证法的生命力必须创新对辩证法否定性的理解。

一般来说，对于否定性的探讨离不开探讨否定性与肯定性的逻辑关系，或者说我们无法孤立地探讨否定性本身，而只有在探讨否定性与肯定性的关系中才能凸显否定性的理论内涵。辩证法思维方式的否定性不是关于抽象形式的外在否定性，而是关于"世界本体的有、无问题"的内在否定性。[①] 因此，我们把只从逻辑形式上区分否定与肯定关系的否定性称为"外在否定性"，把从具体内容划分否定与肯定关系的否定性称为"内在否定性"。"外在否定性"由于只关注肯定与否定的逻辑区别，因而只触及事物表明的实在关系，而"内在否定性"由于关注事物的本体之在，并以本体之在为基本载体来思辨本体之在的存在意义，因而它触及的是事物本身的意义关系。那么，辩证法理论的否定性属于哪一种呢？马克思强调："辩证法在对现存事物的肯定的理解中同时包含对现存事物的否定的理解，即对现存事物的必然灭亡的理解；辩证法对每一种既成的形式都是从不断的运动中，因而也是从它的暂时性方面去理解；辩证法不崇拜任何东西，按其本质来说它是批判的和革命的。"[②] 通过这一经典论断，我们发现辩证法对于事物的判断已经超越了常识和科学的视角，显得不够科学和明确。因为辩证法对于事物的判断显然没有达到常识的明晰性和科学的明证性，而只是"肯定"中包含"否定"的思辨判断。这样看来，辩证法的否定似乎无法给我们带来常识判断的扩容，也无法带来科学知识的增进，试图守护这样一种没

[①] 邓晓芒在《思辨的张力——黑格尔辩证法新探》一书中把否定性与肯定性的关系划分为"抽象的逻辑形式"关系和"具体事物本身的逻辑关系"，并提出黑格尔辩证法的否定性属于后者。参见邓晓芒《思辨的张力——黑格尔辩证法新探》，湖南教育出版社1992年版，第147页。

[②] 《马克思恩格斯选集》第2卷，人民出版社1995年版，第112页。

有确定性的理论的生命力似乎无法做到。

当我们回过头来再仔细分析这段话，一个关键性的词语必须加以深入反思，这就是"理解"一词。显然，马克思强调辩证法对于事物的判断不是"描述"而是"理解"。"描述"事物，我们是在"存在者"的层面获得了关于事物的实证知识，但"理解"事物，则表现为我们要深入到事物的"存在"之中，在"理解"或"诠释"存在的同时，作为"理解者"和"诠释者"的人也参与到关于"存在"揭示之中。海德格尔认为，"通过诠释，存在的本真意义与此在本己存在的基本结构就向居于此在本身存在之领会宣告出来。"① 伽达默尔更明确地提出："一切认识者与被认识物的相适应性并不依据于它们具有同样的存在方式这一事实，而是通过它们两者共同的存在方式的特殊性而获得其意义。这种相适应性在于：不管是认识者还是被认识物，都不是'在者状态上的''现成事物'，而是'历史性的'，即它们都具有历史性的存在方式。"② 在这个意义上，辩证法对于事物的"理解"具有海德格尔和伽达默尔的哲学解释学的意义。辩证法对于事物的判断不是描述事物的存在样态，而是揭示事物的存在意义与价值，或者说，辩证法在以思辨形式揭示事物存在意义的同时也在揭示作为"解释者"的人自身的存在意义与价值。在这个意义上，辩证法不仅不是似是而非的诡辩，而是具有超越常识和科学之上的理论价值，这就是对于存在"意义"的寻求和澄明。而寻求和澄明存在的意义无疑是哲学存在论的基本问题。因此，探讨辩证法的当代生命力，必须基于存在论的层面而非实在论的层面，只有如此，才能真正了解辩证法的"否定性"的真实意义和价值。辩证法的否定性在这个意义上，显然是属于我们上文所提到的后一种否定性，即关于事物自身意义关系的内在否定性。

具体而言，否定性包括表现事物之间实在关系的外在否定性和表现事物自身意义关系的内在否定性。外在否定性说明事物之间的外在区别关系，内在否定性说明事物自身的内在中介关系。从实在论的视角看，A事物与B事物的否定关系只是一种外在否定关系，这表明A事物不是

---

① ［德］海德格尔：《存在与时间》，生活·读书·新知三联书店2006年版，第44页。
② ［德］伽达默尔：《真理与方法》，商务印书馆2007年版，第358页。

4 意义批判的逻辑

B事物，B事物也不是A事物，A事物和B事物由于坚持自身的实在性，不构成内在的中介关系和意义关系，而只构成相互外在排斥和区别与外在否定关系。但是，从存在论的视角看，A事物与作为非A状态的B事物则构成了一种内在的否定关系。B事物作为非A事物是A事物的另一种存在状态，A事物能够借助于其非A状态达到自身意义和内涵的扩充，非A构成A事物扩展自身内涵的中介。辩证法的否定性无疑是一种内在的否定性。马克思指出："黑格尔的《现象学》及其最后成果——辩证法，作为推动原则和创造原则的否定性——的伟大之处首先在于，黑格尔把人的自我产生看作一个过程，把对象化看作非对象化，看作外化和这种外化的扬弃。"① 可见，辩证法的否定性始终是存在论意义上的内在否定性和内在中介关系，而不是实在论意义上的外在否定性和外在隔离关系。

既然辩证法的否定性是一种内在否定性，而这种内在否定性又表现为作为事物的内在推动原则和内在创造原则，那么是什么决定了这种否定性能够既推动着事物运动又创造着事物的发展？或者说，是什么保证了辩证法的否定性没有陷入完全的消极否定，而具有积极的创造功能？通过反思马克思对黑格尔辩证法的论断我们发现，黑格尔辩证法的"推动原则"和"创造原则"的"否定性"实际上内含的是一种"发展原则"的"否定性"，因为只有"发展原则"才具有"推动"的力量和"创造"的功能。进而，当以一种"发展原则"来理解黑格尔辩证法的"否定性"时，马克思无疑是在一种有机体的"生命原则"的意义上来理解辩证法，因为真正贯穿一种"发展原则"的事物，只能是一种具有内在生命力和以生命力作为原则的有机体。在这个意义上，我们也可以把马克思的这一论断解读为"辩证法——作为生命原则的否定性"。进而，马克思的这一论断也向我们提示出，当把黑格尔辩证法的"否定性"看作一种内含"生命原则"的"否定性"时，我们实际上也获得了一种活生生的"生命原则"的辩证法。

由以上论述可知，马克思辩证法的否定性实际是一种生命原则的内在否定性，或者说是对事物加以一种有机性理解的内在否定性，即认为

---

① 《马克思恩格斯全集》第3卷，人民出版社2002年版，第320页。

事物具有自我否定、自我创造的能力。这个观点从常识看来是不可思议的，除了生命体，其他事物怎么会自我运动和自我创造呢？常识之所以不理解辩证法的内在否定性，其根本原因在于，常识不理解辩证法思维方式对于事物的把握，不是把握关于事物存在的实在性及其外在关系，而是把握关于事物存在的意义。辩证法是寻求事物存在意义的逻辑，而不是寻求事物存在现成性的逻辑。或者说辩证法思维方式关注的不是实在而是意义。

包括哲学原理教科书在内的通常观点认为，辩证法是关于自然界、社会和人类思维三大领域的一般规律的理论，因此，辩证法就是对于事物联系发展的把握而非孤立僵化的把握。"唯物辩证法是关于自然界、社会和人类思维发展的最一般规律的科学，它既是包括着客观的辩证法，也包括着主观的辩证法。"[①] 这种理解显然是把辩证法看作是关于事物实在关系的理论，其理论目的就是揭示实在事物的内在辩证规律，达到对事物的客观性把握，进而也把辩证法当作科学认知的工具。但事实上，恰恰相反，辩证法不是科学认知的工具，而是哲学寻求存在意义的逻辑。辩证法生命原则的否定性告诉我们，辩证法与事物的关系不是一种外在的规定关系和描述关系，而是内在的推动和创造关系。这种内在的推动和创造关系决定了，辩证法把任何事物都看作是意义性的存在而非实在性的存在。在意义性的视阈中，任何事物都具有澄明自身存在意义的内在渴望，对存在意义的寻求构成事物内在超越自身，在自身的对立面中确立自身存在的根本动力。在这个意义上，马克思所指出的要在对事物肯定的理解中同时包含对事物否定的理解，实际上就是强调辩证法目光中的事物，不是事物僵死的实在性，而是事物自身所内含的否定性及其所呈现的存在意义和意义联系。常识的思维方式只关注事物的实在性而不关注事物存在的意义，因而不仅无法把握辩证法固有的生命原则的否定性，割断了辩证法所理解的事物之间真正的意义联系，而且遮蔽了辩证法作为寻求事物存在意义的逻辑的真实内涵。

辩证法对于事物存在意义的澄明，从来不是以一种外在的范畴和形

---

① 李秀林等主编：《辩证唯物主义和历史唯物主义原理》，中国人民大学出版社1995年版，第277页。

式去规定事物,而是始终面向事物自身的存在方式。或者说,事物存在的意义从来不是外在获取的,而是事物自身运动就创造和澄明存在的意义。黑格尔提出,"辩证法是现实世界中一切运动、一切生命,一切事业的推动原则。"① 他的意思不是说辩证法作为永恒的规律和方法外在地支配着一切事物的运动,而是说辩证法关注的是事物之间所相互关联的意义整体性。"就它特有的规定性来说,辩证法倒是知性的规定和一般有限事物特有的、真实的本性。反思首先超出孤立的规定性,把它关联起来,使其与别的规定性处于关系之中,但仍然保持那个规定性的孤立的有效性。反之,辩证法却是一种内在的超越。"② 正是这种"内在超越"对意义整体性的渴望使得事物走出自身,要求自身与他者建立起具有有机体性质的联系,而非知性规定外在的独断性联系,也正是辩证法的这种具体联系使事物融入到一切事物所共同构建的意义整体性之中。因此,在黑格尔看来,辩证法通过内在否定性"创造"事物存在的意义,而知性思维则通过外在否定性"规定"事物存在的意义。

综上可知,辩证法生命原则的否定性,不是关于事物实在性及其规律的否定性,而是关于事物存在及其意义的否定性。作为辩证法生命力的否定性,否定的不是事物存在的事实性,而是事物存在的意义。或者说,辩证法的否定性不是对事物规定意义、强加意义的否定性,而是在事物自身内在超越中寻求意义、创造意义的否定性。正是在这个意义上,辩证法否定性才既能够内在于事物之中,又能够作为事物的推动原则和创造原则超越于事物之外,对事物始终保持了批判和革命的维度。辩证法既不会随着时代的变迁变成漂浮无根的空洞理论公式,也不会随着现实的改变丧失理论应有的批判力量和创造力量,而能够始终作为一种意义批判的哲学理论具有永恒的生命力。

二 两种解释原则对辩证法生命力的遮蔽

辩证法的生命力在于其内在的否定性,这种否定性不是对于事物的

---

① [德]黑格尔:《小逻辑》,商务印书馆1980年版,第177页。
② 同上书,第176页。

实在性否定，而是事物自身的内在意义否定。否定的根本目的是对事物存在意义的崭新寻求和塑造，进而以新的意义和价值可能性来推动和引领事物的发展和变革。因此，辩证法是真正符合哲学思维本性的思维方式，这就是以对存在意义的深层诉求来探索现实存在的多种可能性，以意义的多样性和可能性来反思和批判僵化的现实性，从而为生命与生活拓展别样的思维方式、别样的存在方式。辩证法在这个意义上，它的生命力就在于它始终在意义和价值层面引领和塑造着新的时代精神，始终通过对意义的批判审视来拓展自身的理论内涵。相反，如果我们把辩证法理解为寻求实在关系或知性规律的逻辑，必然会遮蔽辩证法的哲学生命力，必然会把辩证法从存在论的层面降格到知识论的层面。

总体来看，在哲学史以及大众对于辩证法的一般认识方面，对于辩证法理论生命力的遮蔽主要是由两种哲学解释原则决定的，即客观实在论的解释原则和主观认识论的解释原则。这两种解释原则既是辩证法理论史上的两种辩证法形态的内在解释原则，也是大众对于辩证法理论认识比较初级的两个基本形式。两种解释原则符合常识和科学知识论的思维习惯，长期占据着我们对于辩证法的一般理解而无法得到根本突破。

对于实在论的解释原则，在哲学史上我们可以追溯到所谓古代朴素的辩证法理论，比如赫拉克利特和芝诺关于河流和飞矢等实在物所遵循的辩证规律的揭示。在理论形态上遵循这一解释原则的是哲学原理教科书，即使所谓的古代朴素辩证法思想也是在哲学原理教科书的解释框架下来定义的。不难发现，哲学原理教科书把辩证法鲜明地区分为客观辩证法和主观辩证法："所谓客观辩证，是指客观事物或客观存在的辩证法，是指与人类意识相区别的自然界、社会以及人的活动过程的辩证法，是指客观事物相互作用、相互联系的形式出现的各种物质形态的辩证运动和发展的规律；主观辩证法则是指人类认识和思维运动的辩证法，是指以概念作为思维细胞的辩证思维的运动和发展规律。"[①] "从内容和本质上来说，客观辩证法与主观辩证法是一致的。客观辩证法决定

[①] 李秀林等主编：《辩证唯物主义和历史唯物主义原理》，中国人民大学出版社1995年版，第277—278页。

8 意义批判的逻辑

主观辩证法，主观辩证法实质上是对客观辩证法的反映。"① 从以上清晰的论述中我们不难发现，尽管理论的载体不同，即客观辩证法的载体是实在事物，主观辩证法的载体是人类思维，但二者实际上都把辩证法看作是关于客观实在事物的存在规律的逻辑，而不是看作是关于事物存在意义的逻辑。在这个意义上，显然二者都背离了辩证法的内在否定本性以及辩证法理论固有的生命力。这种背离表现在，无论从客观实在性的角度还是从主观反映论的角度，其理论前提都是预设了辩证法是客观事物运动的一般规律，是关于事物之间实在关系的逻辑，并且这种实在关系能够通过人类思维对客观实在的主观反映而被把握到。

这种把辩证法定义为客观辩证法和主观辩证法的思维方式，其理论前提是实在论的解释原则。所谓实在论的解释原则，就是把一切事物都看作是客观的物质实在，进而以这种对事物的客观实在性的独断为理论出发点，去构造出一种客观实在的世界图景、主观反映的认知方式和经验常识的价值观念。在实在论解释原则视阈中，事物之间的关系永远都是外在的并列关系。A 事物与 B 事物都是坚持自身客观实在性的独立实体，二者尽管具有相互否定和制约关系，我们的主观思维也可以通过对二者的反映把握到这种关系，但内在于事物之中的意义问题却永远不能在这种素朴的实在论和主观的反映论中获得。因为从客观实在论的立场出发，我们无论如何直观一个事物，都无法从该事物中直观出事物的存在意义，而只能在表象的层面上直观到事物存在的现象。因此，当我们把事物定位为不以人的意志为转移的客观实在时，我们实际上已经把事物理解为外在的事实关系，而阻断了其相互之间的意义联系。而辩证法的理论生命力正在于，通过揭示和批判事物自身存在意义来理解和批判事物之间的意义联系，在这个意义上，客观实在论实际上是与辩证法思维方式相对立的。就辩证法思维方式理论特质而言，它始终要打破事物相互外在的否定关系，而要通过事物自身的内在否定性来建立起事物全体的意义整体性。

与辩证法作为意义批判逻辑的生命力本身相背离的是，我们往往把

---

① 李秀林等主编：《辩证唯物主义和历史唯物主义原理》，中国人民大学出版社 1995 年版，第 278 页。

对辩证法的理解建立在这种与其理论本性相悖的客观实在论的基础上，辩证法进而从关于世界"意义整体"的逻辑变为关于世界"规律整体"的逻辑。辩证法从"哲学批判"的逻辑转变为"科学实证"的逻辑。而且我们还往往以这种误解为理论基础，试图维护马克思辩证法的理论特质，即马克思辩证法是建立在客观物质实在的基础之上，而黑格尔及其以往的辩证法是建立在主观思维的基础上，进而得出结论：只有马克思辩证法能够认识世界整体的客观规律，而黑格尔辩证法则是没有客观基础的思辨玄想。实际上，这种论断不仅歪曲了马克思与黑格尔辩证法的真实继承和批判关系，而且遮蔽了马克思辩证法的理论性质，扼杀了辩证法思维方式的生命力。

认识论的解释原则自觉到离开思维与存在关系去直接断言存在的弊端。认识到存在不是客观实在性的存在，而始终是思维所把握到了的存在。思维不是外在地停留于对存在的反映，而是始终参与到对存在意义的揭示之中。进而认识论解释原则认为，辩证法不是关于客观事物的外在规律，而是在思维直面事物的存在即"物自体"时，在思维与"物自体"的规定关系中，形成了思维形式与"物自体"认知关系的错位，这种错位就是辩证法的否定性。所以认识论解释原则摆脱了实在论解释原则对内在否定性的遮蔽，从思维与存在关系的认识论视角去重新理解辩证法的否定性具有重要的理论意义：一方面它克服了客观实在论解释原则对辩证法思维方式的科学化和实证化倾向。另一方面也揭示了辩证法思维方式发生的原初动力，即人类思维无法忍受只把握事物的外在事实关系，而始终有着要求深入的事物的存在本身，把握事物存在意义的天然倾向；人类思维也无法忍受作为事物外在堆积而成的表象世界，而始终倾向于要求实现对世界意义整体的寻求。正是人类思维的这样两种天然倾向决定了认识论解释原则视阈中的辩证法产生的客观必然性。

人类思维的本性是追求清晰性，清晰性只能依靠人类固有的范畴形式来获得，这些范畴形式构成人类对事物加以思维考察的先验形式。这种思维方式在康德看来就是理智或知性的思维。知性思维由于其范畴形式的有限性而只能把握个别事物所显现的表象，而无法把握事物的存在自身。或者说，事物的存在自身只能通过自己的表象形式被思维的知性范畴所把握。但是，正如我们所提到的，思维有着天然的冲动，始终不满足于把握存在的表象而要把握存在本身,要揭示存在本身的意义。结果由于超越自身的界限,把对于存在意义的主观认知形式的把握当作了客观的关于存在意义的知识,形成了对于存在意义的矛盾性揭示,导致了认知形式与认知内容的错位,这就是康德所揭示的作为"先验幻象"的辩证法。

认识论解释原则符合辩证法要求揭示存在意义的本性,对推进辩证法研究有着不可替代的贡献。但是,认识论解释原则的本性决定了思维对存在意义的把握始终是不应该发生的理性僭越的结果,这种僭越活动所导致的辩证法对存在意义的澄明必然走向辩证的"幻象"。事物的存在意义成为对于事物而言似是而非的虚假的东西。结果,辩证法对存在意义的澄明导致自身走向了虚妄和漂泊无根的状态。问题到底出现在什么地方?

在黑格尔看来,问题的关键在于对于思维与存在关系的理解上,即思维与存在的否定性统一关系到底是认识论的关系还是存在论的关系?如果是认识论的关系,那么思维与存在的统一只能是知性规定性的统一,思维对存在意义的揭示只能得到辩证的"幻象"。如果是存在论的关系,那么思维与存在的统一就是存在论的统一。所谓存在论的统一,就是说思维本身也是一种存在,思维的存在与存在的存在是一个存在,二者在这个意义上具有原初的统一性。这种原初的统一性保证了,关于"物自体"存在意义的"辩证幻象"并不是认识论意义上的主观逻辑,而是存在论意义上的客观逻辑。或者说,辩证法是存在借助于思维把自身的意义开显出来的逻辑。黑格尔对辩证法的存在论理解保证了辩证逻辑不是虚假的"幻象",而是事物澄明自身存在意义的"真相"。或者说,辩证法就是"物自体"的存在意义本身。在这个意义上,黑格尔使辩证法从实在论解释原则的实证逻辑和认识论解释原则的"幻象"逻辑中解放出来,恢复了作为寻求存在意义的逻辑的可能性与合法性。那么黑格尔是如何具体完成这一工作的呢?黑格尔的这一工作对马克思创立自己的辩证法理论有什么影响呢?

三 存在论阐释与辩证法的生命力

客观实在论解释原则所理解的辩证法是关于事物外在规律的实证逻辑，主观认识论解释原则所理解的辩证法是关于事物内在意义的"幻象"逻辑。辩证法在客观实在与主观认知的视阈中，无法获得关于存在意义的确定性领会。意义问题是这两种解释原则的盲区，但意义问题却是辩证法的固有领地。这两种解释原则或者遗忘或者遮蔽了辩证法对存在意义的寻求，却长期占据着我们对于辩证法研究的主流范式。拯救辩证法，拯救辩证法的生命力，必须变革这两种解释原则和研究范式，必须直面辩证法的思维方式本身。

面对辩证法思维方式本身，要求我们抛弃一切关于辩证法的解释原则和研究教条，直面辩证法的理论本性，直面辩证法对事物存在意义的寻求。我们以往对辩证法的理解，其根本前提是把辩证法当作一种哲学工具或方法。这种方法论的定位决定了我们所理解的辩证法只是在哲学史上为理念服务、为形而上学服务、为理性服务的工具。但如果抛弃了这些服务对象，辩证法对于自身到底意味着什么？对这一问题的追问，要求我们破除对辩证法加以方法论理解的教条，对辩证法进行一种存在论的阐释，或者说，在存在论视阈中对辩证法进行重新阐释。

方法论的研究路径决定了，辩证法只能是对于事物的还原论把握。无论从实在论的客体思维出发，还是从反映论的主观思维出发，二者都坚持的是一种还原论的思维方式，即把事物存在的意义，或者还原为作为客体性基质的"物自体"，或者还原为作为主体认识能力基质的"统觉"。但事实上，还原论的思维方式恰恰背离辩证法的本性，辩证法根本不能在还原论所达到的事物"基质"的平台上运作。因为还原论认为，事物存在的意义或者在其他事物中，或者在人的理智形式逻辑中，但就不在事物自身之中。进而辩证法所获得的关于事物的规律或意义也只能是外在规律或外在意义，而这些外在规律和外在意义恰恰是对辩证法作为事物内在意义的窒息和遮蔽。

相反，存在论阐释则表明哲学家对事物本质的彻底还原是不可能的，还原总是受到事物的现象整体所"污染"。在这个意义上，梅洛－

庞蒂对于现象学还原的论断尤为具有启示意义："最重要的关于还原的说明是完全的还原的不可能性。""彻底的反省是本身依赖于非反省生活的意识，而非反省生活是其初始的、一贯的和最终的处境。"① 因此，存在论阐释既不是从客观思维出发，也不是从主观思维出发，而是从事物本身的存在意义出发，从事物本身的意义整体性出发。本质不是对现象进行还原的产物，而就在现象之中。辩证法视阈中的事物在自否定中获得自身的意义中介，进而辩证法的否定性只能在对事物的现象整体的揭示中体现出来。因此，正如捷克哲学家科西克所言："辩证法不是一种还原的方法，而是一种精神地、理智地再现社会的方法。它是在历史的人的客观活动基础上，展开和阐释社会现象的方法。"② 在这个意义上，辩证法的否定性及其生命力只能在存在论的意义上实现，存在论与辩证法两种思维方式的合流是哲学作为具体性的思想活动的必然结果，这一工作首先是由黑格尔完成的。

黑格尔对辩证法的存在论阐释克服了实在论与认识论解释原则的理论局限，把辩证法定位为寻求和批判事物自身存在意义和意义关系的逻辑。黑格尔实现的辩证法与存在论的合流，为马克思辩证法的存在论阐释提供了理论前提。以存在论为视角阐释马克思辩证法，不仅避免了马克思辩证法的实证化、知性化，守护了马克思辩证法的生命力，而且为马克思辩证法的当代创新开辟了新的视阈。

区别于以往的辩证法思想家，黑格尔第一次摆脱了对辩证法加以方法论的理解，实现了辩证法与存在论的合流。或者说，黑格尔第一次使辩证法作为一种寻求事物存在意义的逻辑成为可能。科耶夫认为，"黑格尔的方法不是辩证的，在他那里，辩证法完全不同于一种思维或阐述方法。人们甚至说，在某种意义上，黑格尔第一个抛弃了作为一种哲学方法的辩证法。"③ "黑格尔的方法并不是'辩证的'：他的方法纯粹是直观的和描述的，甚至是在胡塞尔意义上的现象学的。……他强调指出，之所以有一种'科学'思维的辩证法，仅仅是因为有一种由这种

---

① ［法］梅洛-庞蒂：《知觉现象学》，商务印书馆2001年版，第10页。
② ［捷克］科西克：《具体的辩证法》，傅小平译，社会科学文献出版社1989年版，第21页。
③ ［法］科耶夫：《黑格尔导读》，译林出版社2005年版，第542页。

思维所揭示的存在的辩证法。"① "黑格尔的《逻辑学》并不是一种一般意义上的逻辑学，也不是一种认识论，而是一种本体论或作为存在论的存在科学。"② 如果科耶夫的以上论断符合黑格尔辩证法的理论本性，那么黑格尔辩证法就与作为认识论和方法论的辩证法具有根本区别。这种区别的关键在于，黑格尔辩证法实质上是一种现象学的存在论，作为一种现象学的存在论，黑格尔辩证法不是认识实在事物的认知工具，而是澄明和觉解事物存在意义的存在论逻辑。具体而言，黑格尔完成对辩证法的存在论阐释主要包括三个方面。

其一，黑格尔为辩证法奠定了存在论的基础，辩证法获得了新的理论载体。我们一般对于事物的理解，只是从事物的实体性的角度去理解，而不是从事物的能动性或存在意义的角度去理解，结果，事物必然变成实在论的客观对象和认识论的表象对象。但黑格尔指出："照我看来，一切问题的关键在于：不仅把真实的东西或真理理解和表述为实体，而且同样理解和表述为主体。同时还必须注意到，实体性自身既包含着共相或知识自身的直接性，也包含着存在或作为知识之对象的那种直接性。" "而且活的实体，只当它是建立自身的运动时，或者说，只当它是自身转化与其自己之间的中介时，它才真正是个现实的存在，或换个说法也一样，它这个存在才真正是主体。实体作为主体是纯粹的简单的否定性。"③ 可见，问题的关键在于，要把事物看作是主体性的存在。但黑格尔这里所强调的主体性，不是认识论意义上的我或我思，而是存在论意义上事物的能动显现。存在论视阈中的事物不是封闭的实体，而是必然要能动地显现在其意义关系中的。在这个意义上，存在论视阈中的事物就是将自身显现为意义整体的一个有机组成部分。进而，黑格尔始终不是把事物看作是实在客体，也不是看作是认识规定的表象，而是一种能动地显现在意义整体性中的存在论概念。黑格尔对事物和实体的这种革命性的理解，颠覆了以往辩证法研究范式的地基，辩证法进而获得了存在论阐释的基石。

---

① ［法］科耶夫：《黑格尔导读》，译林出版社 2005 年版，第 534 页。
② 同上书，第 532 页。
③ ［德］黑格尔：《精神现象学》上卷，商务印书馆 1979 年版，第 10 – 11 页。

其二，黑格尔为辩证法的否定性提供了存在论的维度，辩证法的否定性获得了新的内涵。在《精神现象学》中，黑格尔明确指出，古代人由于从自然意识出发，可以获得渗透于事物之中的具体普遍性，而现代知性思维对事物的外在规定及其所形成的共相，只能造成事物与其普遍意义的隔离。抽象共相造成事物之间的意义的有机联系变得不可能，实质上是知性思维对事物加以非此即彼的、无中介的否定性的必然结果。"现代人则不同，他能找到现成的抽象形式；他掌握和吸取这种形式。可以说只是不假中介地将内在的东西外化出来并隔离地将普遍的东西（共相）制造出来，而不是从具体事物中和现实存在的形形色色之中把内在和普遍的东西产生出来。"[①] 因此，在这种知性思维的无中介的否定性的意义上，辩证法的否定性只能是外在的否定性，否定的结果也只能是非此即彼、无确定性的诡辩论。为了避免辩证法的否定性陷入虚无，黑格尔辩证法的否定性始终与各种存在意义紧密联系，辩证法的否定性始终是通过存在意义之间的内在超越关系体现出来。不存在任何脱离意义关系之外的绝对实体对意义加以外在的规定，存在意义始终是自我规定、自我实现的。辩证法就是能动存在显现自身存在意义的逻辑，就是各种意识关系自我否定、寻求自身存在的意义整体性的逻辑。在这个意义上，辩证法的否定性从来不是对事物的外在否定，而是事物作为意义存在的自我凸显。在存在论的视阈中，辩证法的否定性的根本目的不是对事物实在性的消灭，而是通过揭示事物的自我运动达到对事物存在意义的整体性澄明。辩证法的否定性是"意义否定性"而不是"实在否定性"，黑格尔实现了对辩证法的这种"意义否定性"的存在论阐释。

其三，黑格尔使得辩证法获得了新的存在论旨趣。在西方辩证法理论的发展史上，尽管处理的对象不同，但辩证法始终是一种论证的方法。论证的工具是范畴和概念，通过揭示他人论证工具的矛盾，来证实自己的观点。毫无疑问，黑格尔继承了古代辩证法的论证形式，但是黑格尔通过《精神现象学》彻底改造了论证的"工具"。黑格尔所运用的概念不是抽象的形式逻辑的范畴，而是精神的各种现象突破自身的有限

[①] ［德］黑格尔：《精神现象学》上卷，商务印书馆1979年版，第22页。

性所达到的意义整体。或者说，黑格尔的每一个概念都是一个意义整体，其中充满了意义内容。"杂多性的内容，作为特定的内容，是在关系中而不是自在的，并且是使得它扬弃它自身的不安，或否定性；因此，必然性或杂多性，正如自由的存在一样，也是自我（或主体）；而具有这种自我的形式的内容——具有这种形式的定在直接地就是思想——就是概念。"① 因此，黑格尔辩证法的论证不同于以往辩证法的论证，它实质上是一种存在论的澄明，而不是抽象的逻辑论辩，更不是无内容和无意义的诡辩。黑格尔辩证法的论证过程表征的是个体存在寻求自身存在的意义整体性的历程。因此，黑格尔辩证法所完成的并不只是关于事物存在的知识性理论，而是对超越于一切事物的存在之上、又内在于一切事物的存在之中的意义总体性或伦理总体性的自觉。

黑格尔对辩证法的存在论阐释不仅拯救了辩证法的生命力，使得辩证法作为一种寻求意义整体的逻辑获得了新的理论基础、否定形式和理论旨趣，同时也深刻地影响了马克思对辩证法的理解。黑格尔所开辟的辩证法与存在论合流，在存在论视阈中还原辩证法对存在意义的寻求，为马克思辩证法的存在论阐释提供了理论前提。

马克思彻底改造了黑格尔的逻辑存在论，辩证法也随之获得了新的基础、内涵和旨趣。但必须指出的是，以存在论为基本角度理解辩证法，这是马克思从黑格尔辩证法那里继承的最为重大的理论遗产，只有深刻领会马克思对这一遗产的批判和发展，才能符合辩证法理论本性地理解马克思辩证法，才能真正克服实在论解释原则与认识论解释原则对辩证法生命力的歪曲和遮蔽，为辩证法理论形态的当代创新开辟新的研究视阈。在这个意义上，马克思辩证法的存在论阐释是关乎辩证法理论兴衰和未来前景的重大课题。

四 马克思辩证法存在论阐释的思路和内容

基于以上的基本理论设想，本书的主要目的是揭示存在论视阈下马克思辩证法的理论渊源和理论内涵，通过这一"揭示"来强调存在论

---

① ［德］黑格尔：《精神现象学》下卷，商务印书馆1979年版，第272页。

视角对于推进马克思辩证法研究的重大意义。这就是探索一条既符合辩证法存在论本性，又能够守护和创新辩证法生命力的研究范式。该研究目的具体化为"一纵"、"两横"的基本思路和五个方面的主要内容。

所谓"一纵"，是指马克思辩证法的存在论阐释始终围绕着与黑格尔辩证法的理论比较展开。之所以选择这样一条主线主要有两个原因：其一，在哲学史上，辩证法的存在论形态首先是由黑格尔完成的，可以说，黑格尔为辩证法的存在论阐释提供了基本解释原则和理论框架，探讨马克思辩证法的存在论问题，必须建立在对黑格尔辩证法存在论形态的探讨基础之上，必须在与黑格尔辩证法的存在论形态的比较中，凸显马克思辩证法存在论形态的理论特质，必须清算马克思与黑格尔辩证法在存在论层面上的传承关系问题；其二，黑格尔的概念辩证法不仅是哲学史上辩证法理论的一种形态，在其所完成的辩证法与形而上学合流的意义上，黑格尔辩证法可以说不仅是辩证法的一种，而且是辩证法的一切，它是传统辩证法理论的集大成者，是传统辩证法的完成和代表。因此，探讨马克思辩证法的存在论阐释，必然涉及马克思辩证法与传统形而上学的关系问题，必然涉及马克思辩证法对传统辩证法的根本变革问题，也必然涉及马克思辩证法的当代哲学价值问题。要解决这些问题，只能在与黑格尔辩证法的相关对比中来实现。

所谓"两横"，是指对于马克思辩证法的存在论阐释，主要借助存在论的两大理论视角展开，即"生存论"的视角和"时间性"的视角。之所以选择这样两种视角，根本原因在于两种视角所内蕴的"生命"与"时间"内涵是连接存在论与辩证法的基本桥梁。"生命"作为有机体，其自身所内蕴的潜在性与现实性、能动性与受动性、生存性与死亡性等内涵，恰恰构成人澄明自身存在意义的辩证法。"时间"视角所内蕴静止性与流变性、有限性与无限性、现实性与超越性等属性，不仅是人类化解生命辩证法原初生死矛盾的重要平台，更构成辩证法克服形而上学的纠缠以获取生命真实奠基的基本视阈。

先看"生存论"视角。"生存论"构成存在论阐释的基本视角。一方面，在存在论视阈中，存在与存在者的差异构成存在论的理论基础，透过存在者去求索存在的意义构成存在论的基本问题。按照海德格尔的设计，能够自觉追问和澄明存在意义的特殊存在者是作为"此在"的人。人之所以能够跳出一般存在者的视阈来反思自身的存在，其根本原因在于人自身的存在论性质，即"生存性"。"此在的'本质'在于它的生存。所以，在这个存在者身上所能清理出来的各种性质都不是'看上去'如此这般的现成存在者的现成'属性'，而是对它说来总是去存在的种种可能方式，并且仅此而已。"① 在这个意义上，存在论阐释的实质就是对于人的生存论阐释，或者说"生存论"构成存在论阐释的核心视角。

另一方面，生存论视角所蕴含的"生命原则"是对前黑格尔的传统形而上学的内在瓦解，是哲学存在论自身的一次研究范式的变革。对于存在意义的求索一直是西方形而上学的基本追求，但肇始于黑格尔的现代存在论对于生命能动性的强调，完成了存在论哲学的现代转向。从黑格尔开始，存在意义的问题被放在具有生命意味的宇宙意义总体中来考察，人类生命存在的意义在比人自身的知识论视阈更为广阔的宇宙精神的存在论视阈获得诠释，国内有学者提出："在黑格尔看来，宇宙是一个追求着自我实现，并能够自我实现的生命体，是一个有性灵的存在。将宇宙整体理解为一个性灵，这是黑格尔哲学和以往哲学不同的地方。在作为性灵的宇宙的生命运动中，黑格尔完成了向自然的回归，向人的回归。"②在这个意义上，我们认为黑格尔哲学对于宇宙精神生命的强调具有以生命原则变革传统存在论致思路径的思想作用。

综合以上两个方面而言，生存论视角所贯彻的生命原则对于现代存在论具有开创性意义。存在论阐释中的存在意义问题不能局限在纯粹知性的"真空"实验室中加以玄想，而必须扩大生命存在的界域，面向生命的真实存在本身，重新审视生命的存在状态。不管是像黑格尔那样把生命的存在理解为精神的实践活动，还是像海德格尔那样把生命理解为生存的情绪状态，还是像马克思那样把生命理解为感性的实践活动，存在论阐释由此意味着必须遵从超越内在意识的存在论论域和前认识论"生命原则"视角，才能真正面向存在的意义问题本身。

---

① ［德］海德格尔：《存在与时间》，生活·读书·新知三联书店 2006 年版，第 49—50 页。

② 参见张以明《生命与实践》，社会科学文献出版社 2010 年版，第 48 页。

再看"时间性"视角。如果说"生存论"对于生命能动性的强调,对于生命意义与价值的整体性求索,这构成现代存在论与传统存在论的本质区别的话,那么生命自身的时间性和有限性存在则构成现代存在论阐释的另一基本视角。可以说,时间性视角的引入是现代存在论的重要特征,是当代存在论阐释必须正视的研究视阈,"为使形而上学的'存在'真正'存在'起来,唯一的办法就是重新把'存在'与'时间'在一个新的理路中结合起来,这个理路则必定会使传统的形而上学彻底改变面貌"①。

传统存在论的哲学家们大都强调形而上学是人之为人的天性,亚里士多德在《形而上学》中强调:"求知是人类的本性。"② 康德在《未来形而上学导论》中也强调:"形而上学,作为理性的一种自然趋向来说,是实在的。"③ 但是真正从生命的有限性和时间性视角切入对存在意义问题进行追问的则是现代哲学的贡献。一般认为,传统哲学的集大成者是黑格尔,黑格尔代表着传统哲学的完成和终结。英国哲学家艾耶尔在《二十世纪哲学》中提出,20世纪哲学是从"叛离黑格尔"开始的。④ 美国哲学家怀特在《分析的时代》中也提出:"几乎二十世纪的每一种重要的哲学运动都是以攻击那位思想庞杂而声名赫赫的十九世纪的德国教授的观点开始的,这实际上就是对他加以特别显著的颂扬。我心里指的是黑格尔。"⑤ 这种观点在强调黑格尔哲学的理性主义致思取向上与传统哲学根本一致上是合理的,但是如果把黑格尔哲学在存在论层面仍然简单地与以往哲学不加区分,就未免有失偏颇了。黑格尔哲学至少在几个方面完成了对西方传统形而上学的革新。⑥ 这里我们只从有限性方面来看。在黑格尔哲学视阈中,探讨无限性决不能离开有限性,无限性恰恰是在有限性中成就自身,或者说有限性是无限性避免陷入抽象的真实根基,有限性在无限性面前扮演着限制和规范的作用。黑格尔

---

① 叶秀山:《叶秀山文集》哲学卷下,重庆出版社2005年版,第759页。
② [古希腊]亚里士多德:《形而上学》,商务印书馆1959年版,第1页。
③ [德]康德:《未来形而上学导论》,商务印书馆1978年版,第160页。
④ [英]艾耶尔:《二十世纪哲学》,上海译文出版社1987年版,第25页。
⑤ [美]怀特:《分析的时代:二十世纪的哲学家》,商务印书馆1981年版,第7页。
⑥ 参见王天成《黑格尔对传统形而上学的革新》,载《吉林大学社会科学学报》2007年第4期。

在《精神现象学》中所强调的死亡意识和承认意识无疑是强调有限性的例证。因此，我们认为现代存在论的有限性视角是以黑格尔为开端的。当然，尽管黑格尔强调有限性之于无限性的重要作用，但是明确把时间的有限性引入到对存在论考察的是海德格尔。在《存在与时间》中，海德格尔反复强调传统存在论的非时间性，结果导致了对存在意义追问的几种成见。① 并且，海德格尔不无赞赏地强调了黑格尔思辨逻辑对传统哲学的突破，但是同时也指出黑格尔过分强调逻辑的存在论性质，而把时间性重新投入了超时间性的深渊之中。相反，海德格尔则紧紧抓住人的死亡情态，真正开始把时间性和有限性的视角纳入到对于存在意义的阐释之中。② 进而，当代存在论阐释必须正视存在论的时间性视阈问题。

依托"生存论"和"时间性"的现代存在论视角，马克思辩证法的存在论阐释克服了传统存在论的知识论和超时间性弊端，保证了该研究始终在当代哲学的基本视阈下进行，保证了该研究能够以更加开阔的理论视角展开具体问题的探讨。因此，本书在对作为"一纵"的马克思与黑格尔辩证法的比较研究过程中，总是时刻贯穿着与当代哲学对话的双重存在论视角，这为马克思辩证法的存在论阐释注入了新的理论内涵和解释活力。

穿插于"一纵"和"两横"之间的是本书"五个部分"的主体内容，包括："辩证法与存在论的合流"、"辩证法的存在论基础"、"辩证法的存在论批判"、"辩证法的存在论旨趣"和"辩证法的存在论世界观"。

第一部分：辩证法与存在论合流：马克思辩证法存在论阐释的理论前提。这部分论述的是体现本书主旨的思想前提。主要论述黑格尔以存在论的视角改造康德的认识论辩证法，赋予辩证法新的存在论内涵。辩

---

① 参见［德］海德格尔《存在与时间》，生活·读书·新知三联书店2006年版，第4—5页。

② 前期海德格尔是从此在的死亡情态出发引入对存在意义的时间性澄明，后期海德格尔则直接追问时间与存在的关系问题："存在与时间交互规定，但却是以这样的方式进行规定的：即不能将前者——存在——称为时间性的东西，也不能将后者——时间——称为存在者。"参见［德］海德格尔《面向思的事情》，商务印书馆1996年版，第4页。

证法新的存在论内涵表现在，辩证法的理论载体不是客观的实在事物，而是事物能动性的存在理念。能动的存在理念载体决定了辩证法的否定性是生命存在的自我否定，是生命对自身存在意义的内在超越性寻求。辩证法的理论旨趣也不是事物的认知规定，而是建立起事物存在之间的意义整体。这个意义整体具有伦理总体性，它为个体性的存在意义奠基。黑格尔辩证法与存在论合流的意义在于，它揭示了辩证法理论不是关于存在事实的逻辑，而是关于存在意义的逻辑；辩证法的否定不是事实否定，而是意义否定；辩证法的理论旨趣不是把握事物的一般规律，而是自觉事物存在的意义整体。

第二部分：存在意义批判及其实践奠基：马克思辩证法的存在论基础。这部分涉及马克思辩证法的理论载体问题。主要从实践存在论的角度出发，提出马克思继承了黑格尔对辩证法理论载体加以存在论阐释的思想，辩证法的理论载体从对存在意义的思辨想象转变为实践活动的现实生成。实践活动区别于精神活动是澄明事物存在意义的独特方式。马克思强调的人的感性活动以一种崭新的视角揭示了事物存在的意义，既保证了辩证法对存在意义的寻求，又为辩证法从一种理论思维方式到实践思维方式的转变奠定了基础。

第三部分：资本意义批判及其内在瓦解：马克思辩证法的存在论批判。这部分涉及马克思辩证法的批判形式问题。主要从资本逻辑的存在论批判的角度出发，提出马克思与黑格尔辩证法的否定性都在于批判抽象，只是黑格尔辩证法批判的是抽象理性，而马克思辩证法批判的则是抽象存在。但是，黑格尔辩证法从意义整体的角度对抽象理性的批判，理论地表征了抽象存在即资本对现实的统治。黑格尔对资本存在论基础或者说资本存在意义的理论觉解和表征为马克思真正从人类解放的角度对资本逻辑展开批判奠定了基础。通过资本存在意义的内在瓦解，马克思实现了对辩证法否定性平台的转变，辩证法获得了不同于黑格尔辩证法的出场方式。

第四部分：历史意义批判及其人学阐释：马克思辩证法的存在论旨趣。这部分涉及马克思辩证法作为历史的内涵逻辑与其理论旨趣的内在关系问题。主要从历史存在论的角度出发，提出辩证法始终是一种寻求历史存在意义的思维方式。通过对辩证法进行一种历史存在论的阐释，能够透视出辩证法的理论旨趣。黑格尔的历史存在论与精神辩证法的统一，实质上是一条心灵向往上帝的精神救赎之途，这决定了其辩证法必然是一种旨在实现精神救赎、神性自由的逻辑。马克思的历史存在论与实践辩证法的统一，实质上是一条人追求现实自由的真实解放之途，这决定了其辩证法必然是一种旨在实现现实解放、人性自由的逻辑。历史意义的变革，使得辩证法的理论旨趣发生转变。

第五部分：属人的意义世界：马克思辩证法的存在论世界观。这部分主要涉及马克思辩证法的世界观革命问题，重新反思辩证唯物主义世界观的真实意义。提出辩证法视阈中的世界是一个意义世界，辩证法的世界观是一种意义世界观。马克思辩证法的存在论阐释对存在意义、资本意义和历史意义的批判，就是对辩证法视阈中的意义世界的批判。意义的寻求和批判不是马克思哲学的最终旨趣，马克思哲学的最终旨趣是现实批判，但是，现实批判始终需要有意义批判的引导，马克思辩证法的存在论阐释对事物存在意义的寻求和批判，其根本目的是通过对新的意义理论的寻求来变革旧的意义理论对人的宰制。马克思辩证法是通过对意义世界的批判达到对现实世界的批判，或者说，马克思辩证法的意义批判与现实批判是统一的。

第一章

辩证法与存在论合流：马克思辩证法存在论阐释的理论前提

黑格尔实现的辩证法与存在论的合流是马克思辩证法存在论阐释的理论前提。探讨马克思辩证法与存在论的关系问题，马克思辩证法与黑格尔辩证法的关系问题是不可回避的。不充分阐明黑格尔对辩证法的存在论改造以及这一改造的理论效应，马克思辩证法的存在论阐释无法获得充分的理论"地基"和基本的理论高度。在马克思之前，黑格尔完成了对辩证法加以存在论阐释的工作。黑格尔把辩证法奠基于存在论的基础上：辩证法理论目的不是对于存在者的科学描述，而是澄明存在本身的辩证意义；辩证法的理论形态不是认识存在者的抽象形式和工具，而是觉解存在意义本身的具体性内涵逻辑。黑格尔的概念辩证法是形式与内容统一的内涵逻辑，当黑格尔以存在论的方式来阐释辩证法时，他实现了辩证法与存在论的合流，实现了对辩证法意义维度的开显。辩证法的解释框架在存在基础、否定形式和理论旨趣上都围绕着存在的意义问题展开。

一 辩证法与存在论合流的思想背景

考察黑格尔辩证法的存在论性质，首先要考察黑格尔所处的时代。正是时代的精神状况要求黑格尔实现辩证法与存在论的合流。阿尔都塞认为，黑格尔的时代是一个思想空乏、没有内容和深度的时代，"黑格尔的同时代人不仅在其自身中发现了这种空乏，而且这种空乏事实上从各个方面呈现在他们面前并且萦绕着他们——这是一个没有内容或深度的世界"①。黑格尔自己也曾说过他所处的时代是一个"轻浮任性"和"浅薄虚妄"的时代,"这个时代之走到对于理性的绝望,最初尚带有一些痛苦和伤感的心情。但不久宗教上和伦理上的轻浮任性,继之而来的,知识上庸俗浅薄——这就是所谓的启蒙——便坦然自得地自认其无能,并自矜其根本忘记了较高兴趣"②。可见,时代精神的空乏是黑格尔所生活时代的基本状况,空乏的时代精神客观上赋予黑格尔以充实时代精神的内涵,克服思想状况抽象空虚等理论使命。黑格尔自身在主观上也对古希腊时代的精神家园充满向往,也希望实现给予空乏的时代精神以具有生命力的意义和价值充实。具体而言,黑格尔所处时代的精神空乏性表现在以下三个方面。

（一）抽象理性：思维方式的"有限化"

黑格尔认为,他所处时代的哲学观念被两种风气所占据:一种是任性的随意作风,认为哲学知识只靠健康的常识与天才的灵感就可以达到。另一种是浅薄无聊的作风,认为哲学的形上知识无法通过理性能力加以把握,理性能做的只有自我批判和反省。这两种作风不仅极大地伤害了哲学的尊严和可能性,而且导致了当时空乏且有限化的思维方式。所谓"有限化"的思维方式,是指思维局限于自身的有限性而不能深入到事物自身的运动,不能把对象把握为一个活生生的整体,而只能以抽象的外在形式规定对象。结果,本来是活生生的整体性事物被抽象化为片段式的有限性规定的集合。

空乏而抽象的思想风气从理论渊源上可以追溯到近代启蒙哲学对个体理性和知性分析的过度张扬。卡西尔提出,启蒙理性获得足够的自信是依靠近代科学思维的复兴来实现的,科学思维对于"实证精神"和"推理精神"自明性的迷信,导致启蒙理性把科学的分析式思维方式武断地推广到一切思想领域,包括哲学领域和人类的精神世界,"18 世纪哲学不满足于把分析仅仅当作获得数理知识的伟大的思想工具,它还把分析看作所有一般思维之必需的、不可或缺的工具。这种观点在 18 世

---

① [法]阿尔都塞:《黑格尔的幽灵》,南京大学出版社 2005 年版,第 33 页。
② [德]黑格尔:《小逻辑》,商务印书馆 1980 年版,第 34 页。

纪中叶获得了胜利。无论个别思想家和学派所得出的结论如何不同,但他们都赞同这个认识论的前提。……他们都认为,研究形而上学的真正方法,是与牛顿引入自然科学,并且取得了如此丰硕的成果的方法相一致的"①。但是,启蒙哲学的科学思维取向在其僭越自身的理论界限时,其固有的思维局限性也暴露出来了,这就是由康德所揭示出的纯粹理性在超验对象面前的边界问题。理性的分析精神一旦僭越这一边界,不仅再也无法彰显人之理性能力的权威,反而导致事物之整体的破碎,导致人之存在意义所依托的平台——形上世界陷入被诟病为"幻象"的困境之中,进而人类的精神存在变得漂泊无根,思维方式的存在论根基遭到动摇。

启蒙哲学的以上弊端在黑格尔的时代已经充分暴露出来,而这种暴露及其所导致的消极后果,在黑格尔看来,主要是使得以追求生命存在意义和生命崇高价值为使命的形而上学成为言说与论证的绝对命令,人类精神生活所必需的形上追求的合法性在知识层面受到前所未有的威胁。针对这种状况,黑格尔提出,哲学不能停留在这种自傲和自谦的层面,而必须要深入到事情本身中,做一种艰苦、严肃和深沉的思考。因为只有艰苦、严肃和深沉的思考才能克服启蒙哲学的浮躁风气,真正发现和超越抽象理性的局限性,才能真实为人类的精神存在奠定坚实的思想基础。

具体而言,黑格尔提出了一个哲学思维的基本问题:思想何以不只是主观的玄想而是具有客观性,或者说思想的客观是如何获得保障的?黑格尔认为,哲学思维的特质在于对事物思维的考察,在于确证思想的客观性,在其之前,这种"考察"和"确证"的方式主要有四种,即思想求索自身客观性的四种态度。

第一种态度是前康德的旧形而上学态度。黑格尔认为,在康德之前,形而上学的思维方式以独断思想与对象的同一性为前提,认为思想的形式就是事物自身的形式,思想的规定就是事物的规定。以一种用抽象理智的观点去把握形上对象的,并且认为思想所把握到的对象就是对象本身。对于这种前康德的旧形而上学思维方式,黑格尔认为,其最大

---

① [德]卡西尔:《启蒙哲学》,山东人民出版社1986年版,第10页。

的缺点是缺乏对理性自身能力的考察，而直接断言理性与对象的一致性，结果它只能用一些抽象的名词来把握无限的理性对象，如世界、灵魂和上帝，从而把无限的对象规定为有限的抽象概念。"有限的谓词"由于自身与对象的外在性，只能是一些抽象、贫乏和片面的规定，用他们表达无限的对象，黑格尔认为只能是一种限制。

因此，传统形而上学的思维方式只能外在地、有限地约束形上对象，导致了形而上学的无限对象的有限化和形而上学追求的庸俗化。"对于旧形而上学的方法加以概观，则我们便可见到，其主要特点，在于以抽象的有限的知性规定去把握理想的对象，并将抽象的同一性认作最高原则。但是这种知性的无限性，这种纯粹的本质，本身仍然只是有限之物，因为它把特殊性排斥在外面，于是这特殊性便在外面否定它、限制它，与它对立。这种形而上学未能达到具体的同一性，而只是固执着抽象的同一性。"①

第二种态度是经验主义的态度。为了补救旧形而上学自身的抽象性和空乏性，经验主义思维方式应运而生。旧形而上学的根本问题在于用外在反思形成的有限性逻辑去把握形而上学的无限性对象，导致了形而上学的有限性和空乏性，形而上学缺乏充实的内涵和坚实的根基。形而上学的抽象化导致了形而上学的近代危机。经验主义思维方式从感性经验出发，强调将感觉和直观的内容提升为普遍的观念，运用分析的方法，从经验中离析出对象的形式。但是，黑格尔指出："经验主义所处理的是有限材料，而形而上学所探讨的是无限的对象。但无限的对象却被知性的有限形式有限化了。在经验主义里，其形式的有限性，与形而上学相同，不过它的内容也还是有限的罢了。所以，两派哲学皆坚持一种前提作为出发点，它们所用的方法可以说是一样的。"② 结果，经验主义思维方式对有限性的强调导致其如果走向彻底必然是休谟的怀疑论，这就是，我们无法证明普遍必然性的客观存在，有的只是主观的对这些个别性规定的习惯性联想。因此，休谟认为，既然一切形式都是主体对经验对象感知并分析出来的结果，那么我们当下感知的只能是个别

---

① ［德］黑格尔：《小逻辑》，商务印书馆1980年版，第109页。
② 同上书，第115页。

性的形式，所以我们无法证明这些个别性的形式内在地具有普遍必然的联系，"由此看来，不但我们的理性不能帮助我们发现原因和结果的最终联系，而且即在经验给我们指出它们的恒常结合以后，我们也不能凭自己的理性使自己相信，我们为什么把那种经验扩大到我们所曾观察过的那些特殊事例之外。我们只是假设，却永不能证明，我们所经验过的那些对象必然类似于我们所未曾发现的那些对象"[①]。

休谟难题构成经验主义回应思想客观性的最极端形式，其实质是颠覆了思想以普遍形态提升对象特殊性的合法性，或者说休谟彻底质疑了思想的普遍必然性和客观性，设置了思想与对象的边界性铁篱，把思想关进了冰冷的习惯性联想的牢笼。这里黑格尔无疑揭露了不同于旧形而上学独到态度的又一极端态度，即犬儒主义的逃避态度。既然思想的普遍客观性无法设想，哲学的思想创造又如何构成现实的精神支撑，既然思想只是主观的随意联想，哲学的思想建构又如何把握人类存在的精神根基。因此，在经验主义哲学视阈下，哲学思维必然退守于谨慎的有限性批判而无法建构时代的精神总体，人类的精神存在的合法性陷入前所未有的危机之中，"这种理论的一个重要后果，就是在这种经验的方式内，道德礼教上的规章、法律以及宗教上的信仰都显得带有偶然性，而失掉其客观性和内在的真理性了"[②]。

第三种态度是康德的批判哲学态度。针对旧形而上学的独断论和经验主义的怀疑论，康德的批判哲学在对二者共同坚持的有限性思维方式的内在批判中诞生的。黑格尔认为，尽管康德的批判哲学的基础与经验主义是一样的，即都从感性经验出发，但康德不把经验的有限性规定作为无限的真理，而把它看作只是现象的知识，这样区别经验知识和经验的普遍必然性。康德既认为知觉经验是对象的个别的规定性，又认为其内在地也包含普遍必然性，这个普遍必然性在于思维自身的先天功能，它具有联系思维范畴，构造经验知识客观必然性的能力。

因此，康德的贡献在于考察了旧形而上学当作不证自明的抽象范畴，指出了理性思维在经验面前的有限性。但康德考察的根本缺点在

---

① ［苏格兰］休谟：《人性论》上册，商务印书馆1980年版，第109页。
② ［德］黑格尔：《小逻辑》，商务印书馆1980年版，第116页。

于，没有从范畴本身出发，而只是从主观的认识能力出发。主观范畴的普遍必然性只是我们的思想，思想永远无法真正触摸到存在本身，其只能借助经验这一中介完成思想与存在的外在链接。所以，康德的对于思想客观性的回答仍然坚持的是有限性的思维方式，这种有限性体现在思想形式的有限性和客观存在的有限性，二者都无法通过对方完全确证自身。因此，黑格尔如此总结康德的思路，"康德所谓思维的客观性，在某种意义下，仍然只是主观的。因为，按照康德的说法，思想虽说有普遍性和必然性的范畴，但只是我们的思想，而与物自体间却有一个无法逾越的鸿沟隔开着。与此相反，思想的真正的客观性应该是：思想不仅是我们的思想，同时又是事物的自身，或对象性的东西的本质"①。

第四种态度是直接知识或直观知识。在康德哲学把范畴限定在知性活动领域之后，以耶可比和谢林为代表的直观知识沿着康德对理性思维能力与形上对象划界的道路，抛弃了对形上对象的知识形态把握，采取了对上帝和真理的直接知识和直观知识的表达，形成了直接的或直观的思维方式，这种思维方式主张以天才式的灵感和神圣的天启等形式实现思想与存在的直接联系。但是，在黑格尔看来，直接的或直观的思维方式缺乏中介性的内容，只是祈求以原始的直观性同一到思想的客观性论证，"这种直接知识的观点，并不以指出孤立起来的间接知识不能够把握真理为满足，而其特点在于坚持单是孤立的直接知识，排斥任何中介性，即具有真理为其内容。"②

因此，实质上坚持了思想与存在彼此孤立的直接性独断，其所谓的信仰、艺术和灵感等中介性只是虚假的中介性，因此，直接性或直观的思维方式坚持无中介性的思维暴露其与旧形而上学和经验主义共同的思想局限性，即他们对于形而上学对象的把握采取的都是借助虚假中介的抽象同一性原则。抽象同一性特别是直接或直观思维就其只依靠虚假中介"外部证成"的实质而言，达到的必然是有限的、片面的普遍性，"只有当我们洞见了直接性不是独立不依的，而是通过他物为中介，才揭穿其有限性与非真实性。这种识见，由于内容包含有中介性在内，也

---

① ［德］黑格尔：《小逻辑》，商务印书馆1980年版，第120页。
② 同上书，第159页。

是一种包含有中介性的知识。因为真正可以认作真理的内容的，并不是以他物为中介之物，也不是受他物限制之物，而是以自己为自己的中介之物所以中介性与直接的自我联络的统一"①。

综上可知，以思想对客观性的四种态度的概括为线索，黑格尔梳理了近代哲学思维方式的有限性和片面性特征。四种态度尽管致思路径各异，但其所指的共同问题是：思想作为具有普遍性形式的理念是否具有客观的真理性？黑格尔显然对四种回答都满意，而这种不满意的充足理由是四种思维形式都在割裂了思维与存在的原初同一性后又反思二者同一的可能性，进而或者走向了对思想普遍性和真理性的质疑，或者走向了对思想普遍性和真理性的独断。黑格尔认为，问题的关键首先在于如何理解"客观性"，他提出，一般看来，"客观性"包含三层意义：第一层是指外在事物，以区别于主观的或梦想的东西。第二层是康德所提出的普遍性与必然性，以区别于偶然的或特殊的东西。第三层是思想所把握到的事物自身，以区别于与事物的实质或事物的自身有别的主观思想。黑格尔认为，探讨思想的客观性应该在第三个层面上进行，这就是思想可以沉入到事物本身之中与事物一起运动，于是思想不是独断事物，也不是反思事物，更不是直观事物，而是事物自身的本质，"思想的真正的客观性应该是：思想不仅是我们的思想，同时又是事物的自身，或对象性的东西的本质"②。因此，与以上四种对于思想加以有限性理解的思维方式不同，黑格尔是从思想的无限性或者说思想与存在的同一性出发，强调在无限的思维方式中直接性与间接性并非相互排斥的关系。一方面，思想与存在直接性和无限性关系只能在二者间接性和有限性中自己克服自身的空乏性，自己建立自身内容充实的普遍性。另一方面，思想与存在的间接性和有限性的区别和隔阂在其直接性关系中获得积极性的确证，即中介和差别不是消极的界限，而是思想把握事物真实整体性的动力和内容本身。正是基于这样的哲学立场，在面对以上四种有限思维方式及其所导致的思想整体性与事物整体性相疏离的局面时，黑格尔立志要开启一种面向事物自身的总体性思维方式，立志要在

---

① ［德］黑格尔：《小逻辑》，商务印书馆1980年版，第167页。
② 同上书，第120页。

思维与存在、主观与客观、普遍性与特殊性相结合的问题上找到一条康庄大道，这条道路使黑格尔哲学突破了近代认识论哲学的限制，获得了现代存在论哲学的性质。

（二）总体破裂：社会生活的"碎片化"

抽象理性及其思维方式的"有限化"导致作为表征生命意义整体性的形而上学陷入危机之中，这种危机的内在表现形式是思维方式的抽象化，其外在表现形式则是社会生活的"碎片化"。一般而言，社会生活包括政治生活、经济生活和精神生活。启蒙理性对抽象理性的过度张扬，在政治生活上表现为立足自然权利的现代民主述求，在经济生活上表现为设定个人财产权的神圣不可侵犯，精神生活上表现为探索宗教伦理的理性立法。三种生活形式的确立其背后的思想原因是形而上学危机导致的现实生活的抽象化。这种抽象化的生活方式的实质是近代市民社会生活形式的危机。阿尔都塞认为，在黑格尔的时代，启蒙理性张扬的主体性原则成为主导现实世界的法则，抽象而至高无上的主体性原则普遍浸淫于社会生活之中，市民社会被一种强烈的实用主义图景控制着，"每一个东西都异在于它自身，并且从属于他者，精神在一个无穷的系列中所追求的唯一目的就是否定其自身"[①]。在这种社会生活状态中，不仅单子式的个体失去了坚实的意义支撑，而且整个社会也陷入了漂泊无根、"碎片化"的状态，这种社会生活的"碎片化"状态主要表现在两个方面。

其一，政治生活的"分裂化"。黑格尔时代的德国政治，地方割据导致国家四分五裂，无法形成一个统一而稳定的政府。但是，与四分五裂的混乱局面相反，政治的中央集权却空前加强，随着启蒙理性对个体权利与自由的不断要求，更加剧了德国政治内部的紧张关系。黑格尔深知这种社会政治形态的弊端，他在为法国大革命开创的政治解放而欢呼，为民主、自由等近代政治理念而欢欣鼓舞的同时，也为个人主义的膨胀所造成的国家分裂和民族政治共同体的丧失而痛心，因为法国大革命最后走向的悲剧政治生活的哲学启示在于：理性脱离伦理必然走向抽

---

① [法] 阿尔都塞：《黑格尔的幽灵》，南京大学出版社2005年版，第34页。

象,而绝对理性支撑的绝对自由也必然走向绝对的强制和恐怖。因此,政治生活的复杂形势逼迫着时代探索个体理性与伦理总体和解的道路,而这条道路在黑格尔看来才是解决时代政治危机的根本途径。

哈贝马斯认为,在黑格尔的时代,"市民社会一方面表现为'失去了极端性的伦理生活',是'毁灭的王国'。另一方面,市民社会——这个'现代世界的创造物',又在使个体达到自由中获得其合法性:把需求和劳动的专断意志释放出来,也是'塑造特殊主体性'必然要经历的一个环节"①。"市民社会"对于解决近代政治生活困境具有中介意义,它是黑格尔时代解决政治生活危机的坐标和地基,在《法哲学原理》中,黑格尔明确提出:"市民社会是处在家庭和国家之间的差别的阶段,虽然它的形成比国家晚。其实,作为差别的阶段,它必须以国家为前提,而为了巩固地存在,它也必须有一个国家作为独立的东西在它面前。……在市民社会中,每个人都以自身为目的,其他一切在他看来都是虚无。但是,如果他不同别人发生关系,他就不能达到他的全部目的,因此,其他人便成为特殊的人达到目的的手段。但是特殊目的通过同他人的关系就取得了普遍性的形式,并且在满足他人福利的同时,满足自己。由于特殊性必然以普遍性为其条件,所以整个市民社会是中介的基地。"② 在黑格尔看来,超越市民社会立足的独立个体的政治生活方式,实现作为主体间真实承认关系的政治总体性的国家伦理才是走出近代政治哲学危机的正确选择。因此,黑格尔秉承的政治理念始终是在国家这一伦理实体中实现特殊性与普遍性的统一、个体解放与民族解放的内在统一。

普兰特认为:"黑格尔的思想受以下两个相互联系的理想所支配:一是要在某种意义上恢复个性的完全和完整;一是要在一个更加和谐的、互惠的基础上重建社会,也就是说,去恢复某种意义上的共同体。"③ 但是,黑格尔所处时代的政治状况决定,他必须通过批判当时政治的抽象统治,才能实现国家与个体的真实统一,向往一种政治社会

---

① [德] 哈贝马斯:《现代性的哲学话语》,译林出版社2004年版,第44—45页。
② [德] 黑格尔:《法哲学原理》,商务印书馆1961年版,第197页。
③ [英] 普兰特:《黑格尔政治哲学中的经济和社会整体性》,载《国外黑格尔哲学新论》,中国社会科学出版社1982年版,第271页。

第一章 辩证法与存在论合流：马克思辩证法存在论阐释的理论前提　31

生活的真实内聚力。卢卡奇对古希腊总体性生活方式的向往表达了黑格尔的心声："我们的世界因此变得无限广大，它的每一个角落都蕴藏着远比希腊世界更丰富的礼物和危险，但是，这种富藏同时也消除了积极的意义，即他们赖以生活的基础——总体性。""只有在知识就是美德、美德就是幸福的地方；只有在美就是可见世界的意义的地方，存在的总体性才是可能的。这就是希腊哲学的世界。"① 黑格尔对希腊城邦政治和民族宗教的渴望，是为了实现国家与个体的有机统一，为了以这种总体性的生活克服启蒙以来的"碎片化"状态，进而为个体生命与社会生活奠定精神基础。

其二，生命意义"碎片化"。有限性思维方式对于形而上学的消解无疑前所未有地提升了人的主体性地位，反思理性的形而上学界限实际上把理性推到至上的地位。进而人的生命意义无法从形而上学的对象中获得合法的支撑，那么生命的意义只能在理性可以控制的范围内获得诠释，或者说，人的生命意义自启蒙以来只能靠人自身的理性加以审视，人的这种反思和批判权力的获得在当时被普遍看作是人类成熟的标志。康德就认为，启蒙的实质是人类脱离幼稚不成熟的状态，而走向理性和成熟状态的过程。② 当然，启蒙的初衷无疑具有积极意义，这就是把个体从传统的蒙昧和依附状态带到理性和自由的自决状态。但是当时也有思想家看到了启蒙及其有限理性的消极一面，他们认为，自启蒙以来，近代科学技术飞速的发展，并没有给人类带来生命意义总体进步的福祉，反而加速了社会共同体的分裂和异化，加速了人自身生命存在意义的虚无化和"碎片化"，加速了宗教、伦理、道德和哲学等精神生活的退化。卢梭提出，近代的科学与艺术不仅没有敦风化俗，反倒伤风败俗。因为前现代的自然共同体被科学与技术的分工所拆解，人的个性和精神被抽象理性铸造成千篇一律的模型，"我们的灵魂正随着我们的科学和我们的艺术之臻于完美而越发腐败"③。当代的霍克海默和阿多诺在反思启蒙理性时也提出，启蒙理性使得人的生命形式被抽象的理智

---

① [匈] 卢卡奇：《卢卡奇早期文选》，南京大学出版社2004年版，第9—10页。
② [德] 康德：《历史理性批判文集》，商务印书馆1990年版，第23页。
③ [法] 卢梭：《论科学与艺术》，上海人民出版社2007年版，第26页。

"碎片化"为抽象的外在规定性，启蒙通过批判神话把人类带向理性的光明。但当启蒙缺乏一种自我的审视，启蒙走向了反启蒙，被启蒙摧毁的神话却成为启蒙自身的产物。①

面对启蒙对人确证自身生命存在意义所带来的危机，早在《精神现象学》时期，黑格尔就分析了启蒙的精神实质及其对人的精神生活的否定态度："启蒙，自称是纯粹性的东西，在这里把精神所认为的永恒生命（永生）和神圣情感（圣灵）都当成一种现实的、无常的事物，并以属于感性确定性的一种本事毫无价值的看法加以玷污，——这种看法是那祈祷崇拜的信仰（意识）所根本没有的，所以纯然是由启蒙污栽给它的。"② 在《法哲学原理》中，黑格尔通过揭示市民社会在家庭与国家之间的伦理中介位置，揭示了人的内在生活与外在生活、私人生活与公共生活的分裂状态："在市民社会中，每个人都以自身为目的，其他一切在他看来都是虚无。但是，如果他不同别人发生关系，他就不能达到他的全部目的，因此，其他人便成为特殊的人达到目的的手段。"③ 通过分析市民社会造成的特殊性与普遍性的分裂以及伦理学精神的分裂，揭示了市民社会造成人类社会生活的堕落状态："必然需要和偶然需要的得到满足是偶然的，因为这种满足会无止境地引起新的欲望，而且它完全依赖外在偶然性和任性，同时它又受到普遍性的权力的限制。市民社会在这些对立中以及它们错综复杂的关系中，既提供了荒淫和贫困的景象，也提供了为两者所共同的生理上和伦理上蜕化的景象。"④ 正如卡尔·洛维特所说："'掌权的普遍性'作为一切法权的源泉消失了，因为它把自己隔离开来，使自己成为某种特别的东西。就连个别的人，如果他就像在教会与国家现存的不协调中那样被'打碎'成为两个'碎片'，成为一个'特别的国家人和特别的教会人'，也不再是完整的人。"⑤ 生命的双重分裂使得无论个体生活还是社会生活作为一个

---

① ［德］霍克海默、阿多诺：《启蒙辩证法》，上海人民出版社2006年版，第5页。
② ［德］黑格尔：《精神现象学》下卷，商务印书馆1979年版，第91页。
③ ［德］黑格尔：《法哲学原理》，商务印书馆1961年版，第197页。
④ 同上书，第199页。
⑤ ［德］洛维特：《从黑格尔到尼采》，生活·读书·新知三联书店2006年版，第221页。

（三）精神失落：宗教与伦理"虚无化"

如果说思维方式的有限化和社会生活的碎片化是黑格尔所处时代其精神空乏性的"外在"表现，那么宗教与伦理生活的虚无化则是时代精神空乏性的最为"内在"的印证。所谓"内在印证"即是指，黑格尔所处时代的空乏性的实质是一种精神的空乏、精神的失落。为了克服这种因为抽象理智泛滥所导致的精神世界的失落，当时德国浪漫派，包括歌德、席勒、谢林、费希特和施莱格尔等人发起了浪漫主义哲学。科尔纽认为，尽管德国浪漫派采取的视角不同，但"德国的浪漫唯心主义哲学既反对二元论的理性主义，又反对康德的形式主义；它通过把统一于上帝的神秘观念扩大到一切自然界，通过把这种观念置于斯宾诺莎哲学的基础之上，而得出一种有机的、活力论的世界观"[1]。虽然没有赶上浪漫主义哲学的鼎盛时代，但黑格尔仍然深受浪漫派的影响，他选取的克服时代精神失落的视角是民族宗教，对古希腊民族宗教的热情与想象力的渴望，构成黑格尔揭示和批判其时代精神空乏的思想基础。

众所周知，黑格尔早期极力批判宗教的实证化，并认为正是宗教的实证化导致时代精神的空乏与虚无。在《基督教的权威性》一书中，黑格尔提出，基督教在近代被实证化了，实证化的宗教不是建立在个人和集体的和谐之上，而是建立在个人对权威和传统的屈从之上。因此，他对启蒙运动对宗教精神的彻底批判给予了质疑："如果整个神学教条的体系按照人们喜爱的一般概念的方法把它解释成为启蒙时代站不住脚的黑暗中世纪的残余，那么人们自然还要人道主义地问：那样一个违反人类理性的并且彻底错误的体系何以竟会建造起来呢？"[2] 可见，黑格尔认为，启蒙理性所反对的宗教是抽象理性所导致的权威化的宗教，而不是真正符合人的本性的理性宗教。是抽象理性导致了宗教的实证化以及启蒙对实证化宗教的批判，而真实的宗教不仅符合人的本性，而且作为人的形上追求是与人的现实性内在统一的，"类似这样偶然的东

---

[1] ［法］科尔纽：《马克思的思想起源》，中国人民大学出版社1987年版，第8页。
[2] ［德］黑格尔：《黑格尔早期著作集》上卷，商务印书馆1997年版，第341页。

西——与永恒的东西相结合，便失掉其偶然性的性格，因而必然具有两个方面，只有抽象的理性才把这两个方面分离开；在宗教里两者是没有分离开的"①。

在《基督教的精神及其命运》中，黑格尔集中分析了犹太教与基督教的区别，这种区别本身也体现了黑格尔对于当时基督教实证化倾向的批判。黑格尔认为，犹太教的教义是外在于个体的抽象命令，所以上帝与人的关系是绝对的命令者与奴仆的关系，宗教成为某种异己的东西，"尽管神的观念在这里是如何地崇高，但仍然总是留存着犹太原则关于思想与现实、理性与感性的对立。这种原则包含着生命的分裂和对于神与世界之机械的联系，殊不知这两者的联系只应看成是有机联系的，而且在这有机联系里，双方的关系只能说是神秘的"②。

后期在《小逻辑》中，黑格尔把宗教的派系斗争清晰地分为两派，即虔诚派和启蒙派。前者只注重直接性的信仰，而轻视把信仰发展成为真理和知识的工作，后者则坚持自身的形式主义的自由原则，而对自由与真理的内容却置之不理。所以，两种宗教派别实质上都缺乏对宗教精神内容的把握，都把宗教实证化和形式化了。"注重抽象理智的启蒙派凭借它的形式的抽象的无内容的思维已把宗教的一切内容都排除净尽了，与那将信仰归结为念主呀主呀的口头禅的虔诚派之空无内容，实并无二致。"③ 而这种缺乏内在精神和内容的宗教，作为一种空乏而无内容的抽象普遍性，不仅丧失了充当人类精神家园的属性，反而成为压制和敌视个体精神的异化物。

另外，黑格尔所处时代的精神失落还表现在伦理总体性的丧失。伦理总体性的丧失是启蒙时期思维方式有限化、生活方式"碎片化"和宗教精神虚无化的必然结果。在《精神现象学》中，黑格尔论述了个体理性挣脱家庭伦理进入公共生活的必然性，"个人，在他为他的个体享受寻求快乐时，发现快乐是在家庭之中，而个人快乐之所以消逝的必然性则在于他自己意识到自己是他的民族的公民；——换句话说，在于

---

① ［德］黑格尔：《黑格尔早期著作集》上卷，商务印书馆1997年版，第346页。
② 同上书，第427页。
③ ［德］黑格尔：《小逻辑》，商务印书馆1980年版，第28页。

它自己意识到他的心的规律是一切心的规律的共同规律,他的自我意识是公认的普遍秩序"①。而在《法哲学原理》中,黑格尔则论述了国家作为伦理总体与松散结合的市民社会存在根本差别:"如果把国家同市民社会混淆起来,而把它的使命规定为保证和保护所有权和个人自由,那么单个人本身的利益就成为这些人结合的最后目的。由此产生的结果是,成为国家成员是任意的事。但是国家对个人的关系,完全不是这样。由于国家是客观精神,所以个人本身只有成为国家成员才具有客观性、真理性和伦理性。"②可见,一方面作为伦理精神直接形态的家庭伦理的总体性被启蒙道德所撕裂,但另一方面能够有效维系独立道德个体的伦理实体——国家,被近代政治哲学诠释为市民社会成员的偶然结合,其建基于功利主义特殊性原则之上而无法获得普遍性的认同。结果,启蒙道德不得不求助于理性的形式法则构筑个体的义务论道德体系,但是,义务论道德体系只考察"应是"的人而不考察"实是"的人,在切断人的现实伦理性存在之后,把人抽象为绝对的道德律令的承载者和践行者,道德被实证化了。哈贝马斯认为,黑格尔对主体性原则的反思,构成他对近代道德实证主义的批判,现代性的实证现象表明,是主体性原则构成了一种主客分裂的压迫原则,"启蒙运动所引起并强化的当代宗教的实证性和道德实证主义,都反映了'时代的困境',而'在时代困境中,人要么成为客体遭到压迫,要么把自然作为客体加以压迫'"③。因此,突破主体性原则所造成的伦理实体性破裂,成为黑格尔重建伦理总体性的首要目标。

主体性原则的基本形式是理性作为工具理性而与对象的外在对立关系,理性成为宰制自然的工具,同时理性也抽象化自身,成为自然的奴隶。所以,黑格尔提出,他的哲学要实现理性与现实的和解,理性或思想的客观性不是离开了主观的纯粹物质客观性,也不是主观规定的普遍必然性,而是思想或理性的规定性也就是客观对象的规定性,"客观性是指思想所把握的事物自身,以示有别于只是我们的思想,与事物的实

---

① [德] 黑格尔:《精神现象学》下卷,商务印书馆1979年版,第17—18页。
② [德] 黑格尔:《法哲学原理》,商务印书馆1961年版,第254页。
③ [德] 哈贝马斯:《现代性的哲学话语》,译林出版社2004年版,第33页。

质或事物的自身有区别的主观思想"①。实现理性与现实的和解，表征的就是人与自然、人与人的关系和谐一致。在这个意义上，黑格尔把理性看作一种一体化的、和解的力量，共同奠基于理性的人与自我、人与他人具有一种命运的共通感，这种命运的共通感源自于主体间的相互承认的破裂，而不是单个主体的对象化规定，在这种命运的共同感和相互承认的破裂中，哈贝马斯提出："人们对伦理总体性的破裂有了清楚的意识。只有当分裂生活的否定性经验中出现了对业已失去的生命的渴望，并且迫使参与者重新认识到他人存在的分裂即是对自身本质的否定时，分裂的伦理总体性才会得到同一。"②霍耐特也指出在黑格尔之前，马基雅维利、霍布斯代表的自然法经验主义倾向和康德、费希特代表的自然法形式主义倾向都陷入了原子论的陷阱之中，这就是："彼此孤立的主体存在被设定为人的社会化的自然基础。但是，从这种自然定性当中再也无法有机地发展出一种伦理一体化的状态，而是必须作为'另类的和他者的'从外部加在上面。"③与这种立足单独个体的自然法理论不同，黑格尔试图超越近代以来社会哲学和伦理生活基础的原子化状况，以新的主体间关系理论重塑社会生活伦理总体性的可能性。因为在黑格尔看来，"现代自然法理论只能以'一体化的多数'这种抽象的模式，而不是按照一种所有人的伦理一体性模式，来想象'人类共同体'，也就是说，'人类共同体'只能被想象为孤立主体的组合"④。可见，精神失落及其所导致主体间精神"共同感"的丧失和社会成员关系之间原子化的现实成为黑格尔精神哲学关注的基本问题，而通过重建伦理总体性拯救时代精神的抽象、贫乏与失落，建立不仅维系人与人之间，而且维系人与自身存在意义之间的精神纽带则构成黑格尔精神哲学的基本目标。

综上，通过梳理黑格尔所处时代的思想背景，我们发现，黑格尔所处时代的最大精神困境是空乏性。这种精神的空乏性根源于思维方式的抽象化，即主体与客体、思想与存在、理性与现实、自然与自由等分

---

① ［德］黑格尔：《小逻辑》，商务印书馆1980年版，第120页。
② ［德］哈贝马斯：《现代性的哲学话语》，译林出版社2004年版，第34页。
③ ［德］霍耐特：《为承认而斗争》，上海译文出版社2005年版，第17页。
④ 同上。

裂。因为分裂的时代无法形成具体的总体性，生活被抽象理性规定得支离破碎，精神被抽象理性实证化而沦落为僵死的形式和教条。黑格尔正是在以上背景下提出自己的辩证法理论的，其最初的理论目的是通过改造传统逻辑，拯救形而上学和当代的有限化的思维方式。但是，正如我们上面所提到的，黑格尔辩证法的思想背景表明，这一最"抽象的"理论目的却有着"最现实"的实践关怀，即解决启蒙运动以来，人类现实社会生活的"碎片化"和人类精神生活的"虚无化"状况，为人类社会走出现代性生存方式带来的困境，走向更符合人类存在本性的生活方式提供精神哲学的理论支撑。在这个意义上，黑格尔辩证法的操作平台是存在论的而非认识论，是精神性的而非主体性的，是意义和价值性而非实在性的。黑格尔是通过对存在的意义和价值问题的探讨来反思和否定实在的自在状况，从而为实在加入自觉的精神要素，让僵死和孤立的原子化实在变成灵动的理念性存在，因为只有这种理念性的理想化存在才能承载表征人类存在意义与价值的辩证法。因此，我们认为，正是在这种理念性存在论的平台上，黑格尔赋予旧的形式逻辑以新的理论基础、否定形式和理论旨趣。黑格尔辩证法成为澄明意义的逻辑，完成了对空乏时代的思维方式、生活方式和精神状态的批判和超越。

二 反思黑格尔辩证法的存在论基础

一般来说，逻辑作为思维的内在形式，可以分为有内容的形式和无内容的形式。前者只研究思维的一般形式，而不考虑思维的内容，因此我们称之为"形式逻辑"。后者在对思维内容的考察中考察思维的形式，因此我们称之为"内涵逻辑"。与"形式逻辑"不同，"内涵逻辑"由于具有真实的内容，其理论形态必然会受到内容的影响。正如上文所指出的，面对空乏的时代精神，黑格尔发誓要超越有限的思维方式，为时代精神奠定坚实的思想根基。为了完成这一工作，黑格尔创造出一种不同于形式逻辑的新型逻辑，以克服形式逻辑的空乏性。黑格尔的"新型逻辑"无疑是有内容的"内涵逻辑"，理解黑格尔辩证法的独特性必须以理解这种"内涵逻辑"的理论载体为前提。

古希腊哲学范畴论的承载对象是形上对象，柏拉图辩证法建立在对理念的内在关联考察的基础之上，实现了自身的科学的形式。亚里士多德的范畴逻辑建立在对实体加以详细考察的基础上，从而为柏拉图的辩证法注入了生命和内容。近代哲学的范畴论的载体是意识的主体性，范畴的逻辑特点是主体认知的形式。黑格尔辩证法不仅继承了柏拉图所创立的辩证法的"科学形式"，继承了从亚里士多德为辩证法奠定的实体性载体，而且创造性地把近代哲学的认知主体性改造为绝对主体。如果说近代哲学完成了对古代辩证法的认识论反思和奠基，那么黑格尔则实现了辩证法从认识论到存在论的转向，实现了对古代辩证法和近代辩证法的双重奠基。具体而言，黑格尔辩证法的存在论基础具有三重内涵，即作为整体性思维方式载体的"实体性"，作为否定性动力源泉的"主体性"，以及作为这两种载体的统一的"精神实体"。"精神实体"构成黑格尔辩证法独特的存在论载体。

（一）实体性

辩证法看待事物的目光与形式逻辑看待事物的目光不同。形式逻辑为坚持自身的纯洁性，以摆脱思维内容的纠缠为荣，而只注重思维的形式，并以考察思维形式的基本规律为基本任务。在形式逻辑视阈中，事物只能表现为"碎片化"的形式之集合，因为思维的形式来源思维对于事物整体性表象的抽离，进而得到表象背后的纯粹形式，于是，形式逻辑来源于思维对事物整体性的割裂，以形式逻辑来描述事物，其所面对的必然不是事物的整体，而是事物的分裂形式。因此，形式逻辑目光中的事物是思维形式的集合体。相反，辩证法视阈中的事物则是事物的整体性。辩证法不仅关注思维的形式，而且关注思维的内容，或者说，辩证法视阈中思维形式和思维内容是统一的。辩证法不是事物表象之外的主观性思维形式，而就是事物自身的实体性存在。在这个意义上，形式逻辑与思辨逻辑的根本区别在于是否具有实体的奠基，是否把事物看作是活生生的整体性和实体性存在。早在古希腊哲学时期，事物始终被看作为承载一切属性和形式的载体和实体，或者说，事物存在的整体性始终没有被割裂。黑格尔辩证法作为内涵逻辑，其存在论基础首先表现为继承古希腊哲学特别是亚里士多德的实体性思想。

基于形式逻辑和范畴逻辑的划分，我们对于亚里士多德逻辑学的理

第一章 辩证法与存在论合流:马克思辩证法存在论阐释的理论前提

解,往往只关注他的形式逻辑及其在中世纪以及近代的理论影响和发展,而忽略了亚里士多德实际上具有两套逻辑:一套是大家都熟知的形式逻辑,另一套是实体逻辑,即有内容的内涵逻辑。黑格尔辩证法的存在论基础及其对近代形式逻辑的根本改造,正是吸收了亚里士多德的后一套逻辑。

亚里士多德的实体逻辑与形式逻辑不同,它强调实体作为逻辑形式的载体,分析形式何以通过实体获得自身的生命力。在《范畴篇 解释篇》中,亚里士多德深入探讨了实体的四大基本特征:其一,实体的主体性,即实体只能作为主词述说他者,而不能作为宾词被述说。其二,实体的绝对性,即实体没有与之相对立者。其三,实体的稳定性,即实体没有程度之分。其四,实体的思辨性,即实体能够承载相反相成者。在亚里士多德看来,第四个特征是实体的本质特征,是实体"特有的标志","总括起来说,实体有一个显著的标志,就是在保持自身在数量上的同一性的同时它却能够容许有相反的性质,而这种改变之发生乃是由于实体本身里面的变化"[1]。可见,亚里士多德非常注重实体的思辨性特征,非常注重实体对于矛盾的承载作用。黑格尔认为,亚里士多德对于实体思辨特征的探讨直接理论效应是为柏拉图辩证法注入了具有能动性的生命原则:"柏拉图的理念一般的是客观的东西,但其中缺乏生命的原则、主观性的原则;而这种生命的原则、主观性的原则(不是那种偶然的、只是特殊的主观性,纯粹的主观性),却是亚里士多德所特有的。"[2] 需要指出的是,这种"纯粹的主观性",是以实体为载体的范畴的自我否定和内在不安,是潜在与实现的目的性过程,而不是近代哲学意义上的,区别与客体的有限认识主体。黑格尔对于亚里士多德实体性之于辩证法重要意义的强调,无疑印证了黑格尔辩证法的存在论基础就是这种具有生命力和能动性的实体性。实体性体现的事物自我否定、内在超越,完成自身内在目的性的过程,体现的是事物自我生成的整体性过程。在这个意义上,黑格尔辩证法的实体性基础具有一种存在论的特征。

---

[1] [古希腊]亚里士多德:《范畴篇 解释篇》,商务印书馆1959年版,第18—19页。
[2] [德]黑格尔:《哲学史讲演录》第2卷,商务印书馆1960年版,第289页。

黑格尔认为，形式逻辑自亚里士多德以来，始终在抽象的意义上被理解，这种理解丢弃了亚里士多德形式逻辑的理论基础，影响了内涵逻辑的发展。亚里士多德立足实体之上的范畴论逻辑被抽象化为无内容的形式逻辑。这一工作主要由中世纪的唯名论哲学完成的。著名的"奥卡姆剃刀"可以简述为"思维经济原则"，即著名的论断："如无必要，勿增实体。"奥卡姆对于实体的批判就是为了强调其唯名论立场：只承认确实存在的东西，认为那些空洞无物的普遍性要领都是无用的累赘，应当被无情地"剃除"。那么在"剔除"了普遍性的实体之后，我们又如何把握事物呢？这时只能借助最符合"思维经济原则"的形式逻辑，因为形式逻辑不关心内容，只关心形式，不关心整体，只关心片段，进而形式逻辑作为有限性的逻辑仅仅只把握事物有限的表现形式，而不把握承载这些表现形式背后的整体，或者说只能把握到事物的外在属性，而不能把握事物本身。亚里士多德的范畴逻辑的思想地位被无限拔高的同时其实体性的理论根基也被挖空，形式逻辑堕落为科学实证的实用工具，其与事物自身的距离也渐行渐远。因此，黑格尔认为，形式逻辑尽管保证了逻辑学仍然留在科学之列，但逻辑学本应该具有活生生的生命力却被窒息掉，黑格尔的任务就是改造日益"浅薄"的形式逻辑，改造中世纪唯名论和近代科学对亚里士多德思辨逻辑的歪曲，把逻辑本应该具有的实体性内涵揭示出来，重新赋予形式逻辑以活生生的内容和生命。

抽象化的形式逻辑的最大问题在于有限性，其实质是一种理智思维的形式。理智思维的形式坚持主体与客体的二元分立，逻辑成为脱离了客体的纯粹主观的形式，这些主观的形式坚持彼此的分离，形成的是近代哲学的知性的思维方式。辩证法的理论基石不应该建立在主客体分裂的基础上，因为分裂的主客体的再统一只能是一种后天的外在统一，其结果是把客体变成抽象主体认识形式的集合，而丢弃了客体自身的存在内核——"物自身"。实际上，早在亚里士多德创立逻辑学时，逻辑的基础并不是主客体分裂的。由于当时的主体性思维并没有被凸显出来，进而逻辑的基础是一种主客体原初统一的形上对象——实体。实体是事物的整体性体现，是亚里士多德形式逻辑的载体。作为实体外在形态的形式逻辑范畴，就是实体自身的规定性，二者是内在的蕴含关系而非抽象的规定关系。

正是在这个意义上，黑格尔指出，亚里士多德虽然创造了人类思维的一般推理形式即形式逻辑，但是他的思维方式却是思辨的，或者说，思辨逻辑才是亚里士多德逻辑学的实质，"他的逻辑学不是以这些理智关系为基础的，——就是说，亚里士多德并不是依照这些三段论的形式来进行思维的。如果亚里士多德是这样做的话，那他就不会是我们所认识的这个思辨的哲学家了；如果他是依据这些普通逻辑的形式的话，他的命题、观念就没有一个能够被建立、被断言、被主张"①。但是，中世纪哲学，特别是近代的意识哲学，把这种活生生的蕴含关系通过主客体分裂而消解掉，范畴被彻底抽象化为主体的认识形式，彼此间有机联系的基础即实体性被消解为不可知的"物自体"，亚里士多德的思辨逻辑被抽象为形式逻辑了。黑格尔清楚地认识到了这一过程，并积极地从古希腊实体性哲学的目的论传统出发，把辩证法的实体性改造为一种生命实体性、能动实体性。

古希腊哲学的目的论传统可以追溯到苏格拉底，但是真正把目的论与辩证法结合起来却是柏拉图。策勒尔认为，柏拉图的理念具有"本体论、目的论和逻辑学三重意义"，在目的论意义上，理念是"艺术家头脑中的理想形象，他努力要赋予这个理想形象以物质的形式。就这个程度上说，理念也具有原因和推动力的意思，它们使世界的事物成其所是"②。理念通过超越当下感性事物，从而是对善的理念的目的论追求，而柏拉图所创立的，被黑格尔誉为"第一次以自由的科学的形式"的辩证法，正是建立在理念的目的论基础之上。以《智者篇》为例，柏拉图在该文中三次提到辩证法，分别强调了理念辩证法是理念之间的"亲缘关系"、理念的矛盾是"同一事物"的"同一方面"，辩证法是认识"事物真实本性"的方法等。③ 可见，柏拉图非常重视理念在辩证法中的"有机联系"和"亲缘关系"。黑格尔也认为，柏拉图辩证法在共相之内消解矛盾和对立的东西，因而是思辨性的，而不是以一个否定的

---

① ［德］黑格尔：《哲学史讲演录》第2卷，商务印书馆1960年版，第379页。
② ［德］策勒尔：《古希腊哲学史纲》，山东人民出版社2007年版，第139—140页。
③ 《柏拉图全集》第3卷，人民出版社2003年版，第17—19页。

消极结果而告终。在这个意义上，柏拉图把辩证法从智者和苏格拉底意义上的消极的主观对话辩证法变成了具有确定性的积极的客观理念辩证法。

如果说柏拉图的理念论赋予黑格尔辩证法一种外在的目的论原则，那么亚里士多德的实体性学说则是赋予黑格尔辩证法一种内在目的论原则。以实体为基础，范畴之间的关系作为实体的属性是实体自身的外化形态，作为实体的否定性则是实体内含目的性的自身规定和自我否定性。在这个意义上，亚里士多德把物质的潜在性与形式的现实性统一起来，以此来说明例如因果等范畴作为物质实体的外化或异常显现形态，强调形式非独立性以及物质作为形式载体的合法性："形式若能独立存在，这就是实现地存在，形式与物质的两合物，以及阙失如'暗'与'疾病'也能独立存在；但物质为潜能存在；因此物质只能因形式或阙失而得其表现。但实现与潜能，在另一方式上分别应用于物质因果不同的各例。"① 但是，肇始于中世纪的唯名论与近代哲学的知性逻辑相结合，把范畴作为形式逻辑的理智工具从实体性中抽象出来时，范畴之间的有机联系就被阉割掉了。因此，黑格尔认为，理解和改造亚里士多德的形式逻辑，"不是把它改造成为一个分类正确、没有一部分被遗忘，并却依正确秩序表达出来的一个系统的整体，而是要使它成为一个有生命的有机整体，在其中每个部分被视为部分，而只有整体作为整体才具有真理"②。当黑格尔把亚里士多德形式逻辑本来具有的实体性基石挖掘出来时，具有目的论原则的生命实体的有机性就会渗透到彼此孤立的形式逻辑范畴中，把无生气的范畴形式联系为一个有机整体。在这个意义上，黑格尔把有限的范畴改造为一个无限的范畴整体，有限性的范畴在整体中失去自身的有限性成为整体的活生生的内容。

可见，黑格尔充分吸收了古希腊哲学的实体性思想，并把这种实体性思想与其目的论思想结合起来，进而把实体不仅仅看作是近代哲学意义上的僵死的物自身，而看作是能够自我澄明的、自我否定的生命能动性。这也是为什么黑格尔在《精神现象学》中反复强调不仅要把实体

---

① [古希腊] 亚里士多德：《形而上学》，商务印书馆1959年版，第242—243页。
② [德] 黑格尔：《哲学史讲演录》第2卷，商务印书馆1960年版，第379页。

第一章 辩证法与存在论合流：马克思辩证法存在论阐释的理论前提　43

看作是实体，而且要看作是具有能动性的主体的原因，"照我看来，——我的这种看法的正确性只能由体系的陈述本身来予以证明——一切问题的关键在于：不仅把真实的东西或真理理解和表述为实体，而且同样理解和表述为主体"①。黑格尔这里所说的主体显然不是笛卡尔认识论意义上的"我思"，而是实体自身的创生性和能动性，表征的是存在论意义上的"我在"与"存在"的统一。

实体作为事物整体的能动性，一方面把实体的"属性"之间的"差别"看作"同一"实体的内在否定性的表现，是"同一"实体的内在目的性的外化和实现。另一方面，把理性辩证法所陷入的矛盾看作是有限理性对实体现象的有限性的描述，看作是立足于实体现象不断超越自身有限性、向往无限性的环节。但是，黑格尔深知实体所内含的主体性仍然只是潜在的可能性，仍然只具有"自在"的性质，要想达到"自为性"必须引入"真实的主体能动性"。所谓"真实的主体能动性"，就是指这种主体能够自觉到自身的目的性和自我意识，并在其具有反思性的目的意识和自我意识中自觉到自身可能性与现实性的统一。因此，黑格尔认为，不满足于"我思"和超越"我思"，不意味着抛弃"我思"，相反，恰恰要通过"我思"来确立"我在"与"存在"的自觉统一。黑格尔通过把近代认识论意义上的"我思"或"自我"转变为具有存在论意义的"绝对主体"，进而为其辩证法的实体性存在论基础注入了主体性的因素。

（二）主体性

亚里士多德的实体观为辩证法提供了前认识论的存在论基础，但是其理论局限性也体现在这里，即实体虽然作为形式的载体，承载了实体与形式的潜在与实现的辩证关系。但是，在近代哲学视阈中，形式仅仅是"我思"从现象中抽象出的思维规律，并非现象背后的实体——"物自身"的固有属性。或者说，形式是否以及如何能够说明实体在近代哲学看来是成问题的，实体与形式的辩证关系在主体性被高扬的近代陷入了矛盾关系之中。康德在《纯粹理性批判》中提出的纯粹理念的

---

① ［德］黑格尔：《精神现象学》上卷，商务印书馆1979年版，第10页。

辩证论表征的正是实体与范畴形式之间的错位关系。作为理性主观形式的范畴与作为客观事物承载者的实体之间的关系发生错位，即我们把看似具有客观形式的知性主观原理当作了物自体固有属性的客观原理，"先验幻象不论我们是否已经把它揭示出来，是否已经通过先验批判清楚地看出了它的无效性，它仍然不会停止。其原因在于，在我们的理性中，包含着理性运用的一些基本规则和准则，它们完全具有客观原理的外表，并导致把我们的概念为了知性作某种连接的主观必要性，看作了对自在之物本身进行规定的客观必要性"①。可见，康德的"先验幻象"揭示了主观范畴与其对应的认知对象之间出现理性固有的认知偏差，缺乏有机联系的范畴与物自体的整体性特征之间出现逻辑偏差。在这个意义上，黑格尔站在近代哲学的立场上指出了亚里士多德范畴逻辑的理论缺陷："亚里士多德的缺点在于：在各式各样现象被他的哲学提高到概念里面之后，这个概念却又分解为一系列彼此外在的特定的概念，那个统一性、那个绝对地把它们结合起来的概念却没有被强调。"② 可见，问题的焦点在于作为范畴的载体需要具有真正而且自觉的能动性，因为只依靠实体固有的潜在能动性，范畴形式之间虽然具有直接性的有机联系，但是实体永远无法达到对这种"有机联系"的自觉。因此，黑格尔认为，实体仅仅满足于自身与形式的潜在关系是不够的，实体必须要走出其固有的自在性和孤立性，而使自身与其他实体建立起普遍的、整体的关联，而这种普遍的、整体的关联只能依靠一个特殊的实体来推动，这就是具有反思和自觉能力的人来实现，具体而言，是依靠人的"我思"来实现。

　　费希特把肇始于近代哲学的"我思"，以及由康德先验哲学构建的"统觉"等概念绝对化，构造了"自我"的概念，并以这一概念为基础，构建了"自我"与"非我"的思辨关系，以及"自我"克服"非我"的他者性和自身的自在性，重新回归"自我"的思辨哲学体系，为后康德时代解决以范畴体系诠释形而上学对象提供了必然性的思路。黑格尔高度赞扬了费希特立足"自我学"所创建的这一思辨逻辑，同

---

① ［德］康德：《纯粹理性批判》，人民出版社2004年版，第260页。
② ［德］黑格尔：《哲学史讲演录》第2卷，商务印书馆1960年版，第381页。

样强调作为思维的"自我"在克服其与"非我"外在形式,达到"自我"与"非我"内在和解过程中的关键作用,"费希特的哲学却有一个大的功绩,他促使我们注意一点,即须揭示出思维范畴的必然性,并主要地推演出范畴的必然性来。费希特的哲学对于逻辑的方法至少产生了一个效果,就是说,他曾昭示人,一般的思维范畴,或通常的逻辑材料、概念、判断和推论的种类均不能只是从事实的观察取得,或只是根据经验去处理,而必须从思维自身推演出来"①。但是,黑格尔认为费希特的"自我学"仍然没有走出康德的影子,仍然在二元论的框架下打转,"费希特也仍然停滞在康德哲学的结论里,认为只有有限的东西才可认识,而无限便超出思维的范围。康德叫做物自体的,费希特便叫做外来的刺激。这外来的刺激是自我以外的一个抽象体,没有别的法子可以规定,只好概括地把它叫做否定者或非我。这样便将自我认作与非我处于一种关系中,通过这种关系才激励起自我的自身规定的活动,于是在这种情形下,自我只是自身不断的活动,以便从外在刺激里求得解放,但永远得不到真正的自由。因为自我的存在,即基于刺激的活动,如果没有了刺激,也随之就没有了自我"②。可见,费希特的自我虽然具有作为辩证逻辑载体的"潜质",但如果立足认识论的二元论立场,自我与非我的矛盾便不可调和,辩证逻辑仍然无法走出康德意义上的"思辨幻象"的结局。因此,真正实现"自我"与"非我"的统一,需要转变看待"自我"的视角,即从认识论视角转向存在论视角,以存在论的思维模式重新考察"自我"与"非我"的辩证关系。

在黑格尔看来,要达到真正的思辨思维,只有实体性的存在论基础还不够,还要把实体的抽象性范畴转化为思维的具体性概念。这一"转化"靠的是在"自我意识"的基础上把实体的内在形式提升为思维的内在逻辑,即实现概念的"主体化"或"自我化"过程,因此,国内有学者就一针见血地指出:"黑格尔将从知性思维或表象思维中解救出来的范畴作为'概念',便既不是认识论上的来源于表象的僵死的思想规定,也不是传统逻辑所说的表达对象的抽象范畴。一句话,它不是任

---

① [德]黑格尔:《小逻辑》,商务印书馆1980年版,第121页。
② 同上书,第151页。

何有限的知性形式，而是自我在对自身纯粹活动反思中形成的理性形式。因而它是有内容的，其内容便是自我的活动，而这活动的逻辑法则就是自身包含否定物又在这否定物中保持自身同一性的辩证法则。"①正是在这个意义上，我们认为，黑格尔辩证法具有别样的主体性内涵，对这一主体性内涵的揭示成为理解黑格尔辩证法存在论基础的又一前提。

对于黑格尔哲学的主体性问题的理解，存在一种误解认为，黑格尔的主体性是一种近代认识论意义上的意识主体性或"我思"。其实，黑格尔所理解的主体性实际上更多指向的是存在论意义上的"生成性"。黑格尔对作为生成性的主体性的理解并不是抛弃了意识哲学的主体性，而是把意识哲学的主体性作为自身的一个环节，它强调的是在对整个人类的社会历史活动的描述中，超越意识哲学主体性有限性，或者说，黑格尔的主体性是一种历史主体性和绝对主体性。在这个意义上，认知主体性具有自身固有的局限性，它不过是社会历史主体性的环节之一。因此，国内有学者提出，黑格尔哲学的主体性更多是一种过程性或历史性，而非近代哲学的认识论主体性，"黑格尔从巴门尼德的'思有同一'的思想出发，坚决反对康德将现象与本体、主体与客体分裂的二元论。思有同一，也就是主体与客体的同一。在黑格尔那里，主体不再是笛卡儿的"我思"，也不是康德的先验主体，而是绝对。这个绝对是表现为历史总体过程的大写的理性，即古希腊逻格斯意义上的存在理性。思有同一在黑格尔这里不是一个静态的描述性命题，而是绝对自身发展的必然结果。主体在黑格尔那里与在康德哲学中不同，是一个暧昧的概念。主体不仅指认识论意义上的自我或意识，而且也是一种存在样式，即一个在对抗过程中实现统一的自我发展过程。一般而言，这个过程就是存在"②。

黑格尔认为，近代意识哲学的主体性仍然只停留于"意识"的"知性"阶段，这一阶段的范畴形式是意识把握对象的低级层次，它只能把对象分解为各种彼此孤立的现象。由于"知性"坚持着意识与对

---

① 王天成：《黑格尔概念辩证法中的个体生命原则》，载《天津社会科学》2005年第2期。
② 张汝伦：《德国哲学十论》，复旦大学出版社2004年版，第44—45页。

第一章 辩证法与存在论合流：马克思辩证法存在论阐释的理论前提

象的抽象对立，因此其最高形态只能是通过分解对象达到对对象的抽象规定。因此，在"知性"看来，意识的抽象形式就是对象的固有形式，思维的"碎片化"表征了对象的"碎片化"。这种思维方式及其思维形式看似"沉入"到对对象的关照之中，但其实质是丢弃了思维自身，因为这种思维方式不能返回自身或反观自身，所以，它仍然是一种对对象外在的规定性或形式的规定性，进而也没有获得真实的内容，这是黑格尔对于知性思维和形式逻辑的精神现象学定位。但是，这种看似消极的定位并不意味着黑格尔对于知性思维和形式逻辑的彻底抛弃，黑格尔的根本任务是对意识哲学的超越，而超越这一阶段的就是《精神现象学》的"自我意识"的阶段。因此，进入对"自我意识"阐述才是澄清黑格尔哲学视阈中的主体性问题及其真实意义的前提和基础。

众所周知，自启蒙运动以来，17世纪末和18世纪初被誉为"理性的时代"①或"理性开始时代"②。理性已成为一切哲学思考的出发点和归宿，西方哲学的根本问题已不再是有没有主体性的问题，而是如何确证主体性的问题，或者说，如何在理性的层面上来确证主体性的问题。认识论哲学的经验论和唯理论，或者主张通过主体为认知活动提供直观的明证性来确证主体性，或者主张通过提供认识的先天直观形式来确证主体性。与这种认识论的确证立场不同，存在论的立场虽然比较晚近，但却发出了完全不同的声音。按照科耶夫的理解，在黑格尔哲学视阈中，认识论哲学或意识哲学的思维方式一直被看作是一种静观的思维模式，通过静观我们"沉入"对象，确证的是对象的实在性，但却遗忘了我们自身或主体的实在性。"一般地说，关于一个存在或'一个认识的主体'的认知的、沉思的、被动的行为的分析，不可能发现'我'这个词，以及自我意识，即人的实在性的起源和所以然。"③ 因此，黑格尔的存在论立场要求，确证主体性必须超越这种静观的方式，让主体从对对象的沉思中超拔出来，面向自身。这样，主体才能真正意识到自我的实在性，才能达到真实的自我意识层次，而自我意识，在黑格尔看

---

① 参见［美］汉姆普西耳《理性的时代》，光明日报出版社1989年版。
② 参见［美］威尔·杜兰《世界文明史》第7卷，《理性开始的时代》，东方出版社1999年版。
③ ［法］科耶夫：《黑格尔导读》，译林出版社2005年版，第3页。

来，无疑是主体性确证自身的真正前提。

　　因此，问题的关键转化为如何从静观走向行动？如何从对于对象的沉思中超拔出来？在《精神现象学》中，黑格尔明确提出，超拔的首要动力是"欲望"，因为欲望——人的这一自然生命倾向——为行动的人提供了内在的动力。欲望作为人的自然生命倾向可以分为两个维度，即对事物的欲望和对他人的欲望。对事物的欲望最为典型的例子是人的进食活动，当人面对一个面包进行静观的活动时，人无论如何也无法在这种沉思中认识我自身，因为这时的认知主体性作为，"进行沉思的人完全被他所沉思的东西'吸引'；'认识的主体''消失'在被认知的客体中。沉思揭示客体，而不是揭示主体。通过认识活动和在认识活动中向自己显现的是客体，而不是主体。被他所沉思的客体'吸引'的人，只能通过一种欲望'返回自己'"①。而作为一个欲望的主体性，人的进食活动决定了人是在进行一种否定和破坏食物的活动，在这一过程中，人把静观的对象变成否定性活动的对象，主体的能动性从静观的能动性变成行动的能动性，在行动的能动性中主体性第一次真实地面向自我，而这种面向是达到真正自我意识或主体性的必要条件而不是充分条件。因为"这是一个'对象性的'自我，一个仅仅活着的自我，一个动物的自我。这种自然的自我，与自然的客体紧密地联系在一起，只能作为自我感觉向自己和他人显现。它永远不可能到达自我意识"②。

　　如前文所述，人的欲望不仅仅是对事物的欲望，还包括对他人的欲望，正是对他人的欲望构成黑格尔自我意识作为重要的前提条件。自然欲望让人首先从沉思的存在变为行动的存在，认识到一个对象性的自我，但它实质上仍是一种动物式的欲望。因此，要跳出动物式的欲望而进入人的欲望，必然要跳出对象性的活动，把欲望的对象变成"非自然的客体"。这种"非自然的客体"只能是另一个主体，或另一个欲望。"欲望针对另一个作为欲望的欲望，通过使之满足的否定和消化活动，将创造出一个本质上不同于动物的'自我'的自我。"③ 在这个意义上，

---

① ［法］科耶夫：《黑格尔导读》，译林出版社2005年版，第3页。
② 同上书，第5页。
③ 同上。

黑格尔确证主体性的方式，不仅超越了认知的确证方式，也超越了自然生命活动，创造了一种主体间的生存活动的确证方式。主体间的确证方式，把人不是看作自然活动的存在者，而是看作在社会活动的"为承认而斗争"的存在者。在斗争中，人为了荣誉与承认，把自然属性扬弃在人的社会属性中。在这个意义上，卢卡奇认为，黑格尔的主体性的突出特征是它的社会性和历史性。"黑格尔这里所说的主体，与康德的道德主体根本不是一回事，而毋宁永远是某种社会的历史的东西。"①

黑格尔哲学的主体性与近代哲学的根本区别在于其社会历史性，在于把主体不是看作一个独立于客体之外、独立于其他主体之外的静观的存在者，不是看作一个认识形式的抽象载体，而是看作一个活生生的生命体，它在社会历史性的实践活动中既实现了自身存在意义与价值的确证，也实现了对象存在意义与价值的确证。这两个过程又是一个过程，即主体作为历史性存在者的存在论澄明。因此，黑格尔实现了对传统主体性哲学的彻底颠覆，实现从认识论的主体性哲学到存在论的主体性哲学的彻底变革。主体性哲学的根本变革，为黑格尔辩证法的实体性载体提供了内在的生命动力，实体性摆脱了作为认识对象的被动形式，而成为自身就具有能动性并且能觉解这种能动性的生命实体。

所谓生命实体，就是在主体性的社会历史活动中，直接的、孤立的实体转变为相互联系的活生生的整体性联系。这种实体性之间的整体联系是实体性在其主体性中建立起普遍的意义联系。当这种意义联系不是认知主体外在地给予实体，而是实体自身就拥有只是现在达到了对它的自觉时，我们实际上已经把实体看作了主体，或者说，我们已经把事物的本质不是看作在事物的存在之外，而是看作为就在事物的存在之中。因此，作为事物意义联系的整体具有双重属性：当它属于客体时，它是事物的实在实体性；当它属于主体时，它是事物在思维中所被把握到的概念或理念。在这个意义上，黑格尔辩证法的存在论基础是既具有实体性又具有主体性的"精神性实体"。

---

① ［匈］卢卡奇：《青年黑格尔》，商务印书馆1963年版，第49页。

（三）精神实体：思辨逻辑的存在论载体

精神实体，顾名思义，就是富有精神性特征的实体。一般看来，实体与精神是相对立的两个概念，实体是客观存在的载体，精神是主观思维的象征。黑格尔为什么能够把两个"不相干"的概念结合起来呢？其实精神实体的概念我们并不陌生，它实际上就是对于西方传统哲学理念论的近代改造。对于实体的精神性理解在西方哲学史上其实并不新鲜，柏拉图理念论可以看作是精神实体观的第一个形态。众所周知，由柏拉图所提出的理念概念在西方哲学史上占有非常重要地位，被某些哲学家看作是奠定了整个西方传统哲学的基调。怀特海就曾略感无奈地感叹道："两千五百年的西方哲学只不过是柏拉图哲学的一系列注脚而已。"[1] 这里所谓的"注脚"指的主要是西方传统哲学没有跳出的柏拉图的理念论哲学体系。在柏拉图看来，理念决定了实在及其"现象"的表现形式，与实在的关系具有逻辑先在性，是感性世界的模板和内在规定性。因此，理念一词在其诞生之际即具有存在论意义，理念论也被认为影响了整个传统西方哲学的思想进程。黑格尔为什么要在近代主体性哲学如日中天的时候重建理念论？黑格尔的理念论与传统理念论到底有着怎样的联系与区别？精神实体的生命力到底来自哪里？

首先，黑格尔重建理念论是为了克服近代精神及其思维方式的漂泊无根状态。这种漂泊无根状态的一个重要表现就是对于诸如上帝、世界、宇宙和灵魂等神圣实体的"碎片化"和矛盾化解读，导致本来作为精神皈依的神圣实体与人的关系发生疏离，因此，近代哲学表面上高扬主体实际上切断了主体的存在之根。克朗纳认为："早期的黑格尔便清楚地看到，用理智去构想一些神圣的事物，则必然会碰到一些矛盾，这些矛盾不但不会妨碍这构想的可能性，而且更能使人紧紧地把握到生命的意义。"[2] 因此，从黑格尔早期开始，他就要超越近代哲学特别是康德哲学的有限的思维方式，赋予神圣实体以科学的知识形态，进而为精神奠定神圣根基。但是，黑格尔的重大挑战是：如何解决康德留下的

---

[1] [美] 巴雷特：《非理性的人》，上海译文出版社2007年，第84页。
[2] [德] 克朗纳：《论康德与黑格尔》，同济大学出版社2004年版，第169页。

"辩证幻象"？如何在矛盾中恢复形上对象的确定性？如何拯救辩证法，拯救理性作为形而上学或神圣实体的认知逻辑的合法性？正是为了解决以上问题，黑格尔提出必须把辩证法的矛盾奠基在新的存在论或理念论的基础之上，从而构建一种新型的理念论和新型的辩证法。

　　黑格尔面临的，问题决定了新的存在论基础必须能够把辩证法固有矛盾的"消极性"转变为"积极性"，使其从主观幻象转变为客观存在形式，转变为实体超越自身有限性和觉解自身无限性的中介性过程。进而使主体性脱离只能为经验提供先验直观形式的抽象性，转变为经验自身的行动者和参与者，成为实体性从潜在性到现实性和内在超越自身的目的性过程。因此，在这个意义上，我们同意科耶夫对黑格尔《精神现象学》的解读："精神现象学是一种现象学的描述；其对象是作为'存在现象'的人；人在自己的存在中和通过存在向自己显现。精神现象学本身是其最后的'显现'。"① 并由此得出："辩证法是事物本身固有的、真正的本质，不是一种外在于事物的艺术。……哲学家的思想是辩证的，因为这种思想反映辩证的实在事物"②。

　　黑格尔自己也说，他的方法就是对事物自身的运动过程，"从这个方法与其对象和内容并无不同看来，这一点是自明的；——因为这正是内容本身，正是内容在自身所具有的、推动内容前进的辩证法。显然，没有一种可以算做科学的阐述不遵循这种方法的过程，不适合它的单纯的节奏的，因为它就是事物本身的过程"③。从这些论述中，我们也有理由相信，黑格尔辩证法的理论基础不是关于对事物的"表象"的"认识"如何可能的"认识论"，而是关于对事物的"存在"的"意义"如何可能的"存在论"。还有学者提出，黑格尔通过对神圣事物加入了存在论的有机性原则和目的论原则，把矛盾内化为有机体和目的论的进展中介，赋予了辩证法觉解实体存在意义的精神性根基，"黑格尔把思理解为精神和自然的共同实体，也就是把思理解为存在的根基。而且作为实体的思同时又是主体，所以，思又是存在的生命力的源泉。回

---

① ［法］科耶夫：《黑格尔导读》，译林出版社2005年版，第37页。
② 同上书，第36—37页。
③ ［德］黑格尔：《逻辑学》上卷，商务印书馆1976年版，第37页。

到思的事情，就是将自我和自然理解为一个活体，这个活体就是宇宙本身。在黑格尔看来，宇宙是一个追求着自我实现，并能够自我实现的生命体，是一个有灵性的存在。将宇宙整体理解为一个性灵，这是黑格尔哲学和以往哲学不同的地方"[①]。可见，正是由于黑格尔辩证法是对于实体的存在论和精神性阐释，而不是认识论的反思，辩证法才成为具有积极意义的推动原则和创造原则的否定性，才成为能够引导和塑造事物存在的理想形式的存在论逻辑。

其次，既然黑格尔辩证法是一种立足存在论基础之上的新型逻辑，那么，这种逻辑的存在论载体到底是什么呢？如果说这一载体是具有生命力的理念形式，那么黑格尔的生命理念与传统理念论又有什么实质性的区别呢？

前面我们提到过，黑格尔一方面继承了古希腊特别是亚里士多德的实体观，为辩证法作为一种存在论逻辑提供了"内容方面"的载体。但是其缺乏内在的能动性，无法把范畴联系为一个有机的统一体，因而缺乏生命力。另一方面继承了康德和费希特所开启了绝对自我的辩证法形式，为辩证法作为一种辩证的否定形式提供了"形式方面"的基础。但是其能动性建立在意识哲学的前提之上，辩证的否定形式仅停留于认识论领域内，而无法在存在论领域内获得确定性的意义。黑格尔改造辩证法，必须把以上所提到的"内容方面"和"形式方面"有机结合起来，把辩证法的存在论基础建立在实体性与主体性的内在一致性上。因此，黑格尔在考察了以往的思想形式之后，提出"思想的真正的客观性应该是，思想不仅是我们的思想，同时又是事物的自身，或对象性的东西的本质"[②]。也就是强调了事物的内在规定性与思维的内在法则是一致的。显然这种一致性的前提在于，思维的主体摆脱了作为认识论基础的有限性，把自身沉入到事物的存在之中，成为推动事物生成的能动性力量，并在这种面向事物自身的生成活动中觉解自身与事物所共同分享的辩证逻辑。这时，辩证法无疑已经由于载体与内容的变化而产生了形态的变革，即从一种主观的认识论逻辑"沉降"为客观的存在论逻辑。

---

① 张以明：《生命与实践》，社会科学文献出版社2010年版，第48页。
② ［德］黑格尔：《小逻辑》，商务印书馆1980年版，第120页。

作为这种存在论逻辑载体的是集实体性与主体性于一体的、具有存在论意蕴的"精神实体"。

最后，如果说"精神实体"是主体性与实体性的统一，是黑格尔辩证法的存在论基础，那么，黑格尔如何实现主体性与实体性的统一的呢？答案是，黑格尔史无前例地把历史的思维方式引入到对存在论的探讨之中。历史思维方式的引入使得实体性与主体性的统一有了可能性的视阈。黑格尔哲学对康德哲学的改造最为重要的是以历史为视阈。在康德那里，理念是超时间性和超历史性的理性实体，先验范畴是知性的认知形式，感性经验材料的时间性和历史性是先验范畴和知性思维反思的结果。因此，先验范畴作为历史性与超历史性之间的界限，只能为感性材料提供先天的规定，而无法规定超验理念。黑格尔则认为，康德的这种三分法实际上是把精神实体及其表现形式的理念抽象化。实际上，作为真实的、与主体性相统一的精神实体，理念应该在现实事物中把自己实现出来，应该在时间性和历史性中现实化自身。

通过引入历史的思维方式，黑格尔一方面把实体主体化，即实体就不是被悬置起来的抽象理念，而是在历史中外化自身的、具有生命能动性的主体。另一方面把主体实体化，即主体性具有的思想形式，不仅是主观的思维形式，而且也是事物自身的存在形式。黑格尔能够克服近代哲学的意识内在性，超越以康德哲学为代表的近代空间化思维方式，实现实体与主体的统一、思维形式与存在形式的统一的关键在于，黑格尔的探索不是在空间性的视阈中完成的，而是在时间性的视阈中完成的。因为思维逻辑与存在逻辑在空间思维中仍然是心理逻辑与物理逻辑的对立关系，但在时间思维或历史思维中，思维逻辑却是存在论逻辑的自觉阶段，二者具有共同的存在论的基础。在这个意义上，历史的思维方式成就了实体性与主体性的真实统一，成就了作为存在论的理念和理念的生命力。

通过以上考察，我们发现，理解黑格尔的辩证法，首先，要在形上载体的意义上，把辩证法看作是具有实体性基础的内涵逻辑，从而区别于没有实体性基础的只考察思维的运行法则的形式逻辑。其次，考察辩证法的主体性和能动性，不能仅仅停留在认知形式的方面，必须深入到主体的存在论性质，把主体性看作为一个社会和历史过程，否则认知意义上的主体性会使辩证法陷入认识论的羁绊之中,辩证法无法获得确定性的历史性视阈。最后,实体性在主体性的社会历史视阈中为辩证法提供了具有生命力的形上载体,这个形上载体就是生命理念。生命理念是黑格尔辩证法的存在论的基础,奠基于这一基础,辩证法从认识论的消极逻辑,转变为具有存在论的积极逻辑。

三 黑格尔辩证法的否定性及其存在论性质

众所周知,生命与非生命的本质区别在于,生命总是自觉或不自觉地否定自身的当下存在,在否定已有存在形式的过程中推动自身的发展,创造自身新的生命存在形式。可见,生命的基本原则实质上是一种发展原则和创造原则,发展原则和创造原则坚持的生命一以贯之的自否定原则,是生命个体内在超越本性的真正实现。理解黑格尔辩证法的否定性本质必须引入生命原则的基本视角,生命原则及其所内蕴的内在超越性和发展创造性是正视黑格尔辩证法否定性的基本视角,只有立足于这一视角,黑格尔辩证法的否定性的存在论意蕴才能得到真实的彰显。

黑格尔辩证法之所以贯彻一种活生生的生命原则,在于概念之间的演绎内蕴是精神实体的自否定原则。黑格尔辩证法的否定性是建立其存在论基础之上的自否定性,其存在论基础——精神实体所体现出的反思性,在于它是一种关于事物存在意义的整体性,精神实体逻辑先在的对于个体事物存在意义的批判性引导,引导其超越自身存在的有限性而融入到理念所蕴含的意义整体性之中。因此,精神实体所体现出的否定性,是一种具有目的论和价值论意义的超越性的否定性,是对于事物加以有机考察的存在论的否定性。在这个意义上,精神实体所外化出来的存在论的否定性,既内在于事物的特殊性之中,又是对于事物存在意义的普遍性寻求,因而构成了黑格尔辩证法特有的否定形式,即"内在超越"。

(一) 否定性的两种形式

"辩证法的本质是批判的和革命的",这是我们常常挂在嘴边却少有反思的对于辩证法最为经典的论断之一。哲学的本性要求不断对常识的自明性论断加以质疑,海德格尔转引康德的名言也提出:"'自明的东西'、而且只有'自明的东西'应当成为并且应当始终保持为分析工作的突出课题即'哲学家的事业'。"① 因此,反思辩证法的本质是批判和革命的论断使得如下问题凸显出来:辩证法为什么一定是批判的和革命的?辩证法的批判与其他哲学思维方式的批判性有什么根本区别?辩证法的批判性有没有肯定性和建构性的维度?要回答这些问题,首先要求我们对辩证法批判性所立足的"否定性"本身加以系统考察。

一般来说,我们对于否定性的理解包括两种情况:一种情况是把否定性看作是对于肯定的否决或颠覆。在经验常识的意义上,这诚然是不错的,比如,当我做出一个经验判断:"这面墙是白色的",对这一经验判断的否定就是"这面墙不是白色的",通过对经验事实的"不"之作用,既实现了我们对于经验的否定性的表达,同时也达到一种否定性的效果,这就是我们通常所理解的"常识的否定性"。因此,在常识的意义上,否定性是一种"不"的能力和效果。

另一种情况是把否定看作是为知性的规定性。例如,当我们形成对这面墙的知性规定,即说出"这面墙是白色的"的时候,我们所隐含的实际上是在说"这面墙不是红色的"、"这面墙不是黑色的"等判断,而后面这些判断无疑已经隐含在"这面墙是白色的"这一知性规定之中了,或者说,任何一种对于事物的肯定性的规定,实质上都蕴含着对于该事物的否定性规定。因此,在知性的意义上,否定性是事物自身的内在规定性。在哲学史上,真正自觉到后一种否定性形式的哲学家是斯宾诺莎。斯宾诺莎认为:"对事物的限定,不是指事物的存在,正相反,它是指事物的不存在。既然形式无非只是限定,而限定就是否定,所以,正如我们所说的,形状除了是否定外,不能是别的。"② 黑格尔非常欣赏斯宾诺莎的这一思想,他认为,"斯宾诺莎是近代哲学的重点:要么是斯宾诺莎主义,要么不是哲学。"③ 而斯宾诺莎哲学的这个"重点"在于,他提出了"一切规定性都是一种否定"这一伟大命题。可

---

① [德]海德格尔:《存在与时间》,生活·读书·新知三联书店2006年版,第6页。
② 《斯宾诺莎书信集》,商务印书馆1993年版,第206页。
③ [德]黑格尔:《哲学史讲演录》第4卷,商务印书馆1978年版,第100页。

见，在黑格尔看来，当把知性规定与否定性自觉结合起来的时候就构成了"知性的否定性"。

"常识的否定性"和"知性的否定性"的共同之处在于，否定者与被否定者实际上处于一种外在关系之中。"白色"与"不是白色"的经验对立，"白色"与"不是黑色"、"不是红色"等知性规定相对立，使得否定与被否定者，即肯定性处于一种非此即彼的外在对立关系之中，"外在的否定性"构成"常识的否定性"与"知性的否定性"的共同特征。

所谓"外在的否定性"，就是指否定与肯定的双方处于一种外在的关系，否定只能局限为肯定的一种形式规定，而无法深入到肯定之中，肯定的性质和状态不会随着否定的作用而发生根本的改变。墙的颜色永远不会因为关于墙的规定性而改变，不管我们如何否定对墙的颜色的当下判断，我们都无法真正影响到"墙的颜色"这一问题的实质。因此，外在否定性实际上仅仅是一种思维形式的否定性，一种无载体和内容的否定性。这种思维形式的否定性也可以产生肯定与否定的矛盾形式，但是由于没有丰富的载体支撑，矛盾形式只能沦为公说公有理、婆说婆有理的非确定性的圈圈中。站在辩证思维的立场上，可以说，外在的否定性实际上是一种恶的否定性。所谓恶的否定性，是指这种否定性无法为知识提供一种确定性，反而使知识的确定性成为不可能。

与"常识的否定性"和"知性的否定性"为表现形式的"外在否定性"不同，"内在否定性"与肯定性不是一种外在对立关系，而是肯定性本身就内蕴着否定性，或者说内在否定性是肯定性的自否定。但问题的关键在于，肯定性何以具有自我否定性的属性和能力？在常识思维和知性思维中，肯定性是自身同一，否定性是肯定性的反面，是对肯定性自我同一性的外在排斥和拒斥。这种外在排斥和拒斥的操作平台在常识思维中是经验，在知性思维中是形式逻辑。但是，大家都知道，经验常识是无法容忍矛盾原则的，对经验常识的确证只能依靠直观的明证性。直观的明证性保证了在经验常识视阈中，肯定性判断与否定性判断是泾渭分明和截然二分的关系。墙是白的就是白的，是黑的就是黑的，我们不可能说出类似"墙的白色中也包含着黑色"这种似是而非和模棱两可的话。因为墙是什么颜色的，只要用眼睛看一下，就可以达到明

第一章 辩证法与存在论合流：马克思辩证法存在论阐释的理论前提

证性和确定性。与经验常识一样，以形式逻辑为法则的知性思维也不能容忍同一性与非同一性的同时存在。形式逻辑的矛盾律认为，A 只能是 A，而永远不能是非 A，即 A 的自我肯定性永远不能容忍自身的否定性也就是非 A。作为知性思维的逻辑法则之一，矛盾律虽然是一种思维的纯形式，但是其规定对象仍然是经验现象。因此，知性思维的验证平台也必然离不开经验现象，只有在对经验现象的"理智直观"中，才能获得自身的明证性。①

可见，常识思维和知性思维都无法容忍肯定性的自否定性，也就是都无法容忍一种内在否定性。"无法容忍"的根本原因就在于：二者的明证性平台都离不开感性经验界。因此，如果内在否定性是可能的，那么这种可能性的前提必然要求从感性经验中超脱出来在超验领域获得合法性。进而，问题的关键转化为在超验领域如何理解否定性？超验领域是否容忍自否定原则？以及超验领域如何实现肯定性与否定性的内在统一？

想要超越否定性通常理解的外在性，我们认为关于否定性问题的探讨应该始终在存在论的层面上展开。按照海德格尔的理解，存在论哲学的理论前提是存在与存在者的区分，因此，存在论对于存在问题的探讨并非是在存在者的层面上进行，而是始终直面存在本身。在这个意义上，存在作为黑格尔哲学意义上的"纯有"，作为"无规定性的直接性"只能通过存在者显现出来，存在显现自身的动力就来自于其内在的否定性或存在与存在者的内在差异性。

早在古希腊时期，巴门尼德就提出存在与非存在的问题，可是他只强调存在作为的"有"的直接性，而忽略了存在的"无"的间接性和能动性。而赫拉克利特则不同，他强调"变"、强调存在作为"有"与"无"的统一，作为永恒的活火的变动性本身就是世界的统一性原则，存在在其否定性中完成自身和获得作为存在的动力，或者说存在在与非存在的否定性关系中让自身存在起来。另外哲学上的德谟克利特的"虚空"、亚里士多德的"潜能"、波墨的"生命冲动"和"痛苦"、黑格

---

① 参见王天成《生命意义的觉解与辩证法的任务》，载《吉林大学社会科学学报》2005 年第 4 期。

尔的"纯无"、海德格尔的对"为什么在者在而无反倒不在"的追问等等，都是对于存在自身否定性的强调。但是，这些哲学家对存在自身否定性内涵的深层揭示和追问，只是说明了存在论与内在否定性的必要条件关系，而没有说明为什么对存在本身的追问和寻求一定能够形成一种内在否定性原则，或者说，没有说明存在论与内在否定性的充分条件关系。因此，必须对存在论与内在否定性的充分条件关系加以说明，只有如此才能真正证明存在论作为内在否定性的必然载体的合法性。

存在论"论"的是作为世界上一切存在者存在根据的"终极存在"，通过论证这一"终极存在"来回答世界存在的理由和根据，从而形成的对于世界的"终极解释"。但是，存在论在其最深层的意义上，应该是通过对"终极存在"的确认，对"终极解释"的占有来奠定人的安身立命之本，为人的生命意义寻求最高的支撑点和内在根据。因此，对存在意义的追问和寻求就是对人的生命意义与价值的"终极关怀"[①]。作为人的"终极关怀"的内在根据，对存在意义的追问和寻求源自于人对自身作为一种有限性存在者的焦虑和不安，人的有限性与虚无性与本体的内在否定性是同一的。正因为人的有限性或有死性，对死亡的焦虑和不安，不断驱使着我们去否定和超越经验现实，去追问和寻求理想性的超验本体。在这个意义上，存在的意义问题既是确定性的人的生命意义的支点，又是非确定性的人的永恒的终极指向性。因此，存在论必然是自身肯定与自身否定性的统一，并且必然要把自身表现为一种内在的否定性。

黑格尔辩证法的理论载体和基础是精神实体，精神实体的存在论意义决定了黑格尔辩证法的否定性必然以存在论为平台。而正如上文所指出的，以存在论为平台和载体的否定形式必然是"内在否定性"。因此，只有把黑格尔辩证法的否定性形式看作为"内在否定性"，从而区别于经验常识和知性思维的"外在否定性"，才能真正保证黑格尔辩证法的否定性与其存在论基础及其存在论意义相一致。否则，必然把黑格尔辩证法庸俗化为经验常识的例证和知性思维的实证，而遮蔽了黑格尔辩证法的思辨内涵。因为黑格尔辩证法所蕴含的否定性，从来不是对于

---

① 参见孙正聿《哲学通论》，辽宁人民出版社1998年版，第231页。

经验实在的直接排斥，而是通过对于作为经验实在的意义整体——精神实体的寻求来"间接地"塑造经验实在的理想形态，从而达到一种对于经验实在的意义批判和价值引导作用。

(二) 黑格尔辩证法的内在否定性

否定性是黑格尔辩证法的灵魂。马克思在《1844年经济学哲学手稿》中指出，"黑格尔的《精神现象学》及其最后成果就是辩证法作为推动原则和创造原则的否定性。"① 黑格尔自己在《逻辑学》中也指出："这个否定性是自身的否定关系的单纯之点，是一切活动——生命的和精神的自身运动——最内在的源泉，是辩证法的灵魂。"② 另外，国内外学者也都就否定性对于黑格尔哲学和黑格尔辩证法的重要作用提出各种论断。亨利希提出："无可争辩的是，'否定性'是黑格尔逻辑学的最重要的方法论的基本分析手段之一，不研究否定性的意义，就无法说明否定性的方法与所有其他的方法的区别是什么。""因此，那个有着很多规定的抽象的词，'否定'，是发展哲学理论和黑格尔称之为'理念'的概念结构的唯一基础。"③邓晓芒也提出："在黑格尔辩证法中，否定性的思想构成了一切运动和发展的内在灵魂。"④ 可见，无论黑格尔本人、马克思等经典著作家，还是国内学者都把否定性当作是真实理解黑格尔辩证法的核心内容。"否定性作为黑格尔辩证法的灵魂"已经成为对于黑格尔辩证法研究的"常识性"论断。但是，问题的关键在于，如何深化对于黑格尔辩证法否定性的理解，否定性何以构成黑格尔辩证法的内在灵魂？这种否定性是外在的否定性还是内在的否定性？我们认为，解决这些问题必须引入符合黑格尔辩证法本性的基本视角，即存在论的视角，只有如此，黑格尔辩证法的否定性的理论特质才能被真实诠释出来。

正如上文所论述的，判断否定性是"外在否定性"还是"内在否

---

① 《马克思恩格斯全集》第3卷，人民出版社2002年版，第320页。
② [德] 黑格尔：《逻辑学》下卷，商务印书馆1976年版，第543页。
③ 中国社会科学院哲学研究所西方哲学史研究室编：《国外黑格尔哲学新论》，中国社会科学出版社1982年版，第44页。
④ 邓晓芒：《思辨的张力》，商务印书馆2008年版，第335页。

定性"的关键在于支撑否定性的运作平台的基本性质。以经验现象为运作平台的否定性属于外在的否定性,以超验本体为运作平台的否定性则是内在的否定性。通过上文论述我们得知,黑格尔辩证法的运作平台是具有形上意味的精神实体,精神实体是表征经验实在意义与价值形式的超验本体,因此,黑格尔辩证法的否定性属于内在的否定性,属于意义的否定性和价值的否定性。

黑格尔辩证法的基本载体是精神实体,精神实体作为目的论实体与反思性主体的统一是具有能动性的存在论概念,黑格尔辩证法的否定性因为有了存在论的平台才使其内在的否定性得以可能。国内有学者就指出:"正是从存在论的角度来看,否定这一概念在黑格尔那里才不单纯是一种外在的否定,不单是一种'排斥'或'拒斥',而是同一个事物的自否定。"[1] 可见,内在的否定性是与其载体的能动性是相一致的,载体的能动性和创造性成为否定性作为推动力量和创造力量的动力源泉,也成为黑格尔辩证法实现自身存在论性质的内在灵魂。因此,理解黑格尔辩证法的内在否定性就必须与其存在论的基础联系起来,离开了黑格尔辩证法的存在论基础,我们无法真正理解黑格尔辩证法的内在否定性。

具体而言,精神实体作为黑格尔辩证法的存在论基础具有双重内涵,即实体性与主体性(详见第一章),与之相应,黑格尔辩证法的内在否定性也具有双重内涵,即"实体否定性"与"主体否定性"。"实体否定性"源自于实体自身内在属性。在亚里士多德看来,实体的最显著特征在于其内在否定性,"实体有一个显著的标志,就是在保持着自身在数量上的同一性的同时它却能够容许有相反的性质,而这种改变之发生乃是由于实体本身里面的变化"[2]。这里所谓"实体本身里面的变化"就是实体的自否定性。可见,自否定是实体根本属性,实体始终内蕴着一种变化的力量,这种变化的力量就是古希腊哲学的目的论传统。

在黑格尔看来,柏拉图把存在表达为具有实在性的理念,把理念作为实在的理想性共相,虽然具有目的性内涵,但却牺牲了目的论固有的

---

[1] 邓晓芒:《思辨的张力》,湖南教育出版社1992年版,第158页。
[2] [古希腊]亚里士多德:《范畴篇 解释篇》,商务印书馆1959年版,第18—19页。

第一章 辩证法与存在论合流:马克思辩证法存在论阐释的理论前提

能动性和否定性性质。真正把目的论与否定性原则结合起来的是亚里士多德,"在亚里士多德那里潜能是基础,是自在之物,是那客观的东西;然而抽象的共相、理念,则仅是潜在性。只有能力、形式才是活动性,才是那实现者,那自己对自己发生关系的否定性"①。可见,实体作为亚里士多德的理念的最大特征是具有从潜在到实现的内在目的性,这一点深为黑格尔所重视。黑格尔认为,正是亚里士多德的目的论赋予了本体以否定性的环节,进而本体从抽象的共相转变为从潜在到现实的活动性实体,"在单纯的变化里面,就没有包含着在变化中维持自身。那共相是积极活动的,它规定自己;目的就是体现出来的自身规定"②。可见,亚里士多德的目的论保证了实体的内在否定性,实体的内在否定性印证了亚里士多德的有机目的论。黑格尔辩证法正是继承了亚里士多德的这一存在论学说,获得了具有内在否定性的存在论载体。这一目的论的存在论载体决定了,黑格尔辩证法否定形式是具有一种有机目的论的特征,是一种有机体自我否定、自我超越,不断地否定自身的当下性,追求自身的理想性的内在否定性形式。

与"实体否定性"一样,"主体否定性"也源自主体性自身的内在属性。近代哲学的主体性原则对黑格尔哲学有着不可替代的决定性影响,黑格尔在《哲学史讲演录》中明确提出:"在哲学上,笛卡尔开创了一个全新的方向,从他起,开始了哲学上的新时代;从此哲学文化改弦更张,可以在思想中以普遍性的形式把握它的高级精神原则。"③笛卡尔所开创的主体性原则或理智思维原则决定了,主体已经不满足于与对象的直接性同一,而总是要给予对象以自身的规定性,这种规定性是主体通过反思对象的直接性,力图达到对象间接性的理解,这种间接性的反思就是一种对于对象的否定性规定。斯宾诺莎就认为:"一切规定都是一种否定。"④真正明确提出主体自身内在否定性的哲学家是康德。黑格尔认为,康德哲学的伟大功绩在于通过对主体认识领域的划界,提出人类思维的矛盾原则和否定性原则的客观性和必然性。这就是,当作

---

① [德]黑格尔:《哲学史讲演录》第2卷,商务印书馆1960年版,第290页。
② 同上。
③ [德]黑格尔:《哲学史讲演录》第4卷,商务印书馆1960年版,第65页。
④ 同上书,第100页。

为知性的主体超越现象界而力图把握本体界时，必然陷入自身的似是而非的辩证法。"康德曾经把辩证法提得比较高，因为按照普通的想法，辩证法是有随意性的，他从辩证法那里把这种随意性的假象拿掉了，并把辩证法表述为理性的必然行动。……这个结果，从它的肯定方面来把握，不是别的，正是这些思维规定的内在否定性、自身运动的灵魂、一切自然与精神的生动性的根本。"① 但黑格尔不同意康德把辩证法看作是理性在本体面前"错误行动"的结果，而主张思维的这种必然的内在否定性具有积极性的能力。

黑格尔通过把康德的知性范畴改造为理性概念，从而实现辩证法从康德的消极的"幻象逻辑"转变为黑格尔的积极的"思辨逻辑"。黑格尔认为，康德的范畴之所以在本体面前陷入消极的否定性，其根本原因在于范畴与本体处于一种外在关系，范畴是对本体的外在规定。如果范畴的来源于对经验现象的抽象提取，那么这种范畴显然只能适合对经验现象的把握，而无法把握超验本体。所以，问题的关键在于转变范畴的载体和平台，使之脱离经验现象而获得一种本体性的载体。这样，范畴就不是本体外在的抽象规定，而是本体自身的内涵逻辑。

那么，这个本体性的载体是什么呢？黑格尔在这里充分吸收了费希特对康德先验统觉的改造，即将自我绝对化和实体化，"范畴的'体'就由外在的表象变成活生生的自我，而自我的本性恰恰又是原初的自我决定、自我确立的理性活动。这种范畴的自我化就是黑格尔所强调的概念"②。进而，自我的辩证法就不是知性范畴有限性的滥用，而是自我在概念层面的内在运动。因此，只有深入理解黑格尔如何把康德的知性范畴转化为思辨概念，才能真正理解黑格尔辩证法在主体性意义上的内在否定性。主体的否定性之所以是内在的，就在于它是一种概念的自我运动，而非知性范畴的相互排斥和区别。在这个意义上，我们强调的"主体否定性"也仍然是在存在论意义来说的，没有自我的本体化，而仅仅在主体作为认知形式的载体的意义上来理解这种否定性，必然会仍

---

① ［德］黑格尔：《逻辑学》上卷，商务印书馆1976年版，第38—39页。
② 王天成：《黑格尔概念辩证法中的个体生命原则》，载《天津社会科学》2005年第2期。

然局限于知性思维的外在否定性,而永远无法真正达到黑格尔辩证法所具有的内在否定性。

不管是实体的内在否定性,还是主体的内在否定性都必须在存在论或本体论的意义上来理解。只有立足于本体论,才能体会到为什么内在否定性是实体和主体的固有属性而不是主体与实体之间的错位关系,进而也才能真正理解黑格尔辩证法的"思辨否定性"与康德辩证法的"幻象否定性"的实质差别。同时,当我们在存在论的意义上来理解实体的内在否定性和主体的内在否定性时,我们已经为二者架设了一个共有的运作平台,或者说,这两种否定性已经在一个载体上实现了统一,这个平台就是精神实体。

在精神实体这个平台上,实体的内在否定性和主体的内在否定性实际上是一个内在否定性,这就是作为黑格尔辩证法存在论基础和平台的精神实体的内在否定性。当精神实体外化自身,在自然实在中贯彻辩证法的自否定性时,精神实体的否定性表现为实体性否定性的目的论原则贯穿其中,展现给我们的是生机盎然的大千世界。当精神实体不满足于自然实在的无休无止的自我运动时,精神实体就向往返回自身,主体的否定性将发挥作用,以概念和范畴来反思和觉解经验实在背后的规律和形式,并倾向于把实体的客观目的性转换为主体的主观目的性,即实在的自我运动就是概念的自我运动,就是理念的自我运动。但是,在黑格尔看来,不管是实体的自我运动还是概念的自我运动,实际上都是一个运动,这就是精神性实体推动现实事物和科学发展,实现自身创造性力量的"内在超越"。

因此,黑格尔辩证法的内在否定性或自否定性的精髓之意在于"内在超越"。"内在超越"是黑格尔完成辩证法与存在论合流所贯彻的"隐秘逻辑",是黑格尔辩证法及其否定形式的理论特质,更是黑格尔彰显辩证法思维方式与生命意义问题固有关系的核心原则,只有从这一原则出发,我们才能真实把握黑格尔辩证法的否定性及其赋予辩证法思维方式的生命力。

(三)内在超越与黑格尔辩证法的生命力

众所周知,黑格尔在《小逻辑》和《逻辑学》中反复强调思辨逻辑区别于形式逻辑的关键在于，思辨逻辑不是逻辑的枯骨，不是僵死的范畴堆砌的，而是有血有肉的有机整体。可见，黑格尔非常注重对于思辨逻辑作为一种有生命力的逻辑的强调。或者说，黑格尔的理论报复不仅在于改造辩证法，而且在于改造近代逻辑学的无生命力状况。某种意义上，也可以说，黑格尔是通过赋予辩证法新的理论内涵来恢复逻辑学与存在论固有的理论关系。在《逻辑学》中，黑格尔明确指出了近代逻辑学在存在论面前的无能以及尴尬处境，"直到现在的逻辑概念，还是建立在通常意识所始终假定的知识内容与知识形式的分离或真理与确定性的分离之上的。首先，这就假定了知识的素材作为一个现成的世界，在思维以外自在自为地存在着，而思维本身却是空的，作为从外面加于质料的形式，从而充实自己，只有这样，思维才获得内容，并从而变成实在的知识"①。

内在超越原则是黑格尔赋予逻辑学以存在论意义的核心原则，存在论意义的获得使得近代逻辑学焕发出崭新的生命力。黑格尔逻辑学的生命力具体表现在，思辨逻辑突破了康德为知性逻辑划定的界限，即突破了其有效领域只能是经验现象界这一边界，而强调逻辑除了其知性表现形式外，还应该有理性的表现形式——理性逻辑。理性逻辑能够切中现象背后承载现象的存在论对象，并且以思辨的象征关系取代二元的认知关系，表征存在本身的运动规律和演进法则。在这个意义上，黑格尔辩证法及其所构造的新型逻辑成为事物存在本身的灵魂，能够表征事物存在本身不断地发挥自身的否定性力量，推动事物打破既有的平衡状态，创造出事物崭新的存在样态。黑格尔辩证法及其新型逻辑学之所以焕发出如此的生命力，其根本原因就在于，它具有贯彻着存在论层面的"推动原则"和"创造原则"的内在否定性，这种内在否定性的实质作为"推动原则"和"创造原则"的统一就是"内在超越"原则。

关于黑格尔辩证法的"内在超越"原则，马克思曾在《1844年经济学哲学手稿》中作出非常经典的论断："黑格尔的《精神现象学》及其最后成果——辩证法，作为推动原则和创造原则的否定性——其伟大之处首先在于，黑格尔把人的自我产生看作一个过程，把对象化看作非

---

① [德]黑格尔：《逻辑学》上卷，商务印书馆1976年版，第24页。

第一章　辩证法与存在论合流：马克思辩证法存在论阐释的理论前提　　65

对象化，看作外化和这种外化的扬弃。"① 反思马克思的这一论断，我们发现，黑格尔辩证法的"推动原则"和"创造原则"的"否定性"，内含的实际上是一种"发展原则"的"否定性"，因为只有"发展原则"才具有"推动"的力量和"创造"的功能。进而，当以一种"发展原则"来理解黑格尔辩证法的"否定性"时，我们无疑是在一种有机体的"生命原则"的意义上来理解它。所以，马克思的这一论断实质上是要向我们提出，当把黑格尔辩证法的"否定性"看作一种贯彻"内在超越"原则的"否定性"时，我们实际上是把黑格尔辩证法看作为一种贯彻"生命原则"的否定辩证法。因此，当我们强调黑格尔辩证法的"内在超越"原则是其不竭的生命力源泉时，我们也必然需要对黑格尔辩证法的"生命原则"和"内在超越"原则的关系作一番梳理。

　　黑格尔辩证法的内在否定性的实质是"生命原则"的"否定性"，而生命原则的否定性的基本内涵是生命的内在超越性。生命的内在否定性不是为了否定而否定，生命实际上是通过自我的否定性来实现自身的发展的。因此，在生命发展的意义上，生命的否定性实际上是一种内蕴着更高肯定性的否定性，这就是生命的"内在超越性"。所谓生命的"内在超越性"，就是说生命始终具有一种内在的不安息性，不安于自身的现实状态，而总是奔向自身的理想状态。正是这种内在的不安息推动着生命的自我否定性，构成推动生命发展的前提性力量。当生命的不安息驱使着生命的自我否定时，生命同时也在进行着一种创造性的活动，这就是通过否定自身而在异质性的他者中完成自身的发展，进而生命通过内在否定性活动完成对异质性的同质化，为生命创造了新的内涵，实现生命的成长与发展。因此，当我们从"生命原则"的角度去看待黑格尔辩证法的否定性时，就从这一否定性中看出了肯定性的内容，从其内在的推动中看出了内在的创造，而内在推动与内在创造的统一就是黑格尔辩证法所固有的"内在超越原则"。

　　必须明确的一点是，我们这里强调的始终是黑格尔辩证法的生命原则，而不是黑格尔哲学的生命概念。生命原则与生命概念的区别在于，

---

① 《马克思恩格斯全集》第3卷，人民出版社2002年版，第320页。

前者是作为黑格尔辩证法的解释原则,而后者则只是其哲学理念的一个阶段。生命原则内蕴于生命概念之中,但不意味着生命概念可以代替生命原则,因为生命原则是黑格尔辩证法的内在精神本性,就是黑格尔辩证法的生命力。而生命概念只是黑格尔辩证法的"第一个化身",并不是黑格尔哲学"最进步"的概念,与生命概念相比,黑格尔强调更多的是精神概念。① 但同样必须指出的是,生命概念对于我们理解黑格尔辩证法的否定性具有前提性意义,"黑格尔论述矛盾统一体的第一个概念就是生命的概念。……从黑格尔开始,生命的概念,成了根据人类具体历史条件重建哲学的众多努力的起点,也成为克服抽象的唯理论哲学特征的起点"②。因此,是否理解黑格尔哲学的生命概念,是否在生命概念的层次上思考黑格尔辩证法的否定性,也就成为是否真正理解黑格尔辩证法及其生命原则的一个重要前提。

在黑格尔看来,在理念中把握生命,实际上把握到的只能是一种逻辑的生命,"在非哲学的科学中关于生命的其他科学观点,区别究竟怎样讨论,那并不属于这里的事,这里要注意的,只是逻辑的生命,作为纯理念,与自然哲学中所观察的自然生命,以及与精神联结时的生命,是怎样相区别的"③。可见,黑格尔在逻辑的意义上对生命概念的理解,主要是注重它的基本理念,而不关注生命的自然和精神形式。

具体而言,黑格尔把生命的理念把握为三个环节:生命的个体、生命的过程和生命的类的过程。④ 生命的理念体现在个体在发展过程中实现与自身的类的结合,因此,类的普遍性意义在于扬弃个体盲目的恶无限增长。但是,动物的类对个体的扬弃无法超出自身的直接性,即无法自觉到类的普遍性,生命进而又重新陷入直接性阶段。真正能够自觉到类的普遍性的只有人,因为人是一种理性的存在者,理性使人具有认识和反思能力,能够从个体的无限循环中超拔出来,形成对于生命类本性的觉解,即形成"精神"。"精神概括的是这样事实的重要性:在最后的论述中,生命的统一性是主体自由理解和活动的结果,不是一些盲目

---

① [美]马尔库塞:《理性与革命》,上海人民出版社2007年版,第46—47页。
② 同上书,第45—46页。
③ [德]黑格尔:《逻辑学》下卷,商务印书馆1976年版,第456页。
④ 同上书,第459页。

自然力量的结果。"① 因此，从生命概念到精神概念的进展是黑格尔辩证法生命原则的内在表现形式，辩证法生命原则的"内在超越性"在精神概念达到了自觉。

前文曾提到过，黑格尔通过确立绝对的理性自我，把康德的知性范畴改造为自己的理性概念，进而辩证法从消极的"幻象逻辑"转变为积极的"思辨逻辑"。可见，"思辨逻辑"只有建立在理性本体的平台上才得以可能，其否定性才不会陷入似是而非的幻象，我们把黑格尔辩证法的这方面性质概括为"内在性"。同时，我们又强调，黑格尔辩证法的内在否定性是一种来源于生命的内在不安息、生命的发展要求一种固有的自我否定性，进而，黑格尔辩证法内蕴着一种活生生的生命原则，我们把黑格尔辩证法的这方面性质概括为"超越性"。现在的问题是，黑格尔如何把理性本体的"内在规定性"与生命原则的"固有超越性"结合起来，从而完成对辩证法内在超越原则的自觉的呢？

黑格尔认为："当理性之确信其自身即是一切实在这一确定性已上升为真理性，亦即理性已意识到它的自身即是它的世界、它的世界即是它的自身时，理性就成了精神。"② 因此，在精神中理性与现实事物、生命就是一个东西，生命达到了理性的形式，理性也是具有生命力和内容的具体理性。理性的反思性与生命的否定性在精神中实现和解，精神是理性内在性与生命超越性的统一，精神的内在超越性决定黑格尔辩证法的否定形式中有一种肯定性的旨趣，而这一肯定性的旨趣又反过来验证了黑格尔辩证法永恒的生命力，这就是辩证法立足于理性与现实的和解，但又不沉湎于这种"和解"，而是要在自身的"内在超越原则"地推动下，不断地塑造和引导时代精神地发展。在这个意义上，我们认为，黑格尔辩证法不仅是一种理论理性的思辨系统，而且也是一种具体时代内涵和实践精神的伦理体系。

黑格尔哲学中精神概念的特征决定了，黑格尔辩证法具有一种伦理气质。在黑格尔看来，精神既是伦理实体又是伦理现实。就精神作为伦理的实体的方面来看，它是普遍的自我同一性，是个人行动的内在根据

---

① ［美］马尔库塞：《理性与革命》，上海人民出版社2007年版，第47页。
② ［德］黑格尔：《精神现象学》下卷，商务印书馆1979年版，第1页。

和内在出发点；就精神作为伦理现实的方面来看，它是精神普遍本质的解体和分化，个人分有精神的本质，成就自身的个体精神和人格，精神进而被现实化为具体的伦理生活。① 因此，精神不是僵死的抽象实体，而是一个活生生的现实。精神的概念形态即理念也不是抽象的理论形式，而是内蕴着理性的意志力，内蕴着丰富的实践性质。

如果说精神是理论理性与实践理性的统一，是理性与现实的和解，那么，在黑格尔思辨体系中，精神的概念形态作为理论理念与实践理念的统一，就是绝对理念。"这种在认识和实践中掌握和实现自身意义的生命便是人，而人通过认识和实践所达到生命的自身实现和觉解也就是生命的最高境界。黑格尔的整个思辨辩证法（作为逻辑学）便终结于这样一个生命境界，他称其为'绝对理念'。"② 因此，绝对理念是黑格尔辩证法的理论归宿，是黑格尔辩证法走过其一系列概念形态后的最后终点。如果说黑格尔辩证法的每一个概念环节都内蕴着一种生命原则和伦理性质，那么，作为最后归宿的绝对理念就是黑格尔辩证法所象征的生命伦理总体性的完成。

四 黑格尔辩证法与存在论合流的现代性批判意义

黑格尔辩证法的存在论性质决定了，辩证法作为时代精神状况的理论自觉，不是对现存事物的实证性描述，而是始终在存在论的层次上参与事物存在意义的生成与构建，始终塑造和引导着新的时代精神。在这个意义上，以具有内在否定性的精神实体为载体，黑格尔完成了辩证法这一古老思维方式的当代蝶变，这就是精神实体不仅赋予辩证法理论以永恒的生命力，而且保证了辩证法能够对现实具有内在的批判力度，能够始终对人类的生存状况做出最为深刻的体察。

黑格尔辩证法的具体性不是一种经验的具体性，而是一种意义的具体性。意义具体性面向的是事物存在的"现实"而不是事物存在的

---

① 参见［德］黑格尔《精神现象学》下卷，商务印书馆1979年版，第3页。
② 王天成：《黑格尔概念辩证法中的个体生命原则》，载《天津社会科学》2005年第2期。

第一章　辩证法与存在论合流：马克思辩证法存在论阐释的理论前提

"经验"，"现实"始终是意义所渗透了的经验，是理想化和精神化了的经验。因此，深入理解黑格尔辩证法的存在论性质，必须深入理解黑格尔辩证法所解决的现实问题。黑格尔所处时代的精神状况决定了黑格尔辩证法所要解决的最大现实问题是启蒙理性的张扬以及滥用，是理性的盲目崇拜以及抽象化，是主体性原则和抽象理性的合谋以及二者所导致的伦理总体性的丧失。确证现代性的实质及其内在危机，重建现代性所导致已崩塌的精神总体性，既是黑格尔辩证法与存在论合流的理论任务，也是黑格尔思辨逻辑的存在论意蕴内在体现，更是我们立足当代人类的生存状况，重塑黑格尔辩证法当代理论价值的重要切入点。

（一）知性思维方式与现代性的内在纠缠

知性思维方式与现代性存在着一种内在的纠缠关系，黑格尔辩证法在对知性思维的批判和超越中获得现代性意义。启蒙理性通过对一切权威的祛魅，实现了主体性的至上地位，同时也达到了自身认识能力的极致，知性思维和形式逻辑成为近代自然科学的思维法则。但是，人类实际上是以自身的有限性实现了所谓认识的无限性，也就是说，以主体与客体的二元对立为基础，主体只能无限地逼近客体，却永远无法达到对"物自体"的认识。康德认为这是人类理性的有限本性，而黑格尔却提出这种思维方式是"恶的无限性"。在黑格尔看来，"恶的无限性""恶"在有限与无限的根本对立，启蒙表面上实现了对时代精神的无限充实，实际上是牺牲了生命、宗教、政治和伦理的整体性。时代在"恶"无限中被有限的知性思维所"碎片化"。在这个意义上，黑格尔自觉到知性思维作为一种有限性的思维方式对生命和生活整体性的抽象化，自觉到启蒙理性走向了自身的反面。启蒙摆脱了神话的纠缠，却在自身的神话中迷失了内在的批判向度，启蒙变成了神话，这就是启蒙的辩证法和"现代性的背反性"。

现代性的首要原则是"主体性原则"。"主体性原则"的前提是主客体的二元对立，这是肇始于笛卡尔的近代哲学的第一原则。立足于这一原则，知性思维方式获得了合法性的地基，并在现实生活中实现了与现代性的内在纠缠。在黑格尔看来，知识思维方式的最大特点是坚持对事物的抽象规定，并把不同的规定坚持为对立的状态，在绝对不相容的状态中思考,"就思维作为知性(理智)来说,它坚持着固定的规定性和各规定性之间彼此的差别。以与对方相对立。知性式的思维将每一有限的抽象概念当作本身自存或存在着的东西"①。可见,知性思维方式坚持在主客二元对立的基础上追问认识可能性,确证了主体性自身独立性的同时,却遮蔽客体的真实性,形成的也只是虚假的客观性。因此,在黑格尔看来,知性思维的实质就是"抽象理性"。

韦伯认为,现代社会的诸多特征与西方的理性主义有着内在的联系。这种理性主义就是黑格尔所揭示的"抽象理性"。近代"主体性原则"完成了对宗教权威的祛魅和现代性的最初形式,其代价便是"不仅使理性自身,还使'整个生活系统'都陷于分裂状态"②,这种"分裂状态"的根源就在于以"抽象理性"和"主体性原则"为特征的"知性"成为现代性的思维方式。因此,启蒙精神在诞生之初就内含着自身的对立面。这个对立面主要表现在以下几个方面:人与自然的对立及其导致的思维方式的"有限化"、人与社会的对立及其导致的社会生活的"碎片化"和人的有限性与无限性的对立及其导致的精神家园的"虚无化"。

在黑格尔看来,这些现代性的对立形式是知性思维的内在特征,克服现代性的对立形式必须以超越知性思维的有限性为前提。青年黑格尔深受浪漫派的影响,对古希腊社会的宗教、伦理和政治生活有着强烈的向往。黑格尔认为,近代人生活方式的危机和困境根源于其思维方式的危机和困境。知性思维将整体性的世界加以分裂,把人与自然、人与社会和人与自身的统一性破坏掉,生命的整体性在知性思维的规定下实证化,现代性的危机表现为伦理总体性的丧失。"古代人的研究是真正的自然意识的教养和形成。古代的研究者通过对他的生活的每一细节都作详尽的考察,对呈现于其面前的一切事物都作哲学的思考,才给自己创造了一种渗透于事物之中的普遍性。但现代人则不同,他能找到现成的抽象形式;他掌握和吸取这种形式,可以说只是不假中介地将内在的东西外化出来并隔离地将普遍的东西(共相)制造出来,而不是从具体

---

① [德] 黑格尔:《小逻辑》,商务印书馆1980年版,第172页。
② [德] 哈贝马斯:《现代性的哲学话语》,译林出版社2004年版,第25页。

第一章 辩证法与存在论合流:马克思辩证法存在论阐释的理论前提

事物中和现实存在的形形色色之中把内在和普遍的东西产生出来。"①知性思维完成的普遍性必然导致现代性的抽象自然科学、抽象社会政治和抽象宗教伦理。普遍性成为外在于生命并与现实生命相"隔离"的抽象普遍性,整体的、活生生的生命被抽象的普遍性"碎片化"。

康德是首先自觉反省"抽象理性"的哲学家,他对理性僭越经验而形成的先验幻象的揭示,是对时代普遍性被抽象化问题的最深刻阐释。但遗憾的是,康德对现代性根本问题的揭示采取了一种消极态度,即如果理性的僭越成为不可能,那么感性、知性和理性作为人类思维的三种能力,只能各负其责,在对各自界限的严格遵守中获得自身的合法领地。黑格尔显然不满足于康德的消极态度,他认为知性不是与理性对立的东西,而是理性的条件或本质要素。理性的辩证形式——"辩证法"不是理性的消极面,而是理性超越知性思维,解决现代性社会分裂局面的理论基础。形成的所谓的辩证法的"幻象"只是源于理性只停留在知性的有限性阶段,而思辨的辩证法则立足于理性的总体性,把知性作为不可或缺的环节和内容,从而知性思维方式的有限性就能从根本上加以超越。"辩证法倒是知性的规定和一般有限事物特有的,真实的本性。反思首先超出孤立的规定性,把它关联起来,使其与别的规定性处于关系之中,但仍然保持那个规定性的孤立有效性。反之,辩证法却是一种内在的超越(Immanente Hinausgehen),由于这种内在的超越过程,知性概念的片面性和局限性的本来面目,即知性概念的自身否定性就表述出来了。凡有限之物莫不扬弃其自身。"② 在这个意义上,黑格尔显然强调,现代性的理性困境要从知性思维批判获得出路,现代性危机的解决必须通过从主体性内部击破主体性的独断,启蒙的辩证法只能从启蒙内部加以超越。理性的总体性在把知性内在化的同时也实现了人与自然、人与社会和人与自我的和解。

哈贝马斯提出,确证现代性是现代性的内在要求,即现代性作为一项未完成的事业,要求确证自身的优越性和危机。可以说,黑格尔是第一个确证现代性辩证法的哲学家。"黑格尔是第一个清楚地阐释现代概

---

① [德]黑格尔:《精神现象学》上卷,商务印书馆1979年版,第21—22页。
② [德]黑格尔:《小逻辑》,商务印书馆1980年版,第176—177页。

念的哲学家,自觉到现代性的哲学家。到韦伯为止,现代性与合理性之间的内在联系一直都是不言而喻的,今天却成了问题。我们要想搞清楚这种内在联系,就必须回到黑格尔那里去,也就是说,我们首先必须回到黑格尔的现代概念。"① 可见,黑格尔辩证法通过对知性思维的内在超越,实现从"主体性原则"内部击破"主体性原则",在对知性思维与现代性的内在纠缠的自觉中超越知性思维的有限性。在这个意义上,黑格尔也是真正对知性思维方式做出公正批判的第一人。黑格尔辩证法的现代性意义还体现在,它始终保持着对现代性的内在批判,这种内在批判保证了现代性在不断克服知性思维的纠缠中完善自身。具体而言,黑格尔辩证法的现代性批判建立在三块基石之上。

（二）黑格尔辩证法的理论基础与现代性批判

知性思维方式与现代性存在着深层的纠缠关系,因此,黑格尔辩证法对现代性的批判必然诉诸对知性思维方式的批判。在黑格尔看来,知性思维方式作为一种反思的思维方式,其最大的弊端在于无法把握生命的整体性,反而会把活生生的生命整体性"碎片化"。因此,黑格尔辩证法要完成对现代性的批判必须将自身建立在对生命的整体性理解的基础上。总的看来,黑格尔主要通过对实体、宗教和语言三个角度的全新理解来诠释生命的整体性,进而他的辩证法的理论基础也具有三重内涵的:"生命实体"、"爱的泛神论"和"语言本体论"。

黑格尔辩证法理论基础的第一重内涵是主客体统一的"生命实体"。黑格尔认为,近代哲学的知性思维方式的根本前提是主客体二元对立的意识哲学。彻底批判知性的思维方式,必须打破意识哲学的二元对立,必须在主客体统一的基础上确立辩证法的存在论基础。古希腊哲学特别是亚里士多德的实体学说具有前主客体关系的性质,主客体在实体那里是内在统一的,而实体的规定性只是实体自身的显现形式,二者是潜在和实现的关系。因此,黑格尔认为,实体不应该是抽象的僵死存在,而应该是具有能动性的生命实体,"一切问题的关键在于:不仅把

---

① ［德］哈贝马斯:《现代性的哲学话语》,译林出版社2004年版,第5页。

第一章 辩证法与存在论合流:马克思辩证法存在论阐释的理论前提 73

真实的东西或真理理解和表述为实体,而且同样理解和表述为主体"①。而近代哲学把实体与属性看作外在的抽象关系,结果实体的生命力被抽象的、有限的范畴所窒息。

与知性思维把范畴看作实体的外在规定不同,黑格尔辩证法立足于主客体统一的"生命实体",把范畴提升为概念,把有限的"形式逻辑"提升为无限的"思辨逻辑"。实体性在黑格尔那里不仅仅是抽象范畴的载体,而且是知性范畴"内在的超越"自身的有限性,觉解自身的整体性的平台。实体不是僵死的"物自体",而是内蕴着生命目的性的能动的"主体",即能够自我规定、自我否定和自我超越的生命实体。生命实体把知性的有限性作为自身的环节,在一种整体性的意义上理解对象。在这个意义上,黑格尔辩证法超越了反思性的"意识哲学",在"逻辑哲学"的平台上把"生命原则"贯彻到他的存在论之中。② 因此,概念的活生生的生命意义,也确证了黑格尔辩证法的宗教前提,即其理论旨趣是追求生命超越自身有限性而觉解无限性的宗教关怀。

黑格尔辩证法的基本旨趣是理性宗教的"爱的泛神论"。宗教的实证化和精神生活的"虚无化",使得黑格尔非常注重从宗教的角度批判知性思维方式对生命整体性的消极影响。早期黑格尔就坚持"爱的泛神论"思想。在他看来,康德哲学的个体道德自律无法真正解决启蒙理性所带来的人的精神生活的"虚无化"。康德只强调了意志的自决的力量,对意志的内容只是从意志的"自身一致"原则加以规定,仍然停留于形式主义的窠臼之中。"实践理性自己立法所依据的规律,或自己决定所遵循的标准,除了同样的理智的抽象同一性,即:'于自己决定时不得有矛盾'一原则以外,没有别的了,因此康德的实践理性并未超出那理论理性的最后观点——形式主义。"③ 克朗纳认为,与康德不同,黑格尔把"二分法"看作是对人类人格整全性的一大威胁,二分法导致的必然是宗教的戒律成为外在于心灵的命令。"生命始终是一个实在

---

① [德] 黑格尔:《精神现象学》上卷,商务印书馆1979年版,第10页。
② 王天成:《黑格尔形而上学维度的革新》,载《吉林大学社会科学学报》2007年第4期。
③ [德] 黑格尔:《小逻辑》,商务印书馆1980年版,第143页。

的统一性，一个不可分割的整全体。一切对这个生命整全体所施行的分割都是人为的、机械的和牵强的。它们把本来是同一的撕离，把生命的统一性破坏。"①

在黑格尔看来，耶稣所传扬的"爱的泛神论"正是为了解决这种生命的四分五裂状态，从根本上实现理性与意志、必然与自由、有限与无限的对立统一，实现对生命整体性意义的觉解。虽然黑格尔这一时期仍然认为，从逻辑演绎的角度无法觉解生命的整体，但正如克朗纳指出的，"黑格尔的'爱的泛神论'具备了他后来的形而上学的一切特点。它企图越过片面的理性主义、片面的情绪主义或片面的经验主义，以追求一切对立的统一。他的方法虽然尚非严格意义下的'辩证方式'，然而它的结构却已具有辩证色彩了"②。我们也有理由认为，早期黑格尔对"爱的泛神论"的注重以及对宗教实证化的批判，对于其成熟时期的辩证法思想具有不可替代的前提性意义，对黑格尔辩证法的现代性批判维度具有奠基性作用。

如果说主客体统一的"生命实体"为黑格尔辩证法奠定了存在论基础，"爱的泛神论"的理性宗教为黑格尔辩证法确立了基本旨趣。那么，作为世界经验的"语言本体论"则为黑格尔辩证法提供了理论平台。黑格尔概念形态的辩证法是在"语言"这个平台上实现出来的，③这就使得当我们追问黑格尔辩证法现代性批判的基础时，必须对它的实现形式和平台，即对黑格尔辩证法的语言学基础进行深入探讨。

语言问题一直是西方哲学的最为重要的问题之一，早在柏拉图的《克拉底鲁》篇中，就有着对语言的起源问题清晰而深刻的论述。近代哲学的知性思维方式，把语言科学化的同时，也使其变成了人类认识的中介和方法，成为外在于人的工具。伽达默尔认为，语言工具化的根源在于古希腊哲学只注重超越语言非确定性之上的"逻格斯"精神，把语言仅仅看作实现"逻格斯"精神自我认识的中介、平台和工具。"语

---

① ［德］克朗纳：《论康德与黑格尔》，同济大学出版社 2004 年版，第 159—160 页。
② 同上书，第 160 页。
③ 关于黑格尔辩证法的语言学基础问题，邓晓芒先生在《思辨的张力》一书中提出古希腊语言的"逻格斯"精神是黑格尔辩证法最重要的起源之一，并对此进行了翔实的分析和论证。

言的本身存在就只能被认作为迷惑（Beirrung），而思想的努力就在于排除并控制住这种迷惑。因此，在《克拉底鲁篇》中所进行的对名称正确性的批判已经表现为在这个方向上迈出的第一步，而处于这个方向尽头的则是近代关于语言的工具理论和理性的符合系统的理想。"① 在这个意义上，我们考察黑格尔辩证法的语言存在论平台，就必须反思黑格尔对古希腊语言观的继承。如果黑格尔继承了古希腊哲学的语言存在论思想，那么黑格尔是否也在陷入了伽达默尔所批判的逻辑化的语言观的窠臼之中？

黑格尔辩证法的语言学平台在其逻辑化的外表背后有着深刻的生存论意蕴。我们不同意伽达默尔把语言作为"世界经验"的存在论意义与"语言的逻辑化"相对立。海德格尔认为，黑格尔的概念不是近代哲学"抽象理性"范畴的意义上的概念，而是"意识经验"的"经历"，《精神现象学》中所谓"意识经验的科学"指的就是意识经历了一条向往绝对知识的"道路"②。可见，在海德格尔看来，黑格尔的逻辑和语言是以意识经验的显现道路为前提，是一种存在论意义上的逻辑和语言，这种逻辑和语言是意识"话语"的自我"言说"，而非近代认识论的抽象范畴。在这个意义上，黑格尔辩证法的语言平台就不仅仅是根源于柏拉图哲学的"逻格斯"理念，而且是超越现代工具化语言的生存论语言。"语言的'逻辑本能'实际上就是一种生存体验，其必然性就在于这种体验的直接自明性和确定无疑性，而不是间接证明或外在根据的必然性。"③ 在这个意义上，黑格尔的语言存在论在其"逻格斯"的"抽象"背后有着生存论的意蕴，正是这种生存论意蕴对生命整体性的自觉，保证了黑格尔辩证法对现代性的语言观及其世界观的批判维度。

（三）重建伦理总体性与黑格尔的现代性解决方案

黑格尔辩证法通过对知性思维方式与现代性内在纠缠的揭示，立足

---

① ［德］伽达默尔：《真理与方法》上卷，商务印书馆2007年版，第564页。
② 海德格尔在《林中路》第三章"黑格尔的经验概念"中提出，"哲学本身就是道路，是陈述着的表象的通道"，对于黑格尔而言，认识不是任何工具，而是意识现象的自身显现过程，"绝对本身就是这条道路。现象知识的陈述可以成为这条道路"。
③ 邓晓芒：《思辨的张力》，湖南教育出版社1992年版，第58页。

于"生命实体"、"爱的泛神论"和"语言本体论"三块基石,既实现了对现代性与"抽象理性"内在关系的澄明,也实现了对现代社会生命整体性丧失的批判。生命整体性的丧失必然要求社会生活的总体性充实。虽然在哈贝马斯看来,黑格尔作为西方理性主义哲学的完成者,他的绝对精神为了证明自身作为一体化的力量,在消解现代性的"主体性原则"的同时,也消解了哲学对现实的批判维度。但我们认为,黑格尔辩证法的理论归宿决定了,这种"消解"不影响黑格尔对生命整体性丧失的揭示,也不影响他依靠绝对理性的和解力量求索社会生活总体性的任务。黑格尔辩证法的伦理总体性在解构现代性的同时也提出了现代性合法形态的建构方案。

哲学是思想中所把握到的时代,是时代精神的精华。黑格尔辩证法通过对近代哲学的形式逻辑和知性思维方式的批判,最为深刻地揭示了现代社会所导致的伦理总体性的丧失,"这个时代之走到对于理性的绝望,最初尚带有一些痛苦和伤感的心情。但不久宗教上和伦理上的轻浮任性,继之而来的知识上庸俗浅薄——这就是所谓的启蒙——便坦然自得地自认其无能,并自矜其根本忘记了较高兴趣"[1]。可见,黑格尔已经敏锐地自觉到启蒙给时代所带来的非确定性因素,即宗教、伦理和知识等精神生活丧失了内在的坚定性。他把这种现状的原因归结为"对理性的绝望",是理性的抽象化导致了时代的"虚无化"。所以,黑格尔辩证法对伦理总体性的守护就是对理性在宗教、伦理和知识方面所应具有的能力和信心的守护,就是对个体理性与普遍理性和解的合法性守护,进而也就是对绝对理念作为普遍理性所具有的伦理总体性的守护。

黑格尔辩证法作为一种存在论的逻辑,处理的不是经验问题,而是事物统一性内在根据的超验问题,因此,其伦理总体性就不能从时间先在性的层面来理解,而只能从逻辑先在性的意义加以理解。黑格尔辩证法的逻辑先在性既是个体生命的存在论根据,也是生命对这种根据的理论形态的自我意识,更是生命的意义与价值的伦理守护。正如马克思所指出的,黑格尔的辩证法是以"最抽象"的形式表达了人类"最现实"的生存状况,这就是:"个人现在受抽象统治,而他们以前是互相依赖

---

[1] [德] 黑格尔:《小逻辑》,商务印书馆1980年版,第34页。

的。但是，抽象或观念，无非是那些统治个人的物质关系的理论表现。"① 因此，黑格尔辩证法的最后归宿——绝对理念，体现的就是个体生命的最高境界，实现的是个体生命与其类生命的和解和真实统一。黑格尔辩证法最终的理论旨趣不是一个认识论问题或知识论问题，而是生命突破自身的有限性，对自身意义加以觉解的伦理学问题或存在论问题。

针对现代社会伦理总体性的丧失，黑格尔主要力图以"普遍理性"的辩证法，改造由"抽象理性"所构成的旧形而上学，进而在"普遍理性"的平台上重建伦理总体性。"作为'现代性困境'的理论自觉，黑格尔辩证法的真实目的，是以'普遍理性'重建伦理的总体性，从而实现人同自己的世界的'和解'。"这种"和解"表现为"个体理性认同普遍理性，融入普遍理性，自觉为普遍理性，这才是黑格尔以辩证法改造形而上学、实现辩证法与形而上学'合流'的'真谛'"②。具体而言，黑格尔辩证法所趋附的具有伦理总体性的"普遍理性"具有三重内涵，即作为生命存在的终极根据、生命认识的终极尺度和生命意义的终极关怀。这三重内涵分别以思辨逻辑的三重和解来实现，即本质与现象的和解、逻辑与历史的和解和理性与现实的和解。

"普遍理性"是本质与现象的和解。在知性逻辑所主导的现代性视阈中，事物的本质与现象是抽象对立的。当近代哲学的"主体性原则"把本质的特权从上帝手中夺回时，本质与现象也被独断地分裂开。黑格尔坚决反对抽象范畴所导致的现象与本质的分裂。事物的本质和根据不是现象之外的抽象规定，也不能通过靠主体的知性范畴来获得，而就在存在现象的内在超越、自我分化过程之中。"世界的真正实体不是隐藏起来的东西，而是由现象的变化与消长加以显示的，因为真正的实体就是自我，就是主体。他通过生活使自身得以保存，因为他就是活生生的上帝。哲学的职责就是对他加以显示。因此，你不能脱离有限的事物和关系，抽象地规定他的本质。"③ 黑格尔的"普遍理性"，在这个意义上就是作为世界的实体与主体相统一的上帝，是一切现象的内在矛盾的完

---

① 《马克思恩格斯全集》第 30 卷，人民出版社 1995 年版，第 114 页。
② 孙正聿：《辩证法：黑格尔、马克思与后形而上学》，载《中国社会科学》2008 年第 3 期。
③ 《新黑格尔主义论著选辑》下卷，商务印书馆 2003 年版，第 16—17 页。

成，表征是一切生命现象所走过的觉解自身根据和本质的历程。

"普遍理性"是逻辑与历史的和解。作为黑格尔辩证法的理论归宿，绝对理念不仅是概念逻辑演绎的抽象实体，而且是能动的生命实体所走过的历史自身。黑格尔辩证法区别于以往辩证法的最大特点是，实现了逻辑的东西与历史的东西的一致，"黑格尔的思维方式不同于其他哲学家的地方，就是他的思维方式有巨大的历史感作基础，……这个划时代的历史观是新的唯物主义观点的直接的理论前提，单单由于这种历史观，也就为逻辑方法提供了一个出发点"①。可见，黑格尔的"历史感"使他的"思辨逻辑"不同于"形式逻辑"，在于它是有内容的逻辑，而这种"内容"就是思辨逻辑所推演的全体，"绝对理念的内容就是我们迄今所有的全部生活经历（Decursus vitae）。那最后达到的见解就是：构成理念的内容和意义的，乃是整个展开过程"②。这个过程及其最后归宿是一切生命现象觉解自身存在意义的根据和尺度。

"普遍理性"是理性与现实的和解。我们一般认为：黑格尔的绝对理念是一个脱离了现实的、超感性的永恒实体和抽象共相，这种看法是一种误解。黑格尔辩证法所欲解决的恰恰是理性的抽象化问题，恰恰是通过批判脱离了现实，把现实"碎片化"的知性形式及其所造成的虚假共相，实现在概念以及概念的逻辑进展中的理性与现实的和解。"真正的共相或黑格尔所说的概念（Begriff）——其最高表现是绝对理念——是普遍真理与具体事实的有机统一……这种共相全然不是什么抽象之物，而是一个完美的'具体'的整体。"③ 作为具体总体的绝对理念在这个意义上，就不仅仅具有前面所叙述的"生命存在的根据"和"生命认识的尺度"，而且还具有对"生命意义的终结关怀"的功能。"这种在认识和实践中掌握和实现自身意义的生命便是人，而人通过认识和实践所达到生命的自身实现和觉解也就是生命的最高境界。黑格尔的整个思辨辩证法（作为逻辑学）便终结于这样一个生命境界，他称其为'绝对理念'。"④

---

① 《马克思恩格斯选集》第 2 卷，人民出版社 1995 年版，第 42 页。
② ［德］黑格尔：《小逻辑》，商务印书馆 1980 年版，第 423 页。
③ 《新黑格尔主义论著选辑》下卷，商务印书馆 2003 年版，第 20 页。
④ 王天成：《黑格尔概念辩证法中的个体生命原则》，载《天津社会科学》2005 年第 2 期。

第一章 辩证法与存在论合流:马克思辩证法存在论阐释的理论前提

总之,黑格尔辩证法所实现的"普遍理性"具有伦理总体性的意义。通过实现本质与现象、逻辑与历史、理性与现实的有机统一,"普遍理性"解决的是现代社会中个人与自然、个人与他者、个人与自我等多重疏离关系;解决的是现代社会所存在的价值观念的实用化、精神生活的"虚无化"和政治现实的"碎片化";解决的是人作为一种整体性的类存在者的类本性的丧失。可见,普遍理性以及最后归宿的绝对理念之所以构成一种伦理的总体性,其根本原因在于,黑格尔的思辨逻辑是一种存在论的逻辑,其根本任务是对事物存在意义的表征、存在价值的批判和存在精神的引导。绝对理念作为这种表征、批判和引导的归宿,就是一切具体事物的意义和价值总体的根基,它表征的是对人类现实生存状况的批判和对崇高与美好生活的向往。因此,黑格尔辩证法作为一种存在论逻辑,其每个概念都是一个伦理或价值理念,绝对理念作为这些概念构成的体系本身就是一个伦理和价值总体。在这个意义上,我们认为,黑格尔辩证法揭露了知性思维方式与现代性的内在纠缠,内在批判了现代性的理论基础,提出了走出现代性困境的自身的解决方案,一方面构成我们深入理解马克思辩证法与黑格尔辩证法理论传承关系的一条重要线索,另一方面对于我们探索走出现代性的理论和现实困境,重新反思生命存在的意义,重新谋划人类的生活图景都具有重大的理论价值。

第二章

存在意义批判及其实践奠基：马克思辩证法的存在论基础

黑格尔实现了对传统辩证法的改造，完成了辩证法与存在论的合流。辩证法不再是外在于事物的论辩方法，而是一切事物存在意义以及内在推动和创造的力量与灵魂。辩证法成为存在论的逻辑，存在论成为辩证逻辑的存在论。在这个意义上，辩证法就是对事物进行存在论阐释的逻辑，辩证法的概念系统以存在论的方式澄明存在的意义，存在论对存在意义的澄明也以辩证法的内在超越形式来完成。黑格尔对辩证法的存在论理解深刻影响了辩证法的命运，马克思以实践观点思维方式批判和继承了黑格尔的这一"改造"，使辩证法与存在论更为紧密地结合起来，辩证法成为更具生命力的现代哲学理论。实践观点的思维方式一方面变革了西方哲学的致思方向，特别是黑格尔的精神存在论，为辩证法奠定了实践存在论的基础。另一方面为辩证法拓展了新的理论内涵，马克思从资本存在论和历史存在论两个角度出发，完成了对资本逻辑的瓦解和对虚无主义历史观的批判，开辟了解答人的自由与解放何以可能问题的崭新路径。本章首先探讨第一个方面。

一 反思马克思辩证法的理论基础

黑格尔通过对传统辩证法存在论基础的改造确证了辩证法思维方式的以下本性：存在论是辩证法的合法领地，辩证法始终是以寻求和批判存在的意义问题作为自己的任务，辩证法理论固有着一种存在论意义。我们对于马克思辩证法的存在论阐释需要立足辩证法的这一本性，需要

第二章 存在意义批判及其实践奠基：马克思辩证法的存在论基础

反思马克思辩证法的存在论基础。这种反思对于提升马克思辩证法原本的理论高度，确证马克思辩证法的理论特质具有前提性和奠基性意义。我们认为，马克思哲学的实践观点改造和深化了黑格尔赋予辩证法思维方式的生命原则，改造和深化了黑格尔辩证法的存在论基础，马克思辩证法的存在论基础是立足于人的原初性感性实践活动的实践存在论。

对于马克思辩证法存在论基础的讨论一直是国内学术界的热点话题。这些讨论所形成的共识是，马克思为辩证法奠定了新的存在论基础，"颠倒"了传统辩证法特别是黑格尔辩证法的唯心主义基础，创建了辩证法思维方式的崭新形态——唯物辩证法。但对于马克思辩证法所奠定的存在论基础本身的理解，国内外学者却产生了较大的分歧。这些分歧大致可以分为实在论基础、认识论基础和实践论基础等几种。实在论基础认为，马克思辩证法的存在论基础是具体的物质实在，黑格尔辩证法的存在论基础是抽象的精神实在，"颠倒"是由物质实在对精神实在的颠倒来完成的；认识论基础认为，马克思辩证法的存在论基础是物质与精神的认知反映关系，黑格尔辩证法的存在论基础是思维与存在的认知反映关系，"颠倒"是由具体认知关系对抽象认知关系的颠倒来完成的；实践论基础认为，马克思辩证法的存在论基础是人的感性实践活动，黑格尔辩证法的存在论基础是人的理性精神活动，"颠倒"是由感性活动对理性活动的颠倒来完成。深入反思这些分歧的理论基础，我们发现，构成这些分歧的最主要原因是由对同一个问题的不同理解所导致的，即如何看待黑格尔唯心辩证法的"心"和如何理解马克思唯物辩证法的"物"的问题？从唯"心"辩证法到唯"物"辩证法的转变到底是如何实现的？"心"与"物"的差别到底是什么？

众所周知，马克思通过改造黑格尔辩证法，创建了自己的唯物辩证法理论。这一判断已经成为马克思主义哲学研究者的基本常识。马克思自己在《资本论》第一卷第二版中也强调："我公开承认我是这位大思想家的学生，并且在关于价值理论的一章中，有些地方我甚至卖弄起黑格尔特有的表达方式。"[①] 列宁在《哲学笔记》中也强调："辩证法也就是（黑格尔和）马克思主义的认识论：正是问题的这一'方面'（这不

[①] 《马克思恩格斯选集》第2卷，人民出版社1995年版，第112页。

是问题的一个'方面',而是问题的实质)普列汉诺夫没有注意到,至于其他的马克思主义者就更不用说了。"① 在这个意义上,我们必须"注意到"黑格尔与马克思辩证法的这种内在关联,而且马克思在《1844年经济学哲学手稿》中还曾指出过,青年黑格尔派"对于我们如何对待黑格尔的辩证法这一表面上看来是形式的问题,而实际上是本质的问题,则完全缺乏认识"②。显然,马克思认为辩证法问题不是一个特殊的理论问题,而是关系到理论实质的一般问题。进而马克思指出,费尔巴哈给这一问题带来的启示是,应该放弃黑格尔的"抽象的普遍性的"、"实体"的出发点,而从感觉确定的东西出发。③ 从以上论述中,可以发现,马克思辩证法与黑格尔辩证法既存在着密切联系,又在出发点和理论实质上存在着根本的区别。我们不能简单地把唯"心"与唯"物"看作是两种截然不同且毫无关联的思维方式,因为黑格尔的"心"是否与传统哲学的唯"心"主义存在巨大差别,而这一差别恰恰构成马克思唯"物"主义的重要出发点。否则把黑格尔的"心"降格为传统唯心论的"心智"也必然把马克思的"物"降格为旧唯物主义的"物质",也必然会困在实在论和知识论的藩篱之中无法自拔。在这个意义上,如何正确看待黑格尔辩证法所奠基的"唯心论"以及这种唯心论所开创的新型存在论哲学,构成我们正确看待马克思辩证法存在论基础的理论前提。

停留于旧唯物主义的视野中,我们往往把黑格尔的唯心辩证法的存在论基础看作是建立在纯粹主观唯心主义基础上,即建立在近代认识论的"我"或"我思"的基础上,黑格尔的"心"被理解为主观的"心智"或"自我意识"。并立足于对"我思"与"对象"的主观和反映论的关系,进而得出马克思辩证法的存在论基础的"物"是与"我"或"我思"相对立的"客体"或"物质",从而达到与黑格尔辩证法存在论基础根本对立的论述目的。立足于这样一种"唯物"对"唯心"的颠倒,人们进而把辩证法进一步划分为主观辩证法和客观辩证法的两

---

① [苏]列宁:《哲学笔记》,人民出版社1993年版,第308页。
② 《马克思恩格斯全集》第3卷,人民出版社2002年版,第312页。
③ 同上书,第315页。

大分支,"唯物辩证法是包含着多重系列的辩证法群,从总体上,我们可以把这一辩证法群分为客观辩证法与主观辩证法两大系列,主观辩证法是客观辩证法的反映"①。所以,客观辩证法就是客观的"实在"事物的内在规律,主观辩证法就是对于这一规律的主观的"心智"反映。但是,这种理解显然把马克思在《提纲》中所反复强调的要对事物加以能动的、实践的理解遗忘掉了,辩证法的存在论基础重新又回到马克思所明确批判的"从前的唯物主义"的理论水平上。

与旧唯物主义的理解不同,另一条道路是从近代认识论哲学的基本视角出发,把黑格尔唯心辩证法的存在论基础的"心"看作是在理论中解决了的思维与存在关系的意识活动,进而为了与之相对立,而把马克思辩证法的存在论基础的"物"看作是实践活动。但由于理论视野的局限,这条道路虽然把实践活动看作是不同于意识活动的别样主客体关系,其根本任务还是以解决"认识何以可能"这一认识论哲学的根本问题,即解决的是思维如何切中存在,主体如何认识客体的知识论层面的问题。在这个意义上,实践尽管构成马克思辩证法的存在论基础,但是实践之所以得到强调,其根本原因在于实践能够构成检验认识论意义上的符合式真理的"标准"和"法则",实践对于马克思辩证法存在论层面的重要意义并没有被真实地阐发出来。

实践的认识论化,使得本来应该借着批判抽象意识活动到现实的实践活动而为马克思辩证法奠定基础的机遇再次丧失,对辩证法的理解由于实践的认识论化也局限于认识论的研究范式。列宁所强调的"辩证法也就是(黑格尔和)马克思主义的认识论:……(这不是问题的一个'方面',而是问题的实质)"②的判断也被歪曲为近代意义的认识论哲学判断,其所彰显的辩证法作为黑格尔和马克思的存在论意义被遮蔽掉,因此,马克思辩证法所具有的超越近代认识论哲学,对辩证法存在论基础及其理论形态的重大变革也被深深地遮蔽了。

以上两种研究范式所坚持的理论立场具有相同之处,这就是二者都

---

① 李秀林等主编:《辩证唯物主义和历史唯物主义原理》,中国人民大学出版社1995年版,第146页。

② [苏]列宁:《哲学笔记》,人民出版社1993年版,第308页。

过度强调了马克思辩证法与黑格尔辩证法的根本区别，而遗忘和遮蔽了二者的内在联系。这种形而上学的非此即彼的思维方式本身就没有做到对辩证思维的自觉。因此，这样两条道路都没有看到，只有从黑格尔辩证法与马克思辩证法的内在联系出发，而不是从二者的根本对立出发，马克思辩证法与黑格尔辩证法的存在论基础的区别与联系才能真正获得澄清。

与上文所述的两种研究范式不同的是，我们认为还应该有第三条道路可以探寻，而且第三条道路也应该是论述这一问题本该坚持的正确方向。这条道路的立论基础是：如果能够正视辩证法作为以诠释存在的意义问题为核心问题，以存在论作为基本的理论基础的思维方式，那么我们也许可以超越前面两条道路的局限，打开更为广阔的研究思路。如前文所论述，真实进入黑格尔辩证法的理论语境，必须以真实理解黑格尔对于以往辩证法的存在论改造为前提，黑格尔辩证法正是在与存在论的合流中获得了独特的理论魅力和理论价值，而决定这种魅力和价值的关键因素在于黑格尔辩证法的存在论基础——精神实体。因此，如果非要把黑格尔辩证法归入到所谓唯心主义阵营，那么其所谓的"心"也只能理解为"精神实体"，而非"心智"和"思存关系"。只有当我们把黑格尔辩证法的存在论基础的"心"看作是精神实体，也就是具有内在能动性的生命理念时，黑格尔辩证法才没有被降格到前康德的理论水平，恰恰相反，黑格尔辩证法的超越康德辩证法的认识论模式，赋予辩证法存在论的生命力才能被真实地揭示出来。进一步讲，只有立足黑格尔辩证法本应具有的理论高度和理论品位，我们再来反思马克思辩证法对黑格尔辩证法的批判性超越才获得了可靠而厚重的基础。黑格尔辩证法对于存在意义问题的关切以及通过精神实体改造传统辩证法的存在论取向，对于传统哲学向现代哲学的转向产生了重大的理论效应，其中最为重要的理论效应是对于马克思哲学创立新型辩证存在论的影响。列宁曾经指出："聪明的唯心主义比愚蠢的唯物主义更接近于聪明的唯物主义。"[①] 如果马克思哲学是聪明的唯物主义，那么在马克思看来，黑格尔无疑属于聪明的唯心主义。因为事实证明，马克思哲学并没有抛弃黑

---

① [苏] 列宁：《哲学笔记》，人民出版社1993年版，第235页。

第二章 存在意义批判及其实践奠基:马克思辩证法的存在论基础

格尔的存在论立场,恰恰相反,而是沿着黑格尔开创的辩证法的存在论之路向继续加以推进,这就是把黑格尔辩证法所立足的"心"改造成"物",而这里所谓的"物"是比作为精神活动的"心"更能彰显生命存在意义与价值,更能为人类自由与解放的存在奠基的生存实践活动。进而,马克思对黑格尔辩证法作为推动原则和创造原则的否定性的判断可以理解为,"推动原则和创造原则的内在根据不存在于精神的能动结构中,而存在于实践活动这一人本源性的生命存在和活动方式之中"①。通过梳理以上三种关于辩证法存在论基础的理解,显而易见,如何判断黑格尔辩证法的存在论基础,直接决定了我们如何判断马克思辩证法的存在论基础。

显然,对比三种反思马克思辩证法与黑格尔辩证法传承关系的路向,我们倾向于对马克思辩证法的存在论基础的反思做第三种理解。在论述黑格尔辩证法的存在论基础时,我们已经强调,黑格尔辩证法的存在论基础是一种具有生命力的精神实体,其具体表现为目的性实体和生存性主体以及二者所统一的生命理念。可见,生命的能动性原则既是黑格尔辩证法存在论基础的关键之点,也是马克思改造黑格尔辩证法,确立自身存在论基础的前提性条件。当我们强调黑格尔辩证法自觉把生命原则的能动性看作是辩证法思维方式的本性,以及辩证法存在论基础的根本性质时,我们实际上已经超越了实在论基础说和认识论基础的限制,并可以透视到马克思辩证法所真正具有的存在论基础。

黑格尔辩证法存在论基础的最大特征在于对思维与存在、主体与客体关系的理解是一种的存在论理解。或者说,黑格尔强调辩证法存在论基础的精神能动性,实际上中和了认识哲学视阈中不可调和的二元矛盾。黑格尔一直把实现思维与存在的同一性叫做实现"思想的客观性",即思想如何不是我们主观的意见,而与实在一样具有普遍客观性。在黑格尔看来,"客观性"包括三层意义:第一层是"外在事物的意义,以示有别于只是主观的、意谓的、或梦想的东西",第二层是"康德所确认的意义,指普遍性与必然性,以示有别于属于我们感觉的偶

---

① 贺来:《辩证法的生存论基础——马克思辩证法的当代阐释》,中国人民大学出版社2004年版,第164页。

然、特殊和主观的东西"，第三层是"指思想所把握的事物自身，以示有别于只是我们的思想，与事物的实质或事物的自身有区别的主观思想"①。黑格尔认为，真正的"思想的客观性"只能是第三层意义上的，因为"思想不仅是我们的思想，同时又是事物的自身，或对象性的东西的本质"，即理性的形式不是抽象的范畴，而是现实的逻辑表征，与现实具有内在同一性。

这里，黑格尔坚持的是存在总是思维和理性所把握到的存在，在思维和理性把握之外的存在，只能是"有之非有存在着的无"。应该说，黑格尔的这一判断是符合存在论对真理本性的认识的。在存在论的思维方式中，最重要的是悬置一切主观思维和客观思维对事物的任意判断，而要让事物自身澄明自身。海德格尔把这种澄明叫做"解蔽"或"去蔽"。在海德格尔看来，认识论的真理观注重的是主客体是否"符合"，其实质是坚持一种"知"与"物"的"肖似"，"肖似"意味着主客体最多达到的是一种相似性，而不是真正的同一。真正的同一只能是自我同一，自我显示出自身的性质，"证明涉及的不是认识和对象的符合，心理的东西同物理的东西的符合，然而也不是'意识内容'相互之间的符合。证明涉及的只是存在者本身的被揭示的存在，只是那个'如何'被揭示的存在者。被揭示状态的证实在于：命题之所云，即存在者本身，作为同一个东西显示出来。证实意味着：存在者在自我同一性中显示"②。应该说黑格尔对思想客观性的理解与海德格尔对真理的理解有异曲同工之妙。二者都强烈排斥实在论和认识论所立足之上的二元论，都强烈批判二元论的符合论真理观对真理的根基即人的精神活动或生命活动的遮蔽。无根性的真理观根本不能构成辩证法真实的存在论基础。

与符合论真理观的存在论基础根本不同的是，马克思对于辩证法存在论基础的理解深受黑格尔的影响，这就是理解辩证法再也不能以思维与存在、精神与物质等二元分裂的思维方式为出发点，而应该立足人的完整的真实的存在方式，这种存在方式在黑格尔那里是精神的自我活

---

① ［德］黑格尔：《小逻辑》，商务印书馆1980年版，第120页。
② ［德］海德格尔：《存在与时间》，生活·读书·新知三联书店2006年版，第251页。

第二章 存在意义批判及其实践奠基:马克思辩证法的存在论基础

动,在马克思这里则是人的实践活动。人的实践活动作为主客体的原初性统一关系,对于二元分裂的符合论真理观和黑格尔的精神活动真理观都具有颠覆力量,这种力量表现在两个方面,即主客同一的整体性和有限生成的开放性。前者克服了认识论思维方式的理论局限,后者克服了实体性思维的理论局限。实践活动的双重优势决定了实践活动才是马克思辩证法真实的理论基础。

首先,看人类实践活动所具有的"整体性"特征。如前文所述,黑格尔思辨辩证法对康德幻象辩证法的批判表明:如果辩证法作为一种积极的、具有确定性基础的思维方式是可能的,那么它一定是建立在主客体同一的基础之上。与黑格尔所建立在精神能动性基础之上的理论化的主客体同一不同,马克思所强调的实践活动的能动性是一种现实的能动性,现实的主客体同一性。在马克思看来,实践活动是人的本源性的存在方式,人的自我确证不是依靠主客体分立的直观,而是在具体的生产活动中完成的,"一当人开始生产自己的生活资料,即迈出由他们的肉体组织所决定的这一步的时候,人本身就开始把自己和动物区别开来。人们生产自己的生活资料,同时间接地生产着自己的物质生活本身"①。这说明,人的生产实践活动不仅实现了客体的主体化,而且也实现了主体的客体化,即实现了自我与世界的否定性统一关系。这种否定性的统一关系不是说主体与客体先天地分离,然后再以实践为中介完成统一,而是人原初性地就是主客体的统一体,原初性地就是海德格尔所说的"在世"的存在。在世界之中,不是一种空间关系,而是一种生存关系、实践关系。正是在这个意义上,我们说马克思辩证法的存在论基础即实践活动具有主客同一的整体性,能够真正超越康德幻象辩证法,构成辩证法的积极的基础和载体。但另一个问题也浮现出来:既然马克思辩证法与黑格尔辩证法的存在论基础决定了二者都超越了康德的幻象辩证法的认识论基础,那么二者存在论基础的根本差别是什么呢?

其次,来看人类实践活动所具有的"有限性"特征。在马克思看来,尽管黑格尔辩证法的生命原则使得其存在论基础有一种能动性的力量,但是这种能动性是一种实体性和绝对抽象的能动性,"黑格尔从异

---

① 《马克思恩格斯选集》第1卷,人民出版社1995年版,第67页。

化出发，从实体确定性出发，从绝对的和不变的抽象出发，说得更通俗些，他从宗教和神学出发"①。因此，黑格尔辩证法的存在论基础虽然具有生命力，但这是一种抽象的神学或无限性的生命力。而"无限"与"生命"两者之间无疑隐藏着内在的矛盾和冲突，生命的有死性表明生命存在的本性在于有限性，对于生命的无限性理解是从生命的质料存在中抽离出生命的形式存在，因此，在黑格尔的无限中必然存在着生命的质料存在与其形式存在的内在紧张，而这种"紧张"也决定了黑格尔辩证法的理论形态无非是从一种抽象性到另一种抽象性，辩证法不过是"绝对"和"神"确证自身作为无限性存在的逻辑工具而已。同时，马克思还指出了黑格尔辩证法的"最大功绩"在于，把人的自我产生看作一个过程，在对外化的扬弃中确证了人的劳动的本质。但黑格尔唯一知道的并承认的是抽象的精神的劳动。精神的劳动固然可以实现黑格尔所肯定的"客观性"的第三层意义，但是马克思哲学的实践思维方式决定了，他必然不拘泥于黑格尔对思想客观性的理论定位，而要在实践活动中确立辩证法"现实"的"客观性"基础，"人的思维是否具有客观的真理性，这不是一个理论的问题，而是一个实践的问题。人应该在实践中证明自己思维的真理性，即自己思维的现实性和力量，自己思维的此岸性。关于思维——离开实践的思维——的现实性或非现实性的争论，是一个纯粹经院哲学的问题"②。在马克思看来，黑格尔辩证法的存在论基础正是把思想的客观性与现实性引向了"纯粹经院哲学的问题"，引向了神学。

与黑格尔辩证法的神学起点不同，马克思辩证法的出发点则是人的感性实践活动，即从人的感性确定性出发。"费尔巴哈是唯一对黑格尔辩证法采取严肃的、批判的态度的人；只有他在这个领域内作出了真正的发现，……费尔巴哈这样解释了黑格尔的辩证法（从而论证了要从肯定的东西即感觉确定的东西出发）。"③ 因此，马克思辩证法的存在论基础也具有生命的能动性，马克思把这种生命的能动性诉诸人的实践活

---

① 《马克思恩格斯全集》第 3 卷，人民出版社 2002 年版，第 315 页。
② 《马克思恩格斯选集》第 1 卷，人民出版社 1995 年版，第 55 页。
③ 《马克思恩格斯全集》第 3 卷，人民出版社 2002 年版，第 314—315 页。

动，而非抽象的精神活动。实践活动同样具有精神活动的生命原则所内含的"推动原则"和"创造原则"，但实践活动所秉承的是与精神活动完全不同的思维方式和解释原则，其开创的是一种对西方形而上学有着根本颠覆作用的思想方向。"在黑格尔那里，推动原则和创造原则在根本上就是精神的存在和运动原则。马克思同样承认推动原则和创造原则为辩证法的基本原则，但与黑格尔不同，他把这两个原则奠基在与精神的能动性有着本质不同的理论基础上，并从完全不同的解释原则出发来予以诠释。这一新的理论基础和解释原则就是'生存实践'的原则。"[1]马克思辩证法的存在论基础是实践的"行动"而不是精神的"静观"，因为人作为在世的存在，只能在具体的"行动"中"遭遇"世界的整体性，而永远不能跳出世界之外去"静观"世界的整体性，能够站在世界外在来审视世界的只能是神的目光。因此，马克思辩证法的实现平台不是绝对的神，而是活生生的有限的人。从这一对比中，我们发现，马克思与黑格尔辩证法的存在论基础虽然都是一种具有生命力的能动性，都把辩证法看作是这一能动性的自我展开，但对这一能动性的载体的理解使得二者又产生了根本的差别，即实践载体与精神载体的根本差别，人学基础与神学基础的根本差别。

综上所述，反思马克思辩证法的理论基础，就是反思马克思辩证法实践论基础的双重意义，即实践作为人本源性生存方式的整体性和有限生成的开放性。就是反思辩证法存在论基础变革背后所隐藏的从精神存在论到实践存在论的根本变革。

二 马克思辩证法实践论基础的存在论意蕴

实践观点不仅是马克思辩证法的存在论基础，更是辩证法新的解释原则。马克思所创立的实践思维方式，开创了哲学新的思想方向。因此，必须从解释原则和存在论的意义上，进一步深化对实践观点的理解，只有这样才能真正理解马克思辩证法存在论基础的哲学意义。

---

[1] 贺来：《辩证法的生存论基础——马克思辩证法的当代阐释》，中国人民大学出版社2004年版，第164页。

实践不仅是流俗的经验层面的改造物质活动，也不仅是认识的标准与尺度，在更深层的意义上，实践是人自身的存在方式，人看待世界的目光以及表征，人存在意义的价值支撑点。在这个意义上，马克思辩证法的实践基础具有通过面向人自身的原初存在状态，直面人的存在意义的存在论意蕴。

当前，实践不只是马克思哲学的普通概念，而且是马克思所开创的新的哲学解释原则和思维方式。超越实体性的自然主义研究范式和主体性的认识论研究范式，以实践观点的思维方式推进马克思主义哲学研究已逐渐成为学界的广泛共识。① 以这一共识为前提，学界已经自觉地以实践为理论范式去解读和研究马克思主义哲学。这一研究成果如果说是改革开放以来我国马克思主义哲学研究最为重大的理论进展之一，恐怕不会遭到太多的质疑。但是，随着具体研究工作的开展，以实践作为解释原则研究范式的内在困境也暴露出来，实践观点被普遍认同的同时也面临着极大的理论风险，实践的解释原则被抽象化和庸俗化为万能的公式和绝对的法则，实践原则应有的开放性和超越性的内涵被遮蔽和窒息掉。具体而言，实践解释原则的危机表现在两个方面：其一是实践概念的流俗化倾向。其二是这种流俗化倾向所导致的实践研究范式的内在困境。

首先，国内有学者指出，实践概念的流俗化倾向包括以下三个方面：其一是对实践的泛化理解，即"实践是个框，什么都往里装"，实践成为一种具有万金油特征的绝对法则，而对实践的内涵缺乏应有的深入把握，实践流俗为形式化和抽象化的概念。这种理解表面上是对实践概念的重视，实际上却把本来具有理论深度的概念变成了常识的名称，其哲学内涵被深深地遮蔽了。其二是对实践的庸俗化理解，即把实践看作是建立在工具理性和实证经验基础上的实用活动，实践成为遵守外在目的性原则的工具。这种理解貌似把握到了实践的真实含义，而实际上却把实践概念庸俗化。实践概念被实证化的同时，其深层的人文精神和价值维度被遗忘和遮蔽掉了。其三是把实践视为价值无涉的中立性概

---

① 参见王南湜《从理论哲学到实践哲学——50多年来中国马克思主义哲学的发展》，载《河南大学学报》（社会科学版）2005年第4期。

念，对其加以完全客观化的技术性和科学性分解。把本来具有深厚人文旨趣的实践概念变成科学概念，进而把实践的存在论意义遮蔽掉了。[①] 以上三种对于实践观点的庸俗化理解的共同之处在于，它们都把实践降低为经验常识或科学层面的概念，而忽略了实践对于马克思思想的哲学内涵，所谓"哲学内涵"就是指马克思的实践概念不是解决实证知识如何可能的科学概念，而是关于存在意义何以可能的存在论概念，因此它的根本任务是解决如何完成人自身存在的意义和价值的真实生成。而且三者都在知识论的层面来看待实践观点。无论把实践看作认知法则的抽象形式，工具理性的现实操作还是价值中立的科学观点，实质上都把实践观点理解为知识论层面的实证性解释原则，而忽略了实践观点的存在论意义，忽略了实践观点的超越性维度。事实上，实践观点对于马克思哲学而言，不仅是经验层面的物质性改造活动，也不仅是理论层面的认识世界的标准与尺度，在更原初的意义上，实践观点是表征人作为有限性存在者在改造对象过程中对自身存在意义和价值的寻求。对于这一点，实践观点的庸俗化理解由于自身知识论视野的局限性，是无法把握到的。

针对马克思实践概念的庸俗化和科学化理解，国内还有学者提出了实践研究范式的当代危机问题。这种观点认为，实践研究范式的内在困境表现在：实践哲学包含"关于实践的哲学"的面向，和"作为实践的哲学"的面向，"当这两个面向相统一时，则处于常规时期；而当这两个面向相分离时，则处于危机时期。当代中国的马克思主义实践哲学研究范式进入危机时期，而走出这一危机时期的出路在于，实现'关于实践'的哲学与'作为实践'的哲学的统一，使其既能对实践做出理论解释，同时又能实际地对人们的实践发生影响"[②]。从这种观点中可以看出，实践观点的研究范式的根本危机在于，当前研究把实践仅仅加以知识论的研究，而遗忘了实践思维方式对于理解人的真实存在状态和存在意义的重要作用，也就是遗忘了实践的存在论性质。因此，知识论

[①] 此处对实践概念庸俗化理解的梳理参照了贺来《辩证法的生存论基础——马克思辩证法的当代阐释》，中国人民大学出版社2004年版，第136—137页。

[②] 参见徐长福《关于实践的哲学与作为实践的哲学》，载《学习与探索》2008年第6期。

的研究方式背离了实践作为哲学解释原则的本性，导致了实践观点的研究范式陷入了危机。进而走出该危机的道路也在于走出对实践概念的知识化和流俗化理解，去深入挖掘实践的存在论意蕴。只有如此，实践才不会沦为与现实相脱节的抽象理论，而能够既作为现实的内在原则，又超越现实，成为现实的推动力量。

面对实践概念的流俗化理解以及实践研究范式的当代困境，以实践观点为理论载体的马克思辩证法理论也必然受到影响，马克思辩证法理论的存在论反思必须对一个问题做出明确回答，即实践活动到底在什么意义上可以作为马克思辩证法的存在论基础？实践的流俗化理解不仅无法回答这一问题，反而只能遮蔽该问题的真实意义。同时，实践研究范式的当代困境也必然使以实践作为存在论基础和解释原则的马克思辩证法陷入困境。因此，深入阐释马克思的实践概念，拯救以实践为解释原则的实践哲学范式，就不仅成为澄清马克思哲学特质的关键所在，也成为拯救马克思辩证法及其存在论基础的关键所在。

深入阐释马克思的实践概念和拯救实践的研究范式，必须以摆脱对实践的流俗化理解为前提，摆脱对实践的流俗化理解又应该以超越对实践的实证化解读为前提。因此，恢复马克思实践概念的存在论意义一度成为国内学术界研究的热点问题。但是这一研究思潮的根本困境在于，马克思实践观点思维方式的提出针对的就是传统实体存在论的思维方式，因此，重新阐释实践观点的真实哲学意义，在摆脱实践观点的庸俗化理解的同时，也要避免走向另一个理论误区，即把实践观点解读为"实践本体论"。众所周知，马克思实践观点最为重大的哲学意义在于终结传统形而上学的本体论思维模式，如果我们把实践观点再度本体论化，这必然有悖马克思的原意，也必然违背实践观点的基本性质。那么，如何才能做到既不陷入庸俗化的理解，又能避免退回到本体论思维模式，还能对实践观点做出真正哲学意义上的阐释呢？回答这一问题需要结合传统哲学向现代哲学转向的理论背景。

如果说黑格尔通过对精神现象的存在论阐释为其概念辩证法奠定了存在论基础，实现了辩证法与存在论的统一，或者说实现了一种逻辑存在论和存在论逻辑的合流。那么，马克思则继承了黑格尔从活动性和生成性的角度出发理解人的存在，只不过马克思从人的实践活动的能动性

第二章 存在意义批判及其实践奠基：马克思辩证法的存在论基础

出发，而不是从人的精神活动的能动性出发，进而避免了人类活动的概念化和理论化理解倾向。马克思把人的实践活动看作是现实生活中人的抽象存在状态——商品和资本的现实基础。正如马克思所指出的："商品形式的奥秘不过在于：商品形式在人们面前把人们本身劳动的社会性质反映成劳动产品本身的物的性质，反映成这些物的天然的社会属性，从而把生产者同总劳动的社会关系反映成存在于生产者之外的物与物之间的社会关系。"①因此，如果说马克思辩证法的概念平台是资本的逻辑，那么这个平台的存在论基础就是资本背后的人与人的实践关系，而这种关系不能靠理论规定获得，而只能靠其自身显现出来，或者说只能靠一种实践存在论的澄明。"在马克思那里，世界不是在人们将其当作'对象'的直观中，而是在人们将其当作'活动'中'是其所是'的。只有在实践的生成和建构活动中，'现→象'才能在本质与存在统一中呈现人的本真状态。实践的开启性，既是现象学的又是辩证法的。它们的内在根据均源自实践这一终极的原初基础。"② 可见，马克思的辩证法的实践论基础决定了，实践辩证法本身也是一种实践存在论，实践辩证法是实践存在论的逻辑表达，实践存在论则是实践辩证法的存在论基础。

具体而言，实践存在论的实质所表达的是一种新型的现象学存在论。因为马克思的实践观点是作为终结传统存在论研究范式，开创现代哲学存在论研究范式的先驱者的意义被提出来的，即马克思哲学的实践原则终结了传统存在论的知识论范式，开创了现代哲学的生存论、存在论的研究范式。正视这一点是重新阐释马克思实践概念及其解释原则的理论前提。所谓存在论，在海德格尔的意义来讲，就是关于存在意义的理论。由于传统存在论的研究范式在现代陷入了危机，因此西方哲学的存在论问题在现代发生了一次根本转向，即生存论转向。

从哲学史的角度看，马克思的实践观点具有作为新型的现象学存在论的哲学意义。实践观点在终结传统存在论和开创现代新型存在论的哲学意义上被提出，它终结了传统存在论的知识论范式，开创了现代存在

---

① 《马克思恩格斯选集》第2卷，人民出版社1995年版，第138页。
② 何中华：《马克思实践本体论新诠》，载《学术月刊》2008年第8期。

论的生存论范式。海德格尔认为，传统存在论的研究范式是从存在者出发去追问存在的意义问题，这种追问方式决定了，传统存在论是以一种理论化、系统化的知识论的方式去诠释存在的意义问题，从而形成关于存在意义的系统性、知识性的理论。但实际上，这种研究范式不仅没有达到对存在意义的澄明，反而把存在的意义问题深深地遮蔽了，知识论的研究范式使得存在论研究陷入了危机。解决这一危机要求变革传统哲学的研究范式，从知识论研究范式转向能够面向存在意义本身，能够真正澄明存在意义问题的新型研究范式，即现代哲学的生存论研究范式。

所谓生存论的研究范式，就是指对存在意义的领会不是依靠对存在者的概念规定，而是依靠对一种特殊存在者的生存方式的领会，这一特殊存在者就是此在，也就是在世的人。作为此在的人区别于其他一切存在者的根本特征是此在的生存性。生存是此在特有的存在方式，通过揭示此在生存的诸种性质和内涵，我们就能领会和显示出存在的意义。一般认为，海德格尔是这种生存论研究范式的开创者，但是在海德格尔之前，马克思的实践观点已经宣布了传统存在论的终结和现代存在论的开创。

早在1845年的《关于费尔巴哈的提纲》的第一段中，马克思就已经宣布了对传统存在论的终结和对现代存在论的开创。马克思指出："从前的一切唯物主义（包括费尔巴哈的唯物主义）的主要缺点是：对对象、现实、感性，只是从客体的或者直观的形式去理解，而不是把它们当作感性的人的活动，当作实践去理解，不是从主体的方面去理解。因此，和唯物主义相反，能动的方面却被唯心主义抽象地发展了，当然，唯心主义是不知道现实的、感性的活动本身的。"[①] 可见，是否坚持一种实践原则，是否从实践的思维方式去看待现实存在，是马克思哲学与以往一切哲学的根本区别。也就是说，马克思从来不是把事物看作是与我对立的自在存在，而是认为我始终参与到事物的生成中，我总是与事物一起呈现自身。在这里，马克思从来不承认有一个实在论或认识论的客观实在和主观反映者，而总是强调事物的存在总是我的实践活动所构造出的存在，或者说是人的实践活动通过直面事物自身，从而让事物自己显现自己的存在意义。实践活动在这个意义上就具有存在论的意

[①] 《马克思恩格斯选集》第1卷，人民出版社1995年版，第54页。

第二章　存在意义批判及其实践奠基：马克思辩证法的存在论基础　　95

义，存在论消解了一切对于存在的理论假定，而让存在在其现象中澄明自身的存在，马克思进而完成了对传统存在论的彻底颠倒，"全部社会生活在本质上是实践的。凡是把理论引向神秘主义的神秘东西，都能在人的实践中以及对这个实践的理解中得到合理的解决"①。传统存在论正是把存在的意义问题引入了神秘的概念系统之中，而遮蔽了存在总是现象性的存在，而现象性的存在又总是有人的实践活动参与其中的存在，或者说总是人的实践活动所构造起来的现象性的存在。因此，马克思的实践概念无疑表征的是一种新型的存在论，即生存论的存在论。

海德格尔也认为，马克思在海德格尔之前已经完成了对西方传统形而上学和存在论的颠覆，认为马克思既终结了知识论的存在论也开辟了存在论新的思想方向——生存论存在论。"随着这一已经由卡尔·马克思完成了的对形而上学的颠倒，哲学达到了最极端的可能性，哲学进入其终结阶段了。至于说人们现在还在努力尝试哲学思维，这种思维也只能达到一种模仿性的复兴及其变种而已。"② 马克思实现这一"颠倒"的核心概念就是前面所指出的实践概念。因此，实践概念构成马克思变革西方存在论思想方向的核心概念。在这个意义上，我们只有把马克思实践概念所蕴含的生存论的存在论意蕴挖掘出来，才能避免只是从外围上描述马克思所实现的存在论革命，而深入到实践概念的深层内涵之中，进而真正理解马克思实践解释原则和实践思维方式的真正意义，也才能进一步深化对马克思辩证法实践基础的反思。

捷克哲学家科西克曾提出："就实践的本质和普遍性而言，它是人的秘密的揭露：人是一种构造存在的存在，是构造从而把握和解释社会—人类实在（即人类的和超人类的实在，总体上的实在）的存在。人的实践不是与理论活动相对立的实际活动，它是人类存在（即构造实在的过程）的决定因素。"③ 可见，实践实质上是人与世界的原初性存在的建构者，人正是在具体的实践活动中领会和构造着人之在、世界之在和人的类之在。实践思维相对于传统哲学知识论思维方式具有原初性或

---

① 《马克思恩格斯选集》第 1 卷，人民出版社 1995 年版，第 56 页。
② ［德］海德格尔：《面向思的事情》，商务印书馆 1996 年版，第 70 页。
③ ［捷克］科西克：《具体的辩证法》，傅小平译，社会科学文献出版社 1989 年版，第 170—171 页。

本源性的特点。实践是人的发生现象本身，实践原则就是以人的发生现象作为解释原则通过考察人自身来考察存在意义自身。在这个意义上，马克思所坚持的实践解释原则或实践的思维方式实际上是在做一种对人、世界以及人与世界关系的"实践存在论"考察。

具体而言，实践活动就其自身组建着人与世界关系的"世界性"存在、人与他者关系的"社会性"存在和人与人的类本质关系的"历史性"存在。进而，实践存在论就其自身表现为世界存在论、社会存在论和历史存在论。对实践思维方式的"实践存在论"考察也表现为对"世界现象"考察、对"社会现象"考察和对"历史现象"考察三重内涵。对实践概念的存在论意蕴的阐释也具体化为对实践与此在的境遇性关系、实践与此在的社会性关系和实践与此在的历史性关系的考察。

首先，实践与此在的境遇性关系表现在，此在总是在世界之中的存在，在世界之中存在构成此在的原初性存在状态。此在在世界之中，并不意味着此在与世界仅仅是一种像桌子在教室中的空间关系，此在是在世的存在，是在具体的实践活动中与世界万物打交道，从而组建着自身的世界性。我始终参与到我的世界的构造之中，世界也总是我的基本存在因素之一，离开我的世界性，我只能是抽象的无，我的世界是我的无的在场性。因此，此在世界性所表征的是此在与世界的一种亲缘关系，世界在此在的实践活动中构成此在活动的境遇性。世界不是此在之外的与此在相互外在的对象，而就是此在自身生存的内在属性。在这个意义上，世界是我与世界关系的存在整体，它们之间不存在丝毫的认识的或理论的规定关系，而只存在相互的澄明关系。

与世界的此在的存在论分析不同，我们一般对于世界的理解主要包括三方面：其一是在存在者的层面上把世界看作是存在者的总体和总和，进而形成关于世界的常识性定义。其二是把世界看作是关于某个存在者范围的名称，即把世界看作是具体科学研究的各领域，如数学世界、物理世界。其三仍是从存在者的角度把世界看作是此在生活在其中的东西，如公众世界和家常世界。[①] 前两种世界理解的共同之处在于它

[①] 参见［德］海德格尔《存在与时间》，陈嘉映、王庆节译，生活·读书·新知三联书店2006年版，第76页。

第二章 存在意义批判及其实践奠基:马克思辩证法的存在论基础

们都从存在者的角度出发去"定义"世界,而忽略了世界的本来意义只能从此在的生存活动去加以"领会",即忽略了世界较之前两种性质更为原初的性质——"因缘整体性"。"因缘整体性"是由海德格尔提出的此在在世的生存论性质。

前两种世界理解的共同之处在于都从存在者的角度出发去"定义"世界,而忽略了世界的本来意义只能从此在的生存活动去加以"领会",即忽略了世界较之前两种性质更为原初的性质——"意蕴"。"意蕴"是由海德格尔提出的此在在世的生存论性质,他人与世界的整体性关系先于在人与世界的实存性关系,这种原初的整体性构成人与世界关系的存在论结构。"那些关联在自身中勾缠联络而形成原始的整体,此在就在这种赋予含义中使自己先于对自己的在世有所领会。它们作为这种赋予含义恰是如其所是的存在。我们把这种含义的关联整体称为意蕴。它就是构成了世界的结构的东西。"① 海德格尔认为,相对于主客二分的理论认知活动,人与世界的关系实际上是在人的生存活动中,通过具体的与存在者的操劳和操持活动,使此在与诸存在者形成一种姻缘关系或意蕴关系,这种关系先于认识论的静观态度,在生存活动中把世界领会为一个此在与诸存在者有着因缘联系和意蕴关系的整体性。

显然,海德格尔的"意蕴"观点与马克思的实践观点在强调人与世界的原初关系的整体性方面具有相通之处。在马克思看来,世界同样也具有一种因缘整体性或意蕴性。世界不是脱离于人类实践活动之外的抽象自然物之和,世界是由人的实践活动组建起来的世界,是属人的世界。"在人类历史中即在人类社会的形成过程中生成的自然界,是人的现实自然界;因此,通过工业形成的自然界,是真正的、人本学的自然界。"② 因此,世界既然是由人类实践活动组建起来的属人的世界,那么对世界的把握也必然要通过实践活动,只有通过符合世界本性的方式,世界的世界性才能真正对人显现出来。

实践观点认为,世界不是脱离于人类实践活动之外的抽象自然物之

---

① [德]海德格尔:《存在与时间》,陈嘉映、王庆节译,生活·读书·新知三联书店2006年版,第102页。
② 《马克思恩格斯全集》第3卷,人民出版社2002年版,第307页。

和，而是以人的实践活动为中介建构起来的属人的世界。属人的世界要求我们对世界的把握也必须通过实践这一中介性的形式。实践活动是人自身存在的"境遇性"的基本形式，人的"境遇性"存在方式只有在这一形式中才能真正对人显现出来。"我们看到，主观主义和客观主义，唯灵主义和唯物主义，活动和受动，只是在社会状态中才失去它们的彼此间的对立，从而失去它们作为这样的对立面的存在；我们看到，理论的对立本身的解决，只有通过实践方式，只有借助于人的实践力量，才是可能的；因此，这种对立的解决绝不只是认识的任务，而是现实生活的任务。"[1] 可见，实践对于马克思的世界理解具有双重意义：一方面实践观点作为对象性活动真实"组建"人的"境遇性"，另一方面实践观点作为前认识论的"整体性认识"也真切"领会"属人的"境遇性"。实践既组建着属人的世界，又领会着属人的世界。而组建世界与领会世界在马克思那里实际上是一个过程的两个方面，并不是说实践先组建了世界的实在性，然后再领会这种实在性，而是组建本身就是一种领会。在这个意义上，实践不仅仅是庸俗的经验改造活动，而成为一种理解世界的世界性的思维方式和解释原则。

  这种领会方式的优点在于，人能领会到世界的整体性。这在传统哲学看来是不可思议的。按照康德的观点，理论或理性的领会方式无法领会到世界的整体性，因为整体性不能以经验现象的方式被知性范畴所把握，即使强加把握，也只能把握到似是而非的幻象。黑格尔尽管想突破康德所划定的界限，但说到底黑格尔已不是按照康德的方式来把握世界的整体性的，而是采取了存在论澄明的方式，或者说一种逻辑直观的方式。但是，黑格尔的精神现象学和概念辩证法所导向的必然是神性的领会，因为人在黑格尔仍然是无法洞察到世界的整体性，仍然处于精神的较低层次，而只有神才能直观世界的整体性，黑格尔的存在论的实质是神领会自身存在意义的存在论。相反，人的实践活动则能领会到人与世界的姻缘整体性，可以看到一个与理论思维方式完全不同的、属人的世界。而且这种领会方式不仅变革了我们对于世界的理解，而且也变革了我们看待他人的视角，这就是实践思维方式对于此在的社会性的组建

---

[1] 《马克思恩格斯全集》第3卷，人民出版社2002年版，第306页。

第二章　存在意义批判及其实践奠基:马克思辩证法的存在论基础　99

意义。

其次,实践与此在的社会性表现在,实践不仅变革了我们看待世界的目光,也变革了我们看待他人的目光。此在与他者不是相互隔绝的抽象对立关系,而是当此在的生存活动组建和领会着世界的因缘整体性时,此在已经与他者共同搭建了"交流平台",这就是此在的共在性。所谓共在性,即此在之间的共同存在性,"'他人'并不等于说在我之外的全体余数,而这个我则从这全部余数中兀然特立;他人倒是我们本身多半与之无别,我们也在其中的那些人。这个和他人一起的'也在此'没有一种在一个世界之内'共同'现成存在的存在论性质。这个'共同'是一种此在式的共同。……由于这种有共同性的在世之故,世界向来已经总是我和他人共同分有的世界。此在的世界是共同世界。'在之中'就是与他人共同存在。他人的在世界之内的自在存在就是共同此在"①。可见,海德格尔提出的此在的共在性是建立在此在的生存论性质的基础之上,正是由于此在是不断生成的而非现成存在的,所以此在才具有共在性。

在海德格尔从生存论角度理解人与人存在的"共在性"之前,马克思已经从人的实践活动开显出人的"社会性"存在方式。② 马克思认为,实践之所以能够既组建着属人的世界又领会着属人的世界,不仅仅在于实践能够在对象性活动中实现物的人化与人的物化的内在统一,而且在于实践是一种社会性的活动,即实践总是与他人一道实践,一道组建和领会着世界。正因为实践,人才与他人结成现实的社会关系,也正因为人与人的社会关系,人才能在实践活动中完成自身的世界性。"社会性质是整个运动的普遍性质,正像社会本身生产作为人的人一样,社会也是由人生产的。……自然界的人的本质只有对社会的人来说才是存在的,因为只有在社会中,自然界对人来说才是人与人联系的纽带,才

---

　　① [德]海德格尔:《存在与时间》,生活·读书·新知三联书店2006年版,第137—138页。
　　② 虽然马克思对于人自身存在"社会性"的理解与海德格尔对此在与他者"共在性"的理解存在重大理论差别,二者在强调人的自我存在与他人存在关系的原初性和整体性的意义上,马克思的实践观点所彰显的"社会性"意蕴与海德格尔生存论哲学所强调的"共在性"意蕴具有巨大的对话空间。

是他为别人的存在和别人为他的存在,只有在社会中,自然界才是人自己的人的存在的基础,才是人的现实的生活要素。"①

因此,实践活动与人的社会性是内在统一的,基于实践活动的原初性,人的存在意义才没有陷入与世界的二元对立的理论抽象中,人的本质也才没有变成"单个人固有的抽象物",而在现实活动中与他人结成了原初性的社会关系。正是在这个意义上,马克思强调:"人的本质不是单个人所固有的抽象物,在其现实性上,它是一切社会关系的总和。"② 可见,实践观点是理解人的"境遇性"和"社会性"存在方式的前提,人的"境遇性"和"社会性"的存在方式也提升了实践活动的哲学存在论意义,这就是人的实践不是动物式的循环劳作,而是一种超越性的辩证存在方式,即超越动物的尺度而觉解到人特有的"类"本质。马克思认为,动物的劳作只能表明"动物和自己的生命活动的同一性,动物不把自己同自己的生命活动区别开来"③。而人的实践活动作为有意识的生命活动则"把人同动物的生命活动直接区别开来。正是由于这一点,人才是类存在物"④。可见,马克思特别注重实践活动作为一种有意识的生命活动对于人的本质的重要性,而这里所说的"有意识"的"意识"不仅仅指的是人对自身当下存在状态的意识,在更深层的意义上,这种"意识"实际上是一种"历史意识",正是在"历史意识"对实践活动的世界性与社会性的自觉,人的类本质才得到真正的自觉,实践活动的存在论意义才获得更广阔的视阈。

实践观点的存在论意蕴由实践活动的基本属性所决定,而构成实践活动的核心属性的是实践作为对象性活动的"对象意识"。没有人对于世界和他人的"对象意识",就无法设想人的"境遇性"存在和"社会性"存在。"对象意识"在其外显层面表现为"世界意识"与"社会意识",在其内在层面则表现为"死亡意识",因为"死亡"是人不得不面对又永远无法现实面对的"大他者"、"大对象"。"死亡意识"决定着人的对象意识也决定着实践观点的基本视界。"死亡意识"所内蕴的

---

① 《马克思恩格斯全集》第3卷,人民出版社2002年版,第301页。
② 《马克思恩格斯选集》第1卷,人民出版社1995年版,第56页。
③ 《马克思恩格斯全集》第3卷,人民出版社2002年版,第273页。
④ 同上。

人的时间性或有限性的存在方式赋予了马克思实践观点最为深层的存在论视阈。

最后,实践与此在的历史性的关系表现在,此在是一种历史性的存在。此在的历史性决定了实践活动必然是在一种历史性的视阈中展开,"历史是生存着的此在所特有的发生在时间中的演历;在格外强调的意义上被当作历史的则是:在共处中'过去了的'而却又'流传下来的'和继续起作用的演历"①。因此,实践活动一定是一种历史性的"演历"活动,而具体的生存演历活动就是此在自身作为时间性的存在者的自我展开。此在是一种时间性的存在者,此在的时间性决定了其历史性,"此在的历史性分析想要显示的是:这一存在者并非因为'处在历史中'而是'时间性的',相反,只因为它在其存在的根据处是时间性的,所以它才历史性地生存着并能够历史性地生存"②。因此,此在的时间性构成此在历史性的前提,而此在的历史性又是实践活动的自我演历。所以,时间性以及历史性就构成实践活动的内在视阈,实践总是在一种时间性和历史性中的实践。同样,时间性和历史性也总是在一种实践性的生存演历活动中展开。

此在的时间性的最大特征在于此在是一种有死且能够预先知道自己是有死的存在者,因此,此在的时间性表现在此在具有一种死亡意识,死亡意识保证此在能够自觉到自身的有限性。人作为有限性存在者区别于其他动物的根本之处在于人能自觉到自身的有限性,这种自觉就是"死亡意识"。"死亡意识"决定了人的生存活动不是动物式的循环复制,而能跳出作为生物体的循环往复的繁衍活动,回顾自身的发展历程,进而把过去看作是发展的阶段和环节,也就是能以"历史意识"去反思生命和生活的意义与价值。并且"死亡意识"让人在反思生命和生活意义的时候,能把实践活动的双重存在论意蕴,即人与世界关系所表现出的"境遇性"、人与他人关系所表现出的"社会性"都内化在"历史意识"的视界之中。而历史意识之所以能做到这一点,就在于历史意识表征的是人对自身类本质的超越性意识,而人的自然属性和社会

---

① [德]海德格尔:《存在与时间》,生活·读书·新知三联书店2006年版,第429页。
② 同上书,第426—427页。

属性正是人的类本质的表现形式,"人类超越了生命的'复制'而构成了自己的'历史'。人是'历史'的存在,'历史'是人的存在方式。'历史'的存在方式使人的生命演化获得了自我超越的特殊内涵——发展"①。在这个意义上,此在的历史性存在方式不仅是实践活动的内在属性之一,而且更是人的生命实践活动的本质属性。

马克思非常注重历史性对于实践活动的重要作用,马克思所提出的实践解释原则就是一种历史性视阈中的实践原则,离开了历史性无法真正理解马克思的实践概念,也无法真正理解马克思所创立的实践解释原则。因为正是历史性为马克思实践概念的存在论意蕴提供了内在视阈。同样,马克思也非常注重实践活动对于历史性的基础性作用。在《德意志意识形态》中,马克思指出:"人的存在是有机生命所经历的前一个过程的结果。只是在这个过程的一定阶段上,人才成为人。但是一旦人已经存在,人,作为人类历史的经常前提,也是人类历史的经常的产物和结果,而人只有作为自己本身的产物和结果才成为前提。"② 可见,马克思虽然注重历史作为实践活动内在视阈的前提性,但也着重指出这一前提性作用的根基。在《德意志意识形态》另一处,马克思明确指出了实践活动是我们正确看待历史的基础,"这种历史观和唯心主义历史观不同,它不是在每个时代中寻找某种范畴,而是始终站在现实历史的基础上,不是从观念出发来解释实践,而是从物质实践出发来解释观念的形成"③。可见,在马克思看来,历史意识的基础是人的现实实践活动,离开这一现实实践活动来谈历史,历史只能是抽象的玄想。

对这一差别的强调正体现了马克思历史观的存在论意蕴,这就是:只有立足于实践活动的历史意识和历史观念,才能为此在从自身的生存论阐释出发去领会存在的意义提供合法的视阈。历史从来不是历史观念的演绎史,而是人的生存活动的生成过程本身。"迄今为止的一切历史观不是完全忽视了历史的这一现实基础,就是把它仅仅看成与历史过程没有任何联系的附带因素。因此,历史总是遵照在它之外的某种尺度来

---

① 《孙正聿哲学文集》第7卷,吉林人民出版社2007年版,第137页。
② 《马克思恩格斯全集》第26卷,人民出版社1974年版,第545页。
③ 《马克思恩格斯选集》第1卷,人民出版社1995年版,第92页。

第二章 存在意义批判及其实践奠基：马克思辩证法的存在论基础

编写；现实的生活生产被看成是某种非历史的东西，而历史的东西则被看成是某种脱离日常生活的东西，某种处于世界之外和超乎世界之上的东西。"① 可见，马克思坚决批判离开人的生活而把历史引向无根的"外在尺度"，相反，马克思自称第一次把历史还给了人的活动、人的生活过程。因此，历史与人构成了原初发生的境遇关系，历史由人创造，人也是历史境遇中的人。进而，这种人的活动和生活过程所体现的历史规律，不是黑格尔意义上的客观必然规律，也不是康德意义上的主观思维的反思活动的伦理假定，而是由人的实践活动所组建的世界存在论和社会存在论所构成的历史存在论。这种历史存在论的视野不是过去，而是未来。人的有限性、有死性决定了人的视野必然面向未来，过去和当下在这种未来性的视野中的得以重演。结果，历史规律性的客观性和主观性理解都不仅无法涵盖历史现象内部这种重演的复杂性，而且遮蔽了历史存在论应有的丰富内涵。因此，只有从人的实践活动或生存活动出发，才能真正组建和领会人的历史性存在，历史存在论才能避免被传统存在论所遮蔽而真正获得自身的存在论基础。

综合以上的论述，我们发现，马克思在谈到实践和人的历史性的关系时，实际上阐发了两个核心思想：其一，历史是实践活动的内在视阈，人的实践活动总是在其时间性和历史性的前提中展开。其二，实践活动是历史的存在论基础，离开了人的现实实践活动，历史不过是传统哲学的抽象观念。这两种看似矛盾的观点在马克思的历史观中是内在统一的，它是马克思为揭示实践概念的存在论意蕴，并赋予其历史视阈的双重性质。

第一，历史意识具有现实性。历史意识不是认识层面的主体与客体的符合意识，而"不过是人追求着自己目的的人的活动而已"②。历史意识的现实性保证了，实践观点的历史性视阈与传统形而上学的历史性视阈有着本质差别。因为现实的历史意识自觉自身的实践基础，自觉到人的存在方式的"对象性"和"受动性"，在这个意义上，历史意识的现实性表现为历史意识自觉到自身的"有限性"，表现为有限性视阈对

---

① 《马克思恩格斯选集》第 1 卷，人民出版社 1995 年版，第 93 页。
② 《马克思恩格斯全集》第 2 卷，人民出版社 1957 年版，第 118—119 页。

传统形而上学无限性视阈的内在瓦解，这显然是马克思实践观点对于存在论视阈的伟大变革。

第二，历史意识具有超越性。实践活动与实践对象的否定性关系决定了基于实践活动之上的历史意识不是对经验现象的外在反思，而是对于人自身生命活动有限性的自觉反省和内在超越，是对人的类本质和存在意义的自觉追求。在这个意义上，历史意识是一种生命的内在超越意识。立足于有限性又超越于有限性，历史意识的超越性视野决定了历史视阈不安于反思人与世界的存在关系，而且要反思人与他人之间的"类存在"关系，反思自身作为"类存在"的意义与价值问题。

通过阐述历史意识的双重性质，我们发现，历史意识的现实性是在"人与世界"的否定性统一活动中实现的，从而融汇了实践的"境遇性"特征。历史意识的超越性是在"人与他人"作为"类"存在的交往关系中，反观自身的存在价值和意义来实现的，从而融汇了实践的"社会性"特征。因此，在"历史意识"的存在论视阈中，实践观点的"境遇性"、"社会性"和"历史性"三重存在论意蕴达到了统一。历史意识构成马克思实践观点的内在视阈，也就构成了马克思实践辩证法的存在论视阈。如果说实践的"境遇性"和"社会性"最终融汇于实践的"历史性"之中。那么，马克思实践辩证法的存在论意蕴也必然融汇到历史意识的存在论视阈之中，并进而通过这种历史存在论完成马克思哲学辩证存在论及其理论本质的建构，这就是历史意识所根植的"死亡意识"在面向"大他者"时所激起的对于"非人世界"和"异化社会"的"批判的和革命的"力量。

如果说实践的世界性和实践的社会性最终融汇于实践的历史性之中。那么，马克思辩证法实践论基础的存在论意蕴也必然融汇到马克思所理解的历史性视阈之中，并进而通过这种历史性视阈与辩证法自身的理论本性实现内在统一。在这个意义上，马克思辩证法的实践论基础就表现为马克思辩证法的历史性视阈，实践辩证法就表现为历史辩证法。历史辩证法的实质是历史与逻辑的一致，这种一致既是马克思辩证法基本特征之一，也是马克思从黑格尔辩证法继承而来的重要成果。但通过反思这种"一致"，马克思辩证法实践论基础的存在论视阈便可以被凸显出来，这就是历史性根植于此在的时间性，有什么样的时间观直接决定了有什么样的历史观。因此，考察历史与逻辑的统一，考察历史性作为马克思辩证法的存在论视阈，在某种意义上就是在考察时间性与辩证法的内在关系。马克思从实践的思维方式出发对历史性与时间性的重新理解决定了，使得马克思辩证法获得了不同于黑格尔所代表的传统历史观和时间观的新的存在论视阈。

三 马克思辩证法存在论基础的时间性视阈

"辩证法是历史与逻辑一致的思维方式"，这是我们常常挂在嘴边却少有反思的对辩证法的经典论述之一。[①] 对于这样一个自明性论断的质疑，使得该经典论述的如下问题浮现出来：其一，"历史与逻辑的一致"是辩证法理论形态发展的特定阶段所具有的性质还是辩证法的理论本性？如果是辩证法的特定阶段，那么，当代辩证法研究是否还需要一种历史视阈或时间视阈？如果是辩证法的理论本性，那么如何在当代哲学背景下创新这种"本性"？其二，"历史与逻辑的一致"是"历史主义"与逻辑的一致，还是"历史性"与逻辑的一致？如果是"历史主义"的一致，"历史主义"思维方式的"超时间性"是否窒息了逻辑的开放性？如果是"历史性"的一致，那么"历史性"所根植的"时间性"是否为辩证法摆脱传统形而上学的纠缠提供了新的理论视阈？通过这些追问，我们可以开启一种反思马克思辩证法理论当代视阈的全新角度，这就是时间性视阈中的马克思辩证法理论及其当代创新问题。

（一）非时间性：传统辩证法存在论视阈及其内在困境

传统哲学特别是前黑格尔哲学探讨辩证法一般是在非历史的层面展

[①] 列宁在《哲学笔记》中指出："黑格尔是把他的概念、范畴的自身发展和全部哲学史联系起来了。这给整个逻辑学提供了又一个新的方面。"贺麟先生在《精神现象学》译者导言中提出，黑格尔用辩证法和历史观点，完成了逻辑的东西与历史的东西的统一，这是《精神现象学》的"合理内核"之一。张澄清先生在《黑格尔的历史与逻辑一致的思想》一文中提出，历史与逻辑的一致是黑格尔的思辨的辩证逻辑的重要原则和方法，这一思想为马克思经典作家们所批判继承，成为其重要的原则和方法。邓晓芒先生在《马克思从黑格尔那里继承了什么？》一文中也提出，"历史与逻辑相一致"的历史唯物主义发展观是马克思继承黑格尔的重要"教益"之一。

开的，历史思维在古希腊哲学时期并没有被看作与辩证思维存在必然的联系，或者说，辩证法作为"历史与逻辑一致"的思维方式仍然停留在自在的阶段。但是，立足于"历史与逻辑一致"的非反思关系，辩证法研究首先形成了"非时间性教条"。通过对传统辩证法理论形态的历史梳理，我们发现，这种"非时间性教条"构成传统辩证法理论的内在视阈，正是这种内在视阈决定了传统辩证法理论的诸多形态，也正是这种内在视阈决定了我们的辩证法研究所存在的两个基本范式及其内在困境。

辩证法的"非时间教条"根源于古希腊哲学所奠定的理论形而上学传统，这就是理论高于实践、观审高于行动的致思方式。"那种从观审中获得其规定并且献身于观审的生活方式，古希腊人称之为观审者的生活方式，……与此相区别，实践之生活则是一种投身于行动和生产的生活方式。但在这样一种区分中，我们始终必须牢记一点：对于古希腊人来说，观审之生活，尤其在其作为思想的最纯粹形态中，乃是最高的行为。"① 这种思维方式把世界看作是实体与表象、真理与意见、理性与感性等二元对立的外在结合体，形上对象是通过"净化"和否定表象、意见等感性存在实现自身的无限性和永恒性的，"永恒的事物不存在于时间里，因为它不被时间所包括，它们的存在也不是由时间计量的。"② 可见，传统形而上学的对象是以理论的思维方式所把握到的"非时间性"的绝对存在。

辩证法诞生于对这种"非时间性"的绝对存在的把握过程中。苏格拉底被认为是第一个明确提出和使用辩证法的哲学家，他提出的"对话辩证法"，讲究的是对话双方的同时性论辩，在揭露他者的有限性中确证自身，在不断的相互辩难中达到真理的确定性。辩证法要实现的是对形上本体的知识性把握，而这个形上本体必须是超时间的永恒性存在。在这个意义上，辩证法实质上是一种空间性的思维方式，或者说是超时间意义上的思辨工具，苏格拉底称之为"精神的助产术"。

"精神的助产术"说明了在古希腊哲学中，辩证法仍然只是一种

---

① ［德］海德格尔：《演讲与论文集》，生活·读书·新知三联书店2005年版，第47页。
② ［古希腊］亚里士多德：《物理学》，商务印书馆1982年版，第130页。

"术",而不是真理本身,与真理相对的只能是意见。在古希腊哲学中,辩证法还仍然是一种通过意见之间的辩难和对话从而到达真理的手段,它在实质上仍然是一种"意见逻辑","应该说,古希腊的辩证法中虽包含其他种类辩证法的因素,但其主体便是意见的逻辑或意见的辩证法"①。

辩证法作为"意见逻辑"的根本困境首先被康德揭示出来。康德认为,理性离开感性经验对形上对象的知识形态把握,不过是理性能力僭越的结果,这种僭越必然造成知性在形上领域的幻象。当人们把形成关于形上对象知识的主观原理当作了客观原理时,产生的只是非客观性的在人的头脑中形成的幻象,这种幻象恰恰表明了这些"客观原理"的非客观性,也就是作为"意见逻辑"的辩证法无法达到形上对象的客观性把握。在这个意义上,康德哲学的最大功绩在于指出了,作为"意见逻辑"的辩证法实际是一种"幻象逻辑"的辩证法。并且指出"幻象的逻辑"的辩证法的根源在于:"意见逻辑"所形成的"客观原理",脱离了以时间性为先验直观形式的感性经验,在"非时间性"的意义上进行"主观性"的思辨,当然没有客观必然性。

康德的批判指出了辩证法作为"意见的逻辑"的内在困境在于其"非时间性",也为辩证法的"超时间性"形态奠定了基础,这就是黑格尔的"思辨逻辑"的辩证法。在黑格尔看来,康德对辩证法的最大功绩在于说明了辩证法是理性思维的必然结果,"康德曾经把辩证法提得比较高——而且这方面是他的功绩中最伟大的方面之一——因为按照普通的想法,辩证法是有随意性的,他从辩证法那里把这种随意性的假象拿掉了,并把辩证法表述为理性的必然行动"②。但康德只是从消极的意义上来理解这种必然性,而黑格尔则认为,这种必然性恰恰使辩证法从"意见逻辑"和"幻象逻辑"进展到"思辨逻辑"。

黑格尔对传统辩证法的改造,其最大的贡献在于引入了历史的思维方式,即实现了大家耳熟能详的"历史与逻辑的一致","黑格尔的思

---

① 王天成、曾东:《辩证法的三种形态——意见的逻辑、幻象的逻辑和思辨的逻辑》,载《社会科学战线》2007年第4期。
② [德]黑格尔:《逻辑学》上卷,商务印书馆1976年版,第38—39页。

维方式不同于其他哲学家的地方,就是他的思维方式有巨大的历史感作基础,……这个划时代的历史观是新的唯物主义观点的直接的理论前提,单单由于这种历史观,也就为逻辑方法提供了一个出发点"[1]。可见,如果说"意见逻辑"与"幻象逻辑"都是在一种"非时间性"意义上对辩证法的理解,那么黑格尔辩证法则第一次提出了辩证法与时间的关系问题。在黑格尔看来,辩证法既不是脱离了真理确定性的"意见逻辑",也不是把主观原理当作客观原理的"幻象逻辑",而是在历史中实现自身觉解的"思辨逻辑"。

黑格尔作为传统哲学的集大成者,他的根本任务就是要革新传统形而上学,赋予知识形态的形而上学以合法性。黑格尔创造性地实现了传统形而上学与辩证法的合流,而恰恰是这种合流决定了其不可能为辩证法提供真正的时间性视阈。原因在于,黑格尔辩证法的存在论基础是超历史性和"非时间性"的精神活动。精神的历史性形态就是哲学观念史。因此,黑格尔把现实历史哲学化导致了辩证法的视阈只能是被逻辑化的虚假历史。"黑格尔认为,世界上过去发生的一切和现在还在发生的一切,就是他自己的思维中发生的一切。因此,历史的哲学仅仅是哲学的历史,即他自己的哲学的历史。没有'与时间次序相一致的历史',只有'观念在理性中的顺序'。"[2] 在这个意义上,黑格尔辩证法所谓历史与逻辑的统一,实际上是"历史主义"与逻辑的统一,也就是"超时间性"的历史观念与辩证法的统一。而"超时间性"的历史观念实质上仍然是一种"非时间性"逻辑排列的结果,因此,辩证法仍然没有获得真实的时间性视阈。

与传统辩证法的"非时间性"的理论教条相应,当前辩证法研究的两大范式便获得了自身的"根据"。这就是实在论的研究范式和认识论的研究范式。两种研究范式的深层困境正根源于传统辩证法理论的"非时间性"视阈。或者说,正是因为对以上三种辩证法的形态即"意见的逻辑"、"幻象的逻辑"和"思辨的逻辑"所蕴含的时间性问题采取了一种非反思的态度,才导致了这两种辩证法研究范式的产生,并决定

---

[1] 《马克思恩格斯选集》第2卷,人民出版社1995年版,第42页。
[2] 《马克思恩格斯选集》第1卷,人民出版社1995年版,第141页。

了两者的内在研究困境。

在实在论的研究范式看来,辩证法立足于客观实在的物质本体,就是关于自然、思维和人类社会的普遍规律和法则,是处理现实问题的一种外在手段。这种研究范式没有看到,根本不存在离开人的实践活动的纯粹客观实在。所谓物质始终是我的实践活动所创造了的物质,因而始终是一种历史性的存在。进而这种从一种绝对物质实体的角度对辩证法的理解,根本否认了辩证法的实践存在论基础,也否定了辩证法的"历史性"和"时间性"视阈。辩证法结果变成了可以随意套用的"脚手架",可以随意套用的教条和工具,作为其自身生命力的否定和批判维度被深深地遮蔽了。

与实在论的研究范式不同,认识论研究范式继承了黑格尔实现的辩证法与虚假"时间性"的统一形式,实现了在历史发展过程中对辩证法认识。但是,由于对"历史与逻辑的一致"采取一种非批判的态度,结果把逻辑中的观念和范畴仅仅看作是思维固有的认知形式,是我们认识客观规律的绝对认知法则。而忽略了这些观念和范畴始终都是有限性和时间性的产物,"这些观念、范畴也同它们所表现的关系一样,不是永恒的。它们是历史的、暂时的产物"[①]。结果,辩证法的实践存在论基础便成为这些观念、范畴服务的认识论基础,马克思辩证法对于存在意义的深层揭示和批判也被深深地遮蔽了。

综上可知,拯救和创新马克思辩证法理论必须以反思和批判"历史与逻辑一致"这一自明性的论断为前提。必须深入挖掘传统辩证法的"非时间性教条"及其理论根源,只有如此,才能真正破除辩证法研究中的实在论范式和认识论范式,为当代辩证法理论挖掘出真实的存在论视阈,才能真正拯救出马克思辩证法理论所固有的批判和革命的生命力。

(二)时间性:当代辩证法理论的存在论视阈

时间问题一直是西方哲学研究中的一个热点问题,但在笔者看来,当代哲学的时间问题研究中,真正走出传统时间观研究框架,对时间问

---

① 《马克思恩格斯选集》第 1 卷,人民出版社 1995 年版,第 142 页。

题提出根本变革性理解的要算海德格尔引领的现代哲学生存论转向。在海德格尔看来,对时间的理解可以分为流俗的时间观和本真的时间观。流俗的时间观具有两个特点:其一是庸常的时间观,"庸常的时间领悟仅仅把握了在计数活动中呈现出来的、作为现在之前后序列的时间"①。其二是逻辑化的时间观,"时间是'抽象的'否定性。作为'被直观的变易',时间是可以直接摆在面前的、业经区别的自身区别,是'在此的'、亦即现成的概念"②。这两个特点的共同之处在于坚持一种线性的时间观,即坚持"过去——现在——未来"这种单向度的、封闭的时间观。线性的时间观,由于始终坚持当下的在场性,而否定过去与未来的在场性,因而我们总是通过对当下的体验来感知过去和未来的时间性,但即使这种体验也不能保证当下真正进入时间,当下的时间性在柏拉图看来只是永恒理念的"影像"罢了。"柏拉图最后还是允许'当下'的视角进入了他的思考,但不是为了时间的缘故,而是为了'永恒'这个原初的理念的缘故引入了'当下'。这个'永恒'作为影像在时间中显示着自己。"③ 这种当下与永恒相统一的最大好处在于,它符合传统实体形而上学对绝对和最高实体的寻求,保证了实体的在场与永恒的统一。因此,这种时间观从根本上为传统形而上学提供一种稳定的、必然性的理论视阈。

与传统流俗的时间观理解不同,海德格尔提出了可逆性的本真的时间观,即时间性。时间性的时间观是指,在此在的生存活动中,此在通过面向死亡和绝对的虚无,跳出线性时间观的单向度和封闭性的枷锁,实现过去、现在与未来的真实在场和真实关联。"此在则不仅而且原本决不是时间内的,出现在世界中的现成东西;毋宁说,它归根结底在其自身中便是时间性的。"④ 在这个意义上,海德格尔的"时间性"概念是通过打破传统形而上学的实体本体论基础获得的。

传统形而上学的实质是实体性形而上学,实体性形而上学的最大特

---

① [德]海德格尔:《现象学之基本问题》,上海译文出版社2008年版,第351页。
② [德]海德格尔:《存在与时间》,生活·读书·新知三联书店2006年版,第490页。
③ [德]克劳斯·黑尔德:《时间现象学的基本概念》,上海译文出版社2009年版,第44页。
④ [德]海德格尔:《现象学之基本问题》,上海译文出版社2008年版,第371页。

第二章 存在意义批判及其实践奠基:马克思辩证法的存在论基础

点就是"非时间性"。它肇始于柏拉图的理念论,由黑格尔最终完成,它的根本特征是净化和剔除感性存在的"有限性"和"杂多性",实现本体的"永恒性"和"纯洁性"。与"非时间性"的知性形而上学不同,海德格尔从此在的时间性入手,在此在的生存论分析中澄明存在的意义问题,形而上学摆脱了实体化因素,而成为时间性的此在生存性领会。在这个意义上,海德格尔以一种有限的形而上学实现了对传统实体性形而上学的彻底颠覆,不仅为辩证法提供了新的存在论基础,即时间性的生存论的存在论基础,也为辩证法理论提供了有限性、可逆性的和开放性的时间性视阈,从而为当代辩证法理论打破传统辩证法的"非时间性",摆脱与实体形而上学内在纠缠,获得自身新的形态提供了崭新的理论平台。

时间性视阈中的辩证法理论首先从一种无限的逻辑转变为一种有限的逻辑。在传统辩证法理论中,不管是"意见逻辑"还是"思辨逻辑",辩证法的理论目的最终都是实现对无限绝对真理的把握。只是对这种无限的理解二者具有重大差别。黑格尔认为,传统辩证法理论实现是一种恶无限,"意见逻辑"只能坚持矛盾的对立面,无法内在超越自身的有限性,在他者中把自身建立起来,而始终停留于自身与他者的二元对立,从而达到的只能是一种恶的无限,即幻象的无限。"辩证法通常被看成一种外在的技术,通过主观的任性使确定的概念发生混乱,并给这些概念带来矛盾的假象。"① 与"幻象逻辑"的恶无限不同,思辨逻辑所把握到的是客观的真无限,即无限是有限内在超越和自否定的结果,无限不与有限坚持对立,而恰恰就在有限中辩证地成就自身,"在辩证法里,一般才包含有真实的超出有限,而不只是外在的超出有限"②,辩证法就是对这种真实无限的觉解过程。

尽管黑格尔改造了意见逻辑的虚假无限性,实现了真实的无限性。但是,二者的共同之处在于,辩证法在"非时间性"的形而上学的视阈中,只能作为一种无限性的逻辑。而无限性的逻辑的根本困境在于:时间不仅仅是一种空间化和逻辑化的时间,时间还具有内在差异性和异

---

① [德]黑格尔:《小逻辑》,商务印书馆1980年版,第176页。
② 同上书,第176—177页。

质性，仅仅以一种同一性的时间观去看待辩证法，把辩证法变成同一性形而上学的内在逻辑，"'辩证'的原本意义是'交谈'或'对话'。黑格尔的'辩证'正如柏拉图一样，可以说是'心灵与其自身的对话'"①，而这种"与自身对话"的同一性独白必然窒息辩证法对异质性存在的表征。与"非时间性"的无限逻辑不同，时间性视阈的辩证法是一种建立在此在面向死亡的绝对有限性的时间性视阈上，表征的是差异性和异质性作为有限性的存在者的存在意义。在这个意义上，"时间性"首先为辩证法理论提供了从无限逻辑到有限逻辑的变革视阈。

作为有限性的逻辑的辩证法的最大特征是开放性，因此，时间性视阈为辩证法从追求同一性的肯定的辩证法走向追求非同一性的否定的辩证法提供了理论平台。在传统的时间观中，时间在被逻辑化、线性化的同时，逻辑也异化了自身。辩证法的否定性必然要走向绝对的否定之否定，也就是新的肯定性，这实际上是由线性时间观中过去、现在必然走向未来所决定的。在传统形而上学思维方式中，只有知性化的时间观才能保证形而上学实体的绝对性和永恒性，时间成为一种知性化的、封闭性的概念。与之不同，现代哲学的生存论转向，把时间变革为一种生存性的概念，或者说一种人的存在方式，时间不是脱离人的存在的实体，而就是人的现实的生存境遇。在这个意义上，时间是一种开放性的理论视阈。与传统的封闭性时间视阈中形成的封闭的同一性辩证法不同，开放性视阈中的辩证法渴望非同一性和否定性，因为人本身就是一种否定性和开放性的存在。

人的否定性在于人的有死性和对死亡的先行预知，决定了人能够通过对死亡的先行领会，打破同一性的理性命运，把自身存在的意义和价值掌握在自己手中，在面向未来的筹划中重新规划当下的生存方式和生活境遇，为自身创造更多的可能性。在这个意义上，海德格尔认为，正是人的这种本真性"时间性"存在方式决定了，人是一种可能性高于现实性，开放性高于封闭性的存在。立足于生存论基础的辩证法理论，在人的有限性的存在方式中，既获得了"时间性"的存在视阈，同时也获得了自身的可能性和开放性。辩证法在这个意义上表征的就是人作

---

① [德]克朗纳：《论康德与黑格尔》，同济大学出版社2004年版，第186页。

为超越性和否定性的生命的自我觉解。

对辩证法的时间性视阈的揭示,不仅完成了辩证法理论形态的当代变革,同时辩证法作为有限的逻辑和非同一性的逻辑也有力地回应辩证法研究的两种范式。实在论研究范式和认识论研究范式以"非时间性"作为视阈,把辩证法理解为无限的逻辑和同一性的逻辑。结果,作为辩证思维实质的内在矛盾性,即有限性和否定性维度被深深地遮蔽了。与"非时间性"的知识论基础不同,"时间性"的生存论基础表征的就是人的否定性的存在方式,人的生存的"时间性"和"有限性"构成辩证法内在生命力,即矛盾性和否定性的真实的存在视阈。从而把辩证法从"非时间性"的知识形态的形而上学中拯救出来,在一种有限性和开放性的视阈中,辩证法从一种独白的逻辑转变为对话的逻辑,进而为辩证法在后形而上学时代提供了新的可能性和理论生命力。

(三)时间性视阈与马克思辩证法理论的当代阐释

辩证法在其诞生之时,就是作为一种对话逻辑出现的。尽管这种对话仍然停留在意见的非确定性上,但是它在某种程度上已经开启了辩证法的两个理论本性:其一,揭示他者观点的有限性和否定性维度的"批判本性"。其二,在与他者批判性交流中打破自身独断和独白的"对话本性"。辩证法时间性视阈的提出,不仅打破了传统形而上学对辩证法理论本性的窒息和遮蔽,而且为辩证法理论本性的当代创新提供了前所未有的视野。

"时间性"首先为辩证法批判本性的当代阐释提供理论视阈。"批判是辩证法的理论本性",这似乎已经成为我们众所周知、耳熟能详的哲学论断。但是,在阿多诺看来,传统辩证法所谓的否定性实质上只是肯定性的中介,"早在柏拉图之时,辩证法就意味着通过否定来达到某种肯定的东西,'否定之否定'的思想形象后来成了一个简明的术语"[①]。在这个意义上,传统辩证法理论的批判性只是一种虚假的批判性,而这种虚假的批判性的根源在于,辩证法作为一种同一性的逻辑抽掉了自身的"时间性"维度,历史性的辩证法思维方式被非历史化,其否定的可逆性被线性时间观的所窒息。线性时间观的坐标是现在,辩证法也变成了只论

[①] [德]阿多尔诺:《否定的辩证法》,重庆出版社1990年版,第1页。

证现在合法性的肯定性逻辑。"人们就已被一种纯现在的偶像所迷住。他们努力剥去思想的历史向度。现在，虚构的、单向度的东西成了一切内在意义的认识基础。"① 结果，辩证法本来所具有的揭示对象有限性和片面性的否定性向度，被钝化为肯定性的自我论证，否定性不过是达到自我完满形式的中介，而中介的独立性显然是虚假的，"那种完全顺从纯粹性、全盘无时间性偶像的知识——与形式逻辑一致的知识——会成为同义反复"②。

与"非时间性"和"非历史性"对辩证法的单向度规范不同，时间性视阈使辩证法获得了多向度批判的可能性。这表现在对自身他者维度的彰显和守护，并且在与他者维度的紧张关系中拯救了辩证法的真实批判本性。时间性是对现存事物采取一种有限性和暂时性的视野，这种视野是对传统形而上学思维方式所把握到的无限性和永恒性存在的挑战，能够打破"非时间性"的概念对"时间性"的非概念物的单向度的"规训"，在可逆性的视阈中开显出非概念物对概念的"剩余"，并通过这种"剩余"保证辩证法的他者维度，以及保证"辩证法是始终如一的对非同一性的意识"③。

实际上，马克思对辩证法的论述早已印证了辩证法的批判本性与时间性的内在关联。"辩证法在对现存事物的肯定的理解中同时包含对现存事物的否定的理解，即对现存事物的必然灭亡的理解；辩证法对每一种既成的形式都是从不断的运动中，因而也是从它的暂时性方面去理解；辩证法不崇拜任何东西，按其本质来说，它是批判的和革命的。"④ 马克思的论证强调了两个时间性概念，一个是对现存事物从它"必然灭亡"的方面去理解，另一个是对既成的形式从它的"暂时性"方面去理解。显然，"必然灭亡"和"暂时性"强调的是一种有死性的和有限性的视野。在这个意义上，马克思的论证也就是说，我们只有以一种有死性的和有限性的视野去看待现实性的存在，我们才能真正把握到辩证法的批判本性。相反，如果我们以一种永恒性的和无限的视野去看待现

---

① [德] 阿多尔诺：《否定的辩证法》，重庆出版社 1990 年版，第 52—53 页。
② 同上书，第 53 页。
③ 同上书，第 3 页。
④ 《马克思恩格斯选集》第 2 卷，人民出版社 1995 年版，第 112 页。

第二章　存在意义批判及其实践奠基:马克思辩证法的存在论基础　115

实存在,就不仅不能把握住辩证法的批判本性,反而把辩证法引入了某种"神秘形式"之中。在这个意义上,我们认为马克思对辩证法时间性视阈的论证具有当代意义。

时间性视阈的中的辩证法,一方面在与他者的紧张关系中,保持了自身不可调和的"批判本性"。另一方面,在时间性视阈中,通过他者维度的引入,摆脱自身作为一种独白逻辑的宏大叙事色彩,辩证法澄明了自身"对话本性",并以此保证了自身在现代性视阈中的合法形态。

在现代性视阈中阐释辩证法的对话本性,必须以拯救辩证法的他者维度为前提。现代性依靠近代哲学的认识论转向完成对上帝等神圣形象的祛魅,进而建立了主体的至上地位。主体性的至上性在于,主体的感知与规范功能不仅成为认识得以可能的先验条件,而且具有规范事物的存在得以可能的存在论意义。在以主体性为原则的近代哲学视阈中,所谓对话,只能是主体性的自我对话。从笛卡尔的"我思故我在"到费希特的"自我设定非我",意识哲学的对话不过是绝对主体的自身独白。

黑格尔辩证法就是要通过辩证哲学的矛盾精神破解意识哲学独白性质。在这个意义上,哈贝马斯认为,"黑格尔是第一位清楚地阐释现代概念的哲学家"[①],因为他敏锐地把握到了主体性原则所导致的现代世界的分裂,并"用'爱和生命'中表现出来的主体间性的一体化力量,来反抗以主体性中心的理性的权威"[②]。试图在主体性内部击破主体性的独断性质,实现从主体性到主体间性的过渡。在这个意义上,黑格尔辩证法无疑具有反现代性特征。但是,"黑格尔的质疑主要针对的是启蒙理性的知性思维方式及与此内在相关的功利主义,他并没有放弃现代性方案的核心价值,而是要在一个更深的层次上,为'自由'与'解放'的现代性价值提供思想支持和理论论证"[③]。传统辩证法理论不仅没有解决现代性的根本困境,反而在与现代性的内在纠缠中弄残了自身。辩证法在"自由"与"解放"的祛魅叙事中丧失了自身的他者维

---

① [德]哈贝马斯:《现代性的哲学话语》,译林出版社2004年版,第5页。
② 同上书,第35页。
③ 贺来:《辩证法与现代性课题》,载《学习与探索》2007年第5期。

度，成为现代性宏大叙事的"独白逻辑"。辩证法的当代合法性必须以放弃现代性的"无限性"的价值观，击破现代性的存在视阈为前提。

分析辩证法从"非时间性"的主体性独白到时间性的主体间性对话，列维纳斯对时间概念中的他者维度的思考，对我们尤为具有启发意义。列维纳斯认为，传统哲学对时间的理解都要么是把时间看作是外在于主体的纯客观性，要么是把时间完全纳入到自我之中。在这个意义上，时间始终是在单个主体的意义加以理解，时间的他者维度被深深地遮蔽了。与传统的理解不同，列维纳斯提出，时间表征的应该是人与他者之间的社会性。时间表征是一种有限性、暂时性的和有死性的视阈，即在这种视阈下人的存在不是脱离现实生活的抽象实体，而是能在面向死亡这个终极"虚无中"，通过经验他者之死来审视自身的"有死性"，并在这个对自身有死性的觉知中，实现与他者的真实对话。他者作为人的终极"有死性"是永远不可消除的主体的异质性，必然消解主体的独白性质，从而使主体担负起主体对他者的责任和义务。"只有担负起对他人的责任，终结所意味着的死亡才能用来衡量死亡的意义所及，……正是从这一关系出发，从这一对他人之死的敬重，从这一作为无限的一种关系的提问出发，时间将得到展示。"① 在这个意义上，时间的辩证法就是一种具有主体间性的对话辩证法，"时间的辩证法就是与他人关系的辩证法，就是一种应当用有别于孤独主体的辩证法之语汇进行研究的对话"②。而这种对话的辩证法通过对自身他者维度自觉，必然能不断对抗独白形而上学对自身的纠缠。并且在这种对抗中保持自身的他者维度的不可消除性，也能够在对他者维度的守护中，既消解了传统辩证法作为一种独白逻辑的局限性，也守护了自身在现代性视阈中的合法形态。

综上，以对实践的存在论基础的揭示为前提，马克思辩证法既克服了传统辩证法理论的无根性，也摆脱了由于对实践概念以及实践研究范式的庸俗化理解所造成的对辩证法的存在论基础的遮蔽。同时，人的感性实践活动的时间性特征也为马克思辩证法提供了崭新的存在论视阈，

---

① ［法］列维纳斯：《上帝·死亡和时间》，生活·读书·新知三联书店1997年版，第44页。

② ［法］列维纳斯：《从存在到存在者》，江苏教育出版社2006年版，第116页。

从而保证了辩证法始终以一种更为开放和宽容的视野面向他者。实践存在论基础对于辩证法的最大影响在于它改变了辩证法的解释原则。因为实践的存在论基础颠倒了黑格尔辩证法从精神活动出发这一理论基石，而转为从人的实践活动出发，强调人的实践活动先于和决定人的精神活动，而不是相反。进而，是人的生存实践辩证法决定人的精神概念辩证法，而不是相反。在这个意义上，实践的存在论基础实现辩证法解释原则的变革，这就是从一种生命的精神解释原则的辩证法，转变为另一种生命的实践解释原则的辩证法。从一种理论的思维方式，转变为另一种实践的思维方式。立足于这种生命的实践解释原则和实践的思维方式，马克思辩证法在对资本的存在论批判中获得了不同于黑格尔辩证法的新的出场形式。

四　时间与意义：马克思辩证存在论的实践奠基

马克思辩证法的实践论基础及其存在论意蕴确保了马克思哲学的辩证存在论形态得以可能，保证了马克思辩证法确证存在意义问题的独特操作平台。同时，对于辩证法思维方式固有的时间性视阈的探讨为马克思辩证法引入了独特的存在论视阈，以时间性为基本视角，马克思哲学的辩证存在论获得了崭新的现代意义和价值。至此，马克思辩证法存在论基础的双重内涵被充分揭示出来，这就是对于存在论基础性问题即存在意义问题的实践论回答，和对于存在论基础视阈即时间性视阈的实践论揭示。马克思辩证法的存在论阐释进而首先归结为在实践哲学的理论基础上，马克思辩证存在论如何实现在时间性视阈下重建对于存在意义问题的理解。

在西方哲学史上，传统哲学对于存在意义的探讨大多是在空间思维模式下进行。这种思维模式强调对于存在意义的纯粹考察，把存在从其依附的存在者中抽离出来，以具有绝对空间意义的概念、范畴和逻辑来规定存在本身，从而得出关于存在意义的理解。法国哲学家布尔迪厄把这种空间化的思维模式称为"经院空间"，"经院空间"起源于柏拉图的洞穴隐喻，起源于亚里士多德的视觉自由、目光至上等观点，这些观点共同强调纯粹理想状态下光的透视作用，强调视觉高于触觉，精神高于肉体、理想高于现实,于是"经院空间"是通过对"社会空间"的隔绝和抽离来完成的。"社会空间"作为人类的生活空间,是由人的现实生存活动和习俗礼法构建起的前理智空间,作为存在的家园,"社会空间"才是澄明存在意义的原初平台。在布尔迪厄看来,"经院空间"的根基是"社会空间",隔绝是"经院空间"的诡计,这就是通过把"经院空间"从"社会空间"中抽离出来,完成对于"社会空间"的象征性控制,但实际上,这种控制本身由于其原初的无根性和抽象性必然陷入崩溃和虚妄之中。

　　布尔迪厄指出:"经院空间产生于一个漫长的自主化过程,那些沉浸在经院空间中的人,包括某些从出生时就沉浸在经院空间中的人,最终会忘记特殊的历史和社会条件,这些条件促使一种被置于一种明显而自然的氛围中的关于世界和文化作品的观念成为可能。"[①] 可见,传统哲学的空间化思维模式是对于自身社会的和历史的产生条件的遗忘和背离,而这种遗忘和背离又是传统哲学的所无法真正遗忘和背离掉的存在,因为空间思维模式的存在论基础恰恰是时间思维模式,或者说,社会历史所固有的时间性向度恰恰是传统哲学对于存在意义探讨的真实视阈。作为社会历史性的存在,通过共同创造历史以成就个体以及全体存在的意义是人类的本性,或者说,正是人的社会性和历史性的存在方式才决定了人对于自身存在意义的探讨,反过来,人正是在社会历史中完成了对自身存在意义的澄明和觉解。正如马克思在《哲学的贫困》中所指出的,人与历史的关系是:人虽然既是历史的"剧作者",又是历史的"剧中人",但是只有当我们把人真正看作是历史的"剧作者"时,人才真正成为历史的"剧中人"[②]。可见,人类存在的历史性是无法被传统哲学的空间思维模式和经院哲学思辨所抽离掉的,相反,恰恰是人的社会历史性存在方式决定了人对于自身存在意义与价值的寻求,因为,人的历史性存在背后所深层蕴含的是人的时间性存在方式,社会历史所成就的"社会空间"与"经院空间"的实质性差别在于,"社会

---

① [法]布尔迪厄:《帕斯卡尔式的沉思》,刘晖译,生活·读书·新知三联书店2009年版,第19页。
② 参见《马克思恩格斯选集》第1卷,人民出版社1995年版,第146—147页。

第二章 存在意义批判及其实践奠基：马克思辩证法的存在论基础

空间"内蕴的是人类社会存在的时间性意蕴，正是在这个意义上，传统哲学的空间思维对于存在意义的抽象解读必然会受到来自其内部的时间思维的冲击。马克思的辩证存在论正是在这个意义上实现了对于存在意义的批判与诠释，在时间性视阈中重建存在的意义问题构成马克思辩证法最为深层的存在论意蕴。

对于意义问题的探讨是人类的"特权"，而这种"特权"却是由人的时间性或有限性存在方式来保证的。众所周知，动植物的存在也具有时间性和有限性，动植物的存在是自在的，其遵循着自然规律的必然逻辑，无法跳出以繁殖和死亡成就意义的恶无限性，因此存在的意义对于动植物而言不构成真实的"问题"。神灵的存在不具有时间性，但是神灵的存在是自在自为的，其全知全能的本性可以在自身中把存在的意义构建起来而无须借助他物，因为神灵的不死性决定神灵神的存在本身就是意义，存在与意义二者是同一的，因此，存在的意义对于神灵而言也不构成"问题"。但是，存在的意义问题对于人则构成最为深层的存在论问题，而这一问题的存在论根源在于人的时间性存在方式。

与动植物以及神灵不同，人的"死亡"对于人类存在具有最为重大的真实冲击力，因为人一方面与动物植物一样，是自然的存在者，遵循的是自然的法则。其个体必然要面对从一出生就朝向死亡的必然性命运，因此个体也必然内在地具有一种寻求永恒的愿望和倾向，为了实现这种永恒可以依靠繁殖，个体通过繁殖在下一代生命上遗传自身的基因，达到个体的消失与类的永存的和解。另一方面，人又与神灵相似，是自由的存在者，能够跳出自然的法则，自由地思考和追问。人在反思和改造自然的活动中成就人自身自由自觉的存在方式，这种反思和改造包括人的精神创造活动和人的历史实践活动。但是，人又与动植物和神灵存在根本差别，即人是自由且有限的存在者。人的自由性体现在，不满足于遵循自然规律的设定，作为具有反思能力的自由存在，人能够自觉地跳出动植物的恶无限链条。因为人能够追问，即使个体在类中完成了自身生命的延续，但是生命的意义难道只在于生物体的基因传承？人如此这般的存在意义与动植物存在的意义又有何区别？人难道只能安于自身的动物性存在？人的生命是否可以有其他的意义与价值？这一系列追问显然都源自于人不同于动物而能够对死亡产生自觉的恐惧、敬畏和疑惑，都印证了人作为有限性存在者的基本存在方式。而这种深层的恐惧、敬畏和疑惑显然对于神灵而言不构成问题，神灵的不死性保证了存在的永恒性，也就是保证了其存在的意义和价值。

那么，人如何在自身的时间性存在方式中把自身存在的意义与价值自觉地建构起来呢？对于这一问题的回答正是马克思实践哲学的基本任务，或者说，马克思的实践哲学正是通过对于这一问题的独特回答为传统哲学向现代哲学的变革开创了新的思想方向。

马克思把时间性引入到对于存在意义问题的考察是通过对人类存在方式的全新解读开始的。马克思认为，感性实践活动是人类最原初和最本质的存在方式，因为感性实践活动是一切理性活动的基础和前提，它揭示了人之为人的最为真实的存在状态。按照传统哲学的观点，人是理性的动物，理性是人之为人的本质特征。马克思认为，理性虽然是人确证自身存在特征的基本方式，但理性不是人确证自身存在特征的唯一形式和首要形式。因为传统哲学没有看到，人是在具体的实践活动中塑造起来的存在，因此人首先是具有激情、受动的存在，然后才是理智的、主动的存在，也就是说人首先是有限性的存在，然后才是无限性的存在，首先是时间性的实践存在，然后才是空间性的精神存在。在这个意义上，人首先是在改造世界的实践活动中证明自身存在的意义与价值，之后才在抽象的理智思辨活动中诠释存在的意义与价值。马克思认为，人对自身存在的意义与价值的澄明，首先应从人的感性、受动性、对象性、有限性等人自身存在的时间性维度入手。

在《1844年经济学哲学手稿》中，马克思明确指出："对私有财产的扬弃，是人的一切感觉和特性的彻底解放；但这种扬弃之所以是这种解放，正是因为这些感觉和特性无论在主体上还是在客体上都成为人的。眼睛成为人的眼睛，正像眼睛的对象成为社会的、人的、由人并为了人创造出来的对象一样。因此，感觉在自己的实践中直接成为理论家。"[①] 可见，马克思对于资本主义社会的经济理论基础——私有财产的批判是以对于人的真实感性存在的强调为前提，或者说，在马克思看来，人存在的意义与价值的解放和澄明最为真实的判断依据应该是人的感性存在方式是

[①] 《马克思恩格斯全集》第3卷，人民出版社2002年版，第304页。

第二章 存在意义批判及其实践奠基：马克思辩证法的存在论基础

否得到充分的解放和澄明。马克思为什么如此强调人的感性存在形式？马克思所理解的人的感性存在与18世纪的机械论的唯物主义又有什么实质区别呢？回答这些问题，需要我们重新反思以上论断——"感觉在自己的实践中直接成为理论家"，显然，马克思所谓感觉或感性是在其实践观点思维方式下的感觉和感性，为的是强调感性的受动性和有限性是实践作为对象性活动的内在动力和核心要素。马克思指出："人作为对象性的、感性的存在物，是一个受动的存在物；因为它感到自己是受动的，所以是一个有激情的存在物。激情、热情是人强烈追求自己的对象的本质力量。"① 因此，正是感性的有限性成就了实践作为诠释人自身存在意义与价值的"本质力量"，或者说，正是人的存在的有限性构成人在实践活动中真实地建构、觉解和守护自身存在意义的前提。

进一步的追问是，人的所有有限性存在方式如激情、热情、受动、感觉、知觉等等，它们何以构成"人强烈追求自己的对象的本质力量"？人的存在的有限性何以构成人觉解和澄明自身存在意义与价值的内在动力？"存在的有限性"与"存在的意义"两者之间到底具有怎样的内在关联？回答这一问题，必然要挖掘马克思强调人自身存在有限性背后的基本理论视阈，挖掘决定人的有限性存在方式背后的真正因素？只有通过这一挖掘工作，探讨马克思实践观点对于存在意义问题的批判和重建才真正触及了问题的核心。

按照海德格尔的诠释，确证的人感性存在方式的基本视阈应该是"时间性"，只有在时间性视阈中，人的感性存在的存在论意蕴——操心及其表现形式如烦闷、敬畏和死亡等日常的情绪状态才获得了解释的论域，"只有当我们把此在的日常'演历'以及此在在这种演历中操劳的计'时'收入此在时间性的阐释，我们的方向才足够广阔，从而使日常状态之为日常状态的存在论意义成为问题"②。可见，时间性是人的感性存在和有限性存在的基本确证方式。正因为人的存在的时间性，人才能在对时间观念的操持中反思自身存在的感受和限度，或者说，正因为人是时间性的存在，存在的意义问题才作为人的本质性问题不断激

---

① 《马克思恩格斯全集》第3卷，人民出版社2002年版，第326页。
② [德]海德格尔：《存在与时间》，生活·读书·新知三联书店2006年版，第421页。

荡着我们。因此，人的感性存在方式为在存在论层面破解"存在的有限性"与"存在的意义性"问题提供了充足的必要支撑，同时也打开了广阔的思想方向，即以时间性的基本视阈表征存在的意义问题。但是，存在意义的澄明只获得时间性的视阈还不够，因为人的时间性存在只是提出了对于澄明存在意义问题的必要性，而没有保证澄明存在意义的可能性。关于存在意义问题的可能性有必要引入语言哲学的分析视角，只有在语言哲学这一分析基地上真实地把澄明存在的意义这一形而上学问题的可能性创建起来，马克思实践观点对于存在意义的批判与重建才真正获得了可靠的地基。

众所周知，科学哲学家波普尔曾出于从批判哲学形而上学的目的出发，把人类的语言概括为两种职能，即表述的职能和表达的职能。语言的表述职能旨在澄明事实和陈述规律。语言的表达职能旨在抒发情感和表达心理倾向，"一切动物语言都具有表达的和交际的职能，但是，除此之外，人类语言还有一些进一步的职能，这些职能是人类语言所特有的，并在这个词的更狭隘、更重要的意义上使它成为'语言'。比勒使人们注意到人类语言的描述职能，我后来指出，还有进一步的职能，对人来说其中最重要最独特的职能是论辩职能。我从不认为这些职能中有任何职能可还原为任何其他职能，两种高级职能（描述与论辩）最不能还原为两种低级职能（表达和交际）。顺便说一下，这两种职能总是存在的，如此众多的哲学家误认为它们是人类语言所特有的那些特性，也许原因就在于此"①。显然，波普尔不仅没有给哲学留下地盘，反而把哲学的语言看作是有悖于语言职能本身的一种误用的结果，即把语言的表述职能还原为语言的表达职能。因此，波普尔基于语言职能考察的哲学批判表明："如果哲学像科学那样'表述'世界，那么哲学就是'给予知识的幻象而实际上不给予任何知识'；如果哲学像艺术那样'表达'人的情感和意愿，那么哲学充其量只不过是一首'蹩脚的诗'。"② 所以，符合逻辑的结论是，如果哲学语言既不能完成表述的职

---

① ［英］波普尔：《开放的宇宙》，李本正译，中国美术学院出版社 1999 年版，第 139—140 页。
② 参见孙正聿《孙正聿讲演录》，长春出版社 2011 年版，第 356 页。

第二章 存在意义批判及其实践奠基:马克思辩证法的存在论基础

能,也不能完成表达,那么波普尔进而就得出哲学语言完全是人类理智误用的结果。在这个意义上,波普尔从语言职能的视角展开的形而上学批判无疑具有康德哲学和维特根斯坦哲学的意义和价值,国内有学者把波普尔提出的这个问题称为"波普尔问题"①。"波普尔问题"的提出无疑是对以求解意义问题为旨趣的哲学思维的根本批判,破解这一"问题"的难点在于,如何能够跳出其关于语言职能的二分法解读,赋予哲学语言真正的存在合法性。

我们认为,破解"波普尔问题"需要引入哲学思维的时间性视角,时间性视角是哲学语言与非哲学语言的实质差别所在。反思波普尔的论断,我们发现,波普尔对于语言的表述职能和表达职能的强调,其实没有跳出一个论域,这就是他只看到语言的空间性维度,而未能看到语言的时间性维度,而且就语言的空间性维度本身,波普尔也只是停留于强调语言作为符号意指形式的表意性,而没有挖掘语言作为符号意指形式背后的象征职能。在这个意义上,波普尔对于形而上学的所谓语言学批判,缺乏对于语言时间性维度和语言象征性维度的探讨,而这也正是其最为重要的理论硬伤所在。

其实,语言首先是一种时间性的现实实践活动。我们根本无法从现实生活中将语言抽离出来达到对其"实验室般"的纯粹性分析,只有当逻辑实证主义把语言抽象化人工语言和科学语言的时候,语言的时间性和有限性维度才被遮蔽起来。维特根斯坦前后期哲学的巨大反差,反映的正是其对于日常语言在实践应用中所表现出的对于语言时间性的强调。维特根斯坦认为,可以把语言特别是日常语言与游戏相类比,因此他把对于日常语言的分析当作是对于"语言游戏"的分析。"在这里,'语言游戏'一词的用意在于突出下列这个事实,即语言的述说乃是一种活动,或是一种生活形式的一个部分。"② 在这场分析中,维特根斯坦得出的结论是:哲学语言所构造出的命题以及命题所表达的普遍意义的实质是在"语言游戏"中表现出的"家族相似性","我想不出比'家族相似'更好的表达来刻画这种相似关系:因为一个家族的成员之

---

① 参见孙正聿《孙正聿讲演录》,长春出版社2011年版,第356页。
② [英]维特根斯坦:《哲学研究》,商务印书馆1996年版,第17页。

间的各种各样的相似之处：体形、相貌、眼睛的颜色、步姿、性情等等，也以同样的方式互相重叠和交叉——所以我要说：'游戏'形成一个家族"①。这里，维特根斯坦这里对于语言表达"相似性"的强调，实际上就是强调语言对于形而上学对象的表达具有似是而非的幻象特点，而不具有内在的确定性和逻辑的自洽性。因此，哲学语言以及命题被维特根斯坦描绘成"理智把头撞到语言的界限上所撞出的肿块"②。

显然，尽管后期维特根斯坦语言分析的平台是日常语言，但是他的分析仍然与前期的指向相同，即通过语言分析来批判的哲学的形而上学命题。但是，维特根斯坦的分析忽略一点，既然日常语言的实质是一种人类的实践活动，它的存在论根基是人的现实生活方式，那么人自身存在的时间性和历史性必然构成语言的形而上学使用的最终根据，或者说，日常语言的时间性和历史性决定了，不同时代的语言表达虽然不同，但是它们都是一个"家族"的不同成员，这个"家族"就是形而上学，就是哲学思想自身。在这个意义上，我们认为，语言的时间性不仅不会终结形而上学和终结哲学，反而成就了形而上学和哲学的合法性，这就是哲学语言所表述和表达的不是"绝对的绝对"，不是"绝对的相对"，而是一种"相对的绝对"，是一种多元的伟大和异质性的崇高，而这种"相对的绝对"作为"多元的伟大"和"异质性的崇高"，显然无法在波普尔的空间性语言功能中澄明出来。

事实上，波普尔所强调的语言的空间性与语言的空间化理解本身也是相背离的，这涉及语言作为一种符号形式的象征性维度问题。对这一问题做出过最为深入研究的是瑞士哲学家、语言学家索绪尔。索绪尔认为，对于语言的空间性探讨，首先应该提出语言的"所指"和"能指"的区分问题。语言符号由自身的一体之两面，即"能指"和"所指"构成，"能指"指语言的声音形象，"所指"指语言所反映的事物的概念。"我们建议保留用符号这个词表示整体，用"所指"和"能指"分别代替概念和音响形象。后两个术语的好处是既能表明它们彼此间的对

---

① ［美］维特根斯坦：《哲学研究》，商务印书馆1996年版，第48页。
② 同上书，第73页。

立,又能表明它们和它们所从属的整体间的对立。"① 这里所提出的"能指"和"所指"概念都是心理性的东西,前者是这一心理联想留下的心理印迹。后者是心理的内在联想,"语言符号是一种两面的心理实体"②。由此,索绪尔得出结论认为,语言符号的意义实际上是从特定的文化和文化背景中产生的,或者说,语言的空间性表意职能的分析是奠基于语言所植根的文化心理的土壤之中的。"要是单从时间方面考虑语言,没有说话的大众——假设有一个人孤零零地活上几个世纪——那么我们也许看不到有什么变化;时间会对它不起作用。反过来,要是只考虑说话的大众,没有时间,我们就将看不见社会力量对语言发生作用的效果。……这样一来,语言就不是自由的了,因为时间将使对语言起作用的社会力量可能发挥效力。"③ 可见,索绪尔对于语言的社会文化心理基础揭示了语言的基本存在论视阈应该是时间性和有限性的,因为社会文化心理的塑造无疑是一个时间性过程,其需要历史性的实践积淀。在这个意义上,我们认为,索绪尔对于语言符号的共时性分析不仅对于语言学自身的发展,对于哲学符号学理论的拓展具有重要意义,而且索绪尔的工作在更深层次上揭示了语言符号与人类的存在方式相关联的实质,揭示了语言符号深层的哲学存在论的意义,这就是语言的空间分析最终必然要奠基于语言的时间分析之上,哲学语言对于存在意义的表征必然要奠基于人类社会的时间性和历史性的存在方式之上。

可见,索绪尔对于语言职能的分析比波普尔更为深入和根本,因为索绪尔的共时性语言分析揭示出:语言符号作为表意系统的最重要特性是"任意性",即"能指"与"所指"的结合不是必然的,语言作为概念形态其内涵(所指)与语言作为符号形态其音位特性(能指)之间并没有天然的联系。二者的内在联系所呈现出来的必然性外观,实际上是由语言符号的"能指"与"所指"的象征关系决定的,或者说,不管语言的表述职能还是表达职能,其背后都是由语言的表征职能来奠基的,正是基于语言作为符号系统的表征特性,语言的表述和表达才能获

---

① [瑞士] 索绪尔:《普通语言学教程》,商务印书馆1980年版,第102页。
② 同上书,第101页。
③ 同上书,第116页。

得所谓的"科学性"和"艺术性"。而且更为重要的是,索绪尔的分析还提出,语言的表征职能是基于人类存在的社会心理机能,揭示出语言表征职能所奠基的时间性的存在论视阈。因此,索绪尔的语言分析工作不仅为哲学语言提供了表征意义的合法领地,而且为探讨哲学语言固有的时间性的存在论视阈开辟了思想方向。

通过对维特根斯坦和索绪尔语言学研究的论述,我们发现,"波普尔问题"的破解可以通过揭示语言的时间性维度和象征性维度来实现,正是语言自身的这样两种维度成就了语言在表述和表达之外的另一种功能——表征功能。表征是哲学语言的独特功能,因为哲学问题的非实在性和非情感性表明,哲学语言所表征的哲学问题只能通过"时间"和"象征"这样"一纵"和"一横"的视阈澄明出来。黑格尔的概念辩证法在这个意义上,试图通过精神这一载体把时间与象征两个视阈统一起来,但是在马克思看来,能够真实完成这两个视阈统一起来的只能是人类的感性实践活动。因为正如上文所提到的,正是在感性实践活动中,哲学语言才获得了真实的存在论根基,哲学语言的时间性和象征性才不会被精神哲学所塑造的"经院空间"所遮蔽掉。因此,马克思辩证法及其所创立的辩证存在论对于存在意义的澄明是通过实践观点奠基的。实践观点为马克思辩证法开创了一种崭新的哲学语言和崭新的表征方式,这种表征方式既不是实证科学的事实性"表述",也不是感性艺术的情感性"表达",更不是黑格尔以精神实体为根基的思辨性"觉解"。马克思辩证法的独特表征方式体现在,它是以人的时间性存在——"历史"为基本视阈,以感性实践活动——"劳动"为反思载体,以人的存在意义和价值的整体复归——"解放"为最高目标的思维方式,而这种思维方式的真实创立则通过以具体的现实存在——"资本"为批判对象来完成。在这个意义上,马克思辩证法对于存在意义的批判与奠基是以作为"瓦解资本的逻辑"的哲学形式来获得真实出场的。

第三章

资本意义批判及其内在瓦解：
马克思辩证法的存在论批判

通过考察黑格尔完成的辩证法与存在论的合流，考察马克思辩证法的存在论基础，我们发现，辩证法的思维方式始终与哲学存在论有着千丝万缕的关系，存在论问题是透视辩证法思维方式的基本平台和载体，辩证法始终是以寻求和澄明存在的意义问题作为自己的理论任务。立足于对存在意义的不同理解以及不同的存在论基础，黑格尔辩证法与马克思辩证法展现为不同的理论形态，这主要体现在两者对辩证法否定形式的不同理解。黑格尔辩证法的否定形式是对抽象理性——知性的内在超越，马克思辩证法的否定形式是对禁锢和遮蔽人的本源性实践活动的抽象存在——资本的内在瓦解。因此，不同的存在论基础决定了不同的辩证法的出场方式。在《资本论》中，马克思完成对资本逻辑的进展历程的描述，也就是对现实社会中人们的生产、生活状况的一般描述，这种描述本身体现的是马克思辩证法的存在论性质。对资本逻辑的存在论批判构成马克思辩证法独特的出场方式。实践观点的存在论基础决定了，马克思辩证法对资本现象的存在论批判不会局限于无批判的实证主义，也不会停留于黑格尔辩证法的虚假批判及其所表现出来的概念式觉解，而是始终立足于资本背后人的多重异化形态，对资本的存在意义加以彻底的批判和瓦解。

一 存在论批判：辩证法理论的固有任务

众所周知，否定性是辩证法的理论内核，辩证法的本质是批判的和革命的。辩证法思维方式注重从联系与发展的观点看待事物，与之相反，形而上学思维方式注重从静止和非此即彼的观点看待事物。因此，我们应该崇尚辩证法的思维方式，而克服形而上学的思维方式。这是哲学原理教科书对于辩证法理论本质的基本概括。因此，哲学原理教科书强调克服形而上学思维方式的关键，就在于要坚持辩证法的内在否定性，"辩证的否定是这样一种否定，它是通过事物的内在矛盾运动而进行的自身否定，即自己否定自己，并通过自身否定，实现'自己运动'、自我发展"[①]。反思教科书哲学的以上论断，我们发现以下问题就会必然暴露出来：既然辩证法与形而上学为什么有着一种非此即彼的理论对立关系？既然辩证法与形而上学存在着这种无法相融的对立关系，那么黑格尔为什么还要实现以辩证法来拯救形而上学，实现辩证法与形而上学的"合流"？这样一种"合流"是黑格尔理论思考的失误，还是辩证法否定本性的内在要求？辩证法与形而上学到底是什么关系？辩证法的内在否定性和自否定精神是客观实在的否定性，主观思维的否定性，还是形而上学意义上的存在论的否定性？辩证法到底如何在寻求和批判形而上学的过程中展现自己的否定本质和超越本质的统一？可见，教科书哲学对于辩证法与形而上学关系的概括仍存在众多值得进一步探讨和重新思考的问题，而这些问题又主要集中于一个核心问题，即辩证法的批判本质与形而上学的超越本质的关系问题，或者说，马克思辩证法的实践批判本质与马克思辩证法的形上维度的关系问题。考察黑格尔完成的辩证法与存在论的合流构成解决该问题的理论前提，但是真正解决这一问题，需要重新反思辩证法的存在论批判问题，需要重新考察辩证法在存在论意义上的理论出场问题。

考察马克思辩证法的出场方式和存在论批判问题，首先必须明确的一点是，马克思的辩证法不是能够脱离整个哲学史的孤立理论，而是与哲学史的内在发展理路相一致，是恩格斯所强调的"建立在思维的历史和成就基础上的理论思维"。因此，考察马克思辩证法首先需要与考察辩证法理论形态的哲学史演进联系起来，需要与考察哲学史上与辩证法

---

① 李秀林等主编：《辩证唯物主义和历史唯物主义原理》，中国人民大学出版社1995年版，第194页。

第三章　资本意义批判及其内在瓦解：马克思辩证法的存在论批判　129

思维方式密切相关的基本哲学问题联系起来。

众所周知，形而上学对于存在意义问题的追问和求索始终是西方哲学的理论主线，存在论问题自前苏格拉底哲学开始一直是西方哲学或显或隐的基本问题。在海德格尔看来，存在论问题所内含的对于存在意义的求索构成古希腊大哲们的基本致思路径，但是对这一显性问题的求索方式却早在古希腊哲学时期就走错了道路，以理性的范畴形态和逻辑方式把握存在的意义，不仅只能导致存在意义问题被遮蔽起来，而且还会形成哲学存在论研究的"教条"和"成见"，"根据希腊人对存在的最初阐释，逐渐形成了一个教条，它不仅宣称追问存在的意义是多余的，而且还认可了对这个问题的耽搁"。"这些成见在古代存在论中有其根源。然而反过来，如果就范畴的论证是否适当，是否充分来考虑存在论基本概念所产生的基础，则只有以澄清和解答存在问题为前提，古代存在论本身才能得到充分的阐释。"① 这些"教条"和"成见"后来被海德格尔概括为西方形而上学的"存在—圣神—逻辑学"三者统一的机制，"存在论和神学之所以是'学'，乃是就它们探究存在者之为存在者和论证存在者整体而言的。它们对作为存在者之根据的存在作出论证。它们面对"逻格斯"作出答辩，并且在一种本质意义上是遵循"逻格斯"的，也即是"逻格斯"的逻辑学。因此，更准确地，它们被叫作存在—逻辑学（Onto - Logik）和神—逻辑学（Theo - Logik）。更合乎实情地、更准确地来思，形而上学是存在—神—逻辑学（Onto - Theo - Logik）"②。而海德格尔这里所提出的逻辑学指的就是辩证法思维方式所呈现出的思辨逻辑或辩证逻辑。

在西方哲学史上，辩证法思维方式与存在论思维方式一直有着千丝万缕的纠缠关系。辩证法思维方式在其诞生之初就以追问和解决形而上学的存在意义问题作为基本论域。因此，要澄清辩证法的否定本性，必须澄清辩证法的存在论意义问题，即辩证法与存在论的关系问题。通过考察哲学史，我们发现，辩证法自古以来就与存在论有着内在关联。辩

---

① [德]海德格尔：《存在与时间》，陈嘉映、王庆节译，生活·读书·新知三联书店2006年版，第3—4页。
② [德]海德格尔：《海德格尔与有限性思想》，孙周兴等译，华夏出版社2007年版，第40页。

证法始终自觉或不自觉地以寻求和澄明存在的意义作为自身的根本任务，也在与存在论纷繁复杂的纠缠关系中逐渐获得了自身否定本性的合法领地。

辩证法作为苏格拉底的"真理助产术"，在其诞生之初就意味着通过对话、矛盾和否定来实现对存在的意义本身的寻求和论证。我们耳熟能详的苏格拉底与青年的众多对话主要是为了达到对于问题本身的追问，苏格拉底关于正义、善、美等问题的诘问，无非是希望在与青年的对话盘问过程中揭示对方观点的矛盾之处，使其逐步摆脱关于存在的想象式定义而引导其面向存在本身。苏格拉底之后，柏拉图更是把辩证法的思辨形式由主观辩驳的方法转变为客观理念的存在样态，以此来解决其理念世界与现实世界的差异与矛盾。柏拉图的这一工作是在《巴门尼德斯篇》中完成的。

正如伽达默尔所说："我们首先在《巴门尼德斯篇》中所发现的得到阐明的柏拉图的基本信念是，根本不存在单个理念的真理，因而一个孤立的理念始终意味着真理的缺失。诸多理念仅仅存在于相互联系、彼此混合和密切结合之中，正如我们在辩论中或者每当灵魂与自己交谈时在'那里'所遇到的那样。"[①] 因此，在《巴门尼德斯篇》中，柏拉图开始反省前期理念论的独断色彩，认识到理念世界作为现实世界的完美模型应该具有现实世界的生命力，既然现实世界具有众多相互对立的现象存在，那么作为现实世界的"模型"的理念世界也同样应该是具有内在联系的生命整体，而不是诸理念的外在组合和堆砌，否则理念世界与现实世界一致性的解释就会陷入矛盾之中。

于是，柏拉图在《巴门尼德斯篇》中提出了其辩证法思想所要解决的核心问题："相反者"能不能相互结合的问题。围绕着这一核心问题，柏拉图首先设计了苏格拉底与齐诺的对话，这些对话旨在表明前期柏拉图对于相反者结合的解释，即通过"相与象的对立"、"相与象的分离"和"相与象的分有"三个阶段来解释存在与存在者的对立和结合问题。但是，接下来，柏拉图又设计了巴门尼德斯对于苏格拉底以上解释的责难的对话，这些对话表明柏拉图该注重的要旨，这就是对自身

[①] ［德］伽达默尔：《伽达默尔论黑格尔》，光明日报出版社1992年版，第108页。

第三章 资本意义批判及其内在瓦解:马克思辩证法的存在论批判　131

前期的理念论思想的反省和发展。巴门尼德斯责难少年苏格拉底的核心问题是"象"对于"相"的"分有"是部分分有还是全部分有,如果是全部分有,那么象之间的差异就无法解释,如果是部分分有,那么象之间的统一就无法达到。于是,象与相之间的分有说实际上无法解决存在与存在者的对立统一问题,反而证实了二者的对立和区别。因此,柏拉图在《巴门尼德斯篇》的第二部分从五组推论入手,深入探讨了相的存在是否是孤立的,象之间的联系与相的关系到底是什么等问题,最后柏拉图完成了对于理念论的创新,"这种对于'相'的新看法,特点就在于化物为'相'。这一化,'苏格拉底'的'相论'所招来的三个困难就统统克服了。无论是'相'与事物的对立所引起的困难,还是'相'与事物分离所造成的困难,都失去了存在的理由,因为'相'既不与事物对立,也不与事物分离,而是在'相'的联系中事物才有'是'。……现在,一切都归于'相'的联结。问题不再是事物怎样分有'相',而是'相'怎样互相结合"①。可见,后期柏拉图的创造性工作在于,他对于理念论困境的解决是通过辩证法来实现的,或者说他自觉地把辩证法引入到对于理念论的研究之中。理念世界本身就是遵循辩证逻辑的有机联系,因此现象世界才是一种生机盎然的有机整体。理念世界作为存在本身的世界保证了存在者世界的生命力,理念世界的辩证法是实在世界辩证法的逻辑前提,从此,辩证法不再是苏格拉底意义上的对于存在本身的口头论辩术,而是存在本身所遵循的客观逻辑形式,或者说,澄明的存在本身只能通过把握存在固有的辩证形式来实现。正是在这个意义上,黑格尔指出,柏拉图是第一位赋予辩证法以科学形式的哲学家。② 阿多诺也认为,早在柏拉图之时,辩证法就意味着通过否定来达到某种肯定的东西。③ 尽管两位哲学家对于柏拉图辩证法的褒贬不一,黑格尔更多的是肯定柏拉图为辩证法奠定了确定性的存在论根基,辩证法的否定性拥有了客观的载体。阿多诺则是强调柏拉图把辩证法引向了错误的发展方向,辩证法的否定性被其确定性所窒息。但是不可否

---

① [古希腊]柏拉图:《巴门尼德斯篇》,陈康译注,商务印书馆1982年版,第404页。
② [德]黑格尔:《小逻辑》,商务印书馆1980年版,第178页。
③ [德]阿多诺:《否定的辩证法》,重庆出版社1990年版,序言第1页。

认的是，黑格尔和阿多诺所指出的柏拉图的"科学的东西"和"肯定的东西"就是存在论或存在的意义问题。所以，早在辩证法思维方式诞生之初，其基本的操作平台已经确立，这就是它始终以批判的态度寻求和论证存在的意义问题，存在批判是辩证法思维方式的固有理论任务。

接下来的问题是，辩证法为什么一定要寻求和论证存在的意义问题，而不去追问感性经验世界的基本法则？按照教科书哲学的说法，辩证法分为主观辩证法和客观辩证法，前者是关于思维的辩证形式，后者是关于物质实在的辩证规律，因此，辩证法的基本操作平台是实在论的，其可以作为解读实在规律的法则。而且古希腊时期的朴素辩证法家们不是在感性经验的层面上强调展开其辩证法思想吗？既然如此，我们凭什么强调辩证法的固有理论任务是存在论批判呢？回答这一问题，需要按照哲学史的基本发展脉络对辩证法的理论形态作一番历史性的梳理。实际上，在所谓的朴素辩证法时期，辩证法的理论内容的确针对的是感性经验的或存在者的。赫拉克利特关于"人不能两次踏入同一条河流"的论断，著名的芝诺悖论关于"阿基里斯追不上乌龟"和"飞矢不动"的命题等等，都是对感性世界流变性的最早揭示。这时的辩证法理论之所以强调流变而不追求确定，其根本原因在于巴门尼德及爱利亚学派对于本体确定性的强调。爱利亚学派采用的思维形式是理性同一律，即坚持 A 只能等于 A，而不能等于非 A 的思维法则。以这种理性同一性的思维法则去看待感性世界时，所形成的只能是确定的知性规定。而感性世界本身又是流变的，所以它又不断地冲击着前者所形成的确定的知性规定。因此，理性的确定性与感性世界的非确定性既相互一致，又根本对立。如果只强调二者的一致，则知识有确定性，如果强调二者的对立，而知识没有确定性。因此，理性形式与感性内容所形成的知识只能是一种公众的"意见"知识，而没有绝对的真理性。在这个意义上，古希腊朴素辩证法家们所揭示出来的只能是一种非确定性的"意见逻辑"。

作为关于事物在现象界的流变性质的揭示，意见辩证法所欲证明的是意见的非确定性和流变性，所要昭示的是存在者及其呈现出的现象世界的虚假本质。因此，古希腊哲学家们对于辩证法作为"意见的逻辑"的阐释恰恰证明了辩证法不能作为感性世界的思维法则而不是相反。事

第三章 资本意义批判及其内在瓦解：马克思辩证法的存在论批判

实上，感性经验世界的确定性只能依靠直观，而辩证法的矛盾原则由于坚持的是理性思维法则，因此，坚持的只能是理性同一性规则。这种理性的同一性规则在感性的流变领域永远不能提供一种流变的明证性。例如，我们只能说一支箭在飞或不在飞，而不能说一支箭既在飞又不在飞，因为这违反了理性基本的同一性法则。因此，辩证法的矛盾原则和否定本性无法在感性世界的存在者的意义上获得自身的合法性。

既然意见辩证法证明了辩证法思维方式不能以感性经验为对象，那么辩证法能不能以感性经验之外的世界为对象呢，即以超验的存在自身为对象呢？对于这一问题，黑格尔曾作出过明确的论断，黑格尔认为，辩证法在其诞生之初，或者被用来论证感性世界的流变性，或者被用来诠释超验世界的整体联系，而只有到了近代哲学特别是康德哲学，辩证法作为理性的必然形式才被鲜明且系统地论证出来，辩证法作为理性思维的法则才获得了确证，"康德在纯粹理性的二律背反中所作的辩证法的表述，如果加以仔细考察，像在本书后面广泛出现的那样，那么，这种表述诚然不值得大加赞美；但是他所奠定并加以论证的一个一般看法，就是假象的客观性和矛盾的必然性，而矛盾是属于思维规定的本性；诚然，那只是在这些规定应用于自在之物时，康德才有以上的看法；但是，这些规定在理性中是什么，以及它们在观照到自在的东西之时是什么，那才恰恰是它们的本性"[①]。因此，我们首先来考察一下，康德对于这一问题的回答。康德认为，辩证法不仅不能以现象界作为基本的理论载体，而且只能在现象界之外才能获得可能的运作空间，因为现象界作为感性和知性的对象，必然会获得确定性的确证，而只能超验世界的对象是理性的合法领地，而理性又有一种天然倾向，就是把对于现象界的知性把握强加到超验对象上，于是辩证法的非确定形式才会出现。

形而上学的观点认为，作为超验对象的"存在"是理性形式从感性经验中抽象出来的"剩余"。作为一切存在者背后的理论载体，存在能够同时具有理性思维的同一性法则和感性经验的流变性特征。进而，作为超验对象的存在就能够包容"意见逻辑"中的理性形式与感性经验

---

① [德]黑格尔：《逻辑学》上卷，杨一之译，商务印书馆1996年版，第39页。

的冲突。在这个意义上，存在不同于存在者也就能够容纳辩证法的矛盾原则，并成为其获得确定性的理论基础，进而成为一切存在者的内在根据和尺度。康德哲学的贡献在于，他提出了辩证法与存在论的这种关联不是二者后天结合的结果，而是理性的先天倾向，理性的先天认知形式当去把握超验的形上对象就会暴露自身的辩证形式，陷入非确定性的似是而非之中。在这个意义上，康德揭示出辩证法与存在论先天的理论关系，即辩证法的存在论批判的固有性质。为了详细说明这一性质，康德把理性思维划分为规定感性经验以获得确定知识的知性，和寻求知识统一原理的理性。辩证法就是前者僭越自己的存在者的合法领地，总要到存在者的背后去追求存在的意义本身，结果形成了"先验幻象"。所谓"先验幻象"，就是当理性把寻求知识统一性原理的主观愿望用于对存在本身的规定时，把这种主观的"想象"当作了如同在知性形式下规定存在者一样所获得的客观"现实"，从而由于把"想象"当作了"现实"而形成了没有确定性的似是而非的背反性知识。

康德对辩证法"先验幻象"的强调，揭示出辩证思维产生的认识论原理，即人们寻求超验本体的天然倾向必然要求对其进行知性化的论证，从而既证明了辩证法的运作平台只能在超验的存在论领域，又证明了辩证法的否定性只能在寻求和论证存在论时才会展现出来。或者说，辩证法的否定性不是一般经验事物的自我否定性，而是超验存在的自我否定性，辩证法的否定性是存在论批判意义上的否定性。但是，康德的先验幻象把存在论的平台只当作辩证法的消极领地，认为知性本不应该僭越到超验领域去寻求存在自身的确定性知识。因此，辩证逻辑的二律背反和自相矛盾也本不应该发生。在这个意义上，康德揭示出了存在论作为辩证法否定性展现平台的必然性，前所未有地指出了辩证法与存在论批判的固有关系。但是，康德辩证法仅仅是存在论批判所必然引起的消极结果，辩证法在成为解构存在论利器的同时却没有成为建构存在论的资源，而事实上，本书所强调的辩证法的存在论批判中的"批判"指涉的不仅是对于存在论的否定和消解，而且或者说更为重要的是指对于存在论的建构和审查。只有在这个意义上，存在论批判才是辩证法固有的操作平台和出场方式。

真正自觉地把存在论批判当作辩证法操作平台和出场方式的是黑格

第三章 资本意义批判及其内在瓦解：马克思辩证法的存在论批判

尔。黑格尔高度赞扬了康德把辩证法看作是理性去认知超验存在的必然结果的观点，而且高度称赞是康德第一次揭示了辩证法作为理性的必然行动，提出是康德彻底排除了辩证法在一般人看来的随意性，赋予了辩证法确定性的理论形态，并为辩证法寻找到了自身的运作平台——存在论。"康德曾经把辩证法提得比较高——而且这方面是他的功绩中最伟大的方面之一——因为按照普遍的想法，辩证法是有随意性的，他从辩证法那里把这种随意性的假象拿掉了，并把辩证法表述为理性的必然行动。……康德在纯粹理性的二律背反中所作的辩证法的表述，……就是假象的客观性和矛盾的必然性，而矛盾是属于思维规定的本性的，……这个结果，从它的肯定方面来把握，不是别的，正是这些思维规定的内在否定性、自身运动的灵魂、一切自然与精神的生动性的根本。"① 但是，黑格尔不同意康德所理解的辩证法与存在论批判的消极关系，不同意康德把对于存在论基本问题的探讨看作是辩证法本不应加以触及的消极领地，而提出既然辩证法是理性的必然形式，那么辩证法就理应能够认识理性的形上对象，否则康德岂不是陷入了自相矛盾之中，"但是，假如只是停留在辩证法的抽象—否定的方面，那么，结果便只是大家所熟知的东西，即：理性不能认识无限的东西——一个奇怪的结果，既然无限的东西就是理性的东西，那就等于说理性不能认识理性的东西了"②。黑格尔之所以会对康德辩证法思想产生的这一疑问，这与黑格尔和康德对于理性认识与存在论问题二者关系的理解存在差别有重要关系。正是通过对理性认识与存在论问题二者关系给予崭新的理解，黑格尔才实现了对康德先验逻辑的存在论批判，也实现了对康德辩证逻辑的积极变革。最终，存在论成为辩证法的积极领地，辩证法的存在论批判与辩证法的存在论旨趣实现了"合流"。

黑格尔认为，康德的之所以把存在论只看作是辩证法的消极领地，原因有二：其一，康德辩证法是在认识论意义上理解理性的，即以知性的形式所表现出的理性，或者说，康德哲学视阈中理性主要是理论理性，理论理性的首要表现形式就是知性。知性思维的本性决定了它要求

---

① ［德］黑格尔：《逻辑学》上卷，商务印书馆1976年版，第38—39页。
② 同上书，第39页。

概念规定的明晰性，无法容忍似是而非的辩证规定，必然坚持的是一种非此即彼的认知方式，只能以非此即彼的方式规定物自体或存在本身，也必然在非此即彼的意义上理解辩证法的否定性。因此，辩证法在康德哲学视阈中不可能不被把握为消极的思维方式。其二，康德辩证法也是在认识论意义上理解超验存在的。尽管康德主张其为认识的划界是为信仰留下地盘，保障超验存在的神圣性，并且在实践理性批判中也强调了超验存在作为道德律令颁布者的绝对预设。但不得不承认的是，康德对于超验存在的理解是在一种主体与实体的二元对立中实现的，也就是通过对于主体认知限度的分析，保障实体之于主体的独立地位，进而为主体的道德存在和宗教存在设定神圣基础。因此，康德辩证法视阈中的超验存在在以主体性为基本视阈的近代哲学框架下，只能是主体的消极界限或者外在的绝对命令，而不是内蕴于主体自身且内化为主体存在意义的源泉和实践意志的动力。因此，康德在认识论层面把握到的存在是与主体具有不可调和的对立关系的实体，是作为一切存在者的载体且不可被主体所把握到的"物自身"。认识论视阈中的"物自身"是思维静观的对象，而非实践行动的对象，因此它在存在论层面上没有丝毫的能动性和生命力，而只不过是认识论层面上的一个理论预设。结果，当知性范畴去规定这一对象时，只能得到对于这一"物自体"的孤立规定，超验本体被非此即彼的知性规定"碎片化"，认识论层面上的作为似是而非表现形态的辩证法自然成为存在论层面上的消极逻辑。

可见，造成康德对辩证法否定本性消极理解的根本症结在于：他立足于近代认识论的思维模式，只是从认知意义或知识论意义上去看待理性和存在，结果辩证法被局限为一种认知或知识论意义上的"幻象"。这种的"幻象"存在的必然性在于，认知领域和知识论领域的根本法则是同一律，其无法容忍矛盾律。一种似是而非的辩证逻辑不仅无法保证知识的确定性，而且动摇了知识确定性的根基。只有在这个意义上，当代科学哲学家卡尔·波普以科学研究的试错性（可证伪性）来对辩证法思维方式加以批判也许才是有效的。

在波普尔看来，科学哲学研究是对科学观念的反思性批判，进而它提出科学思维区别于其他思维的在于科学总是可试错的（可证伪的），因此科学概念之间的进展可以是断裂性，而辩证法思维所强调的概念之

第三章 资本意义批判及其内在瓦解：马克思辩证法的存在论批判

间的正反合的连贯性往往造成似是而非的模糊形式，这与科学思维的清晰性是格格不入的。"辩证法家根据矛盾的富有成效而主张必须摒弃传统逻辑的这条规律。他们认为辩证法由此即可导致一种新的逻辑——辩证逻辑。我已表明辩证法只是一种历史学说——关于思想的历史发展的学说，现在却成了一种迥然不同的学说：它同时既是一种逻辑理论，又是一种关于世界的一般理论。这些主张都是很惊人，但毫无根据的。它们的根据只是一些模棱两可、含糊不清的说法而已。"[①] 可见，波普尔认为，辩证法的思维方式是与科学的试错理论（证伪理论）相违背的，因为试错理论（证伪理论）只注重对于一种观念的自相矛盾性质的"反驳"，从而引发对另一种观念的"猜想"，从"反驳"到"猜想"是一种证伪的否定，但是二者不构成必然的逻辑过渡，而是对于科学探索多样性和可能性的维护，而辩证法却在否定中看出了肯定的东西，看到了一种逻辑的发展。但是波普尔认为，辩证法看到的发展实际上是对科学试错法的限制，把观念猜想的可能性和多样性强制纳入到"合题"的结论中去，而这种纳入在科学及其方法论的视阈内显然是违法的："我们前面对试错法的描述还只涉及一个观念以及对此观念的批判，或者用辩证法家的术语说，只涉及正题与其反题之间的斗争；我们最初并没有提到进一步的发展，我们没有暗示一个正题同一个反题之间的斗争会导致一个合题。毋宁说，我们提出一个观念同对它的批判之间的斗争、也即一个正题与其反题之间的斗争会导致正题（也许是反题）的排除。如果它不能令人满意的话。而且，只有在足够多的现成理论可供试验的情况下，理论的竞争才会导致新理论的采纳。"[②] 显然，按照波普尔的思路，辩证法思维违背科学思维的试错理论，辩证法是伪科学或者说是反科学的。但事实上，波普尔所强调的科学坚持形式逻辑的矛盾律，只有在知性思维的意义上才能真正达到，因为只有知性思维既超越了经验的杂多性，达到客观性，又坚持范畴之间的绝对对立，从而满足了试错理论（证伪理论）的科学标准。黑格尔就认为，知性只是辩证

---

① ［英］卡尔·波普尔：《猜想与反驳》，傅季重等译，上海译文出版社2001年版，第451—452页。

② 同上书，第449页。

法思维方式的一个阶段，而不是辩证法的思维方式本身，或者说，辩证法之所以必将超越知性阶段就在于知性昭示的是思维的有限性，"辩证法构成科学进展的灵魂。只有通过辩证法原则，科学内容才达到内在联系和必然性，并且只有在辩证法里，一般才包含有真实的超出有限，而不只是外在的超出有限"①。

与波普尔对于科学的形式逻辑解读不同，黑格尔对于辩证法与知性关系的理解表明，辩证法思维方式对于科学的理解实际上充满了人文主义精神，或者说，辩证法思维与知性思维对于科学的理解本身就存在重大的理论差异。这种差异首先体现在，辩证法是在理性层面而非知性层面理解科学，因此，辩证法的科学观不只是对于事物的知性范畴意义上的描述和规定，而且其对于事物具有审美层面的体验和生命意义上的关怀。为此，国内有学者通过对西方科学哲学家瓦托夫斯基思想的介绍，从西方科学哲学的发展理路入手，深入阐发了西方科学哲学的人文主义的发展倾向，可以说这项较早前就完成的引介和评述工作对于我们当代探讨科学的哲学理解以及科学认识和科学方法的自我反思和重新建构等问题具有重要意义。在该文中，作者指出："瓦托夫斯基的科学哲学观的核心观点是：把科学哲学视为对科学的人文主义理解。这一科学哲学观代表了当代西方哲学的科学主义思潮与人文主义思潮合流的趋向，它具有较强的历史感和丰富的辩证法思想。""批判的辩证法是哲学的生命线。这是瓦托夫斯基对哲学的根本性理解，也是他用以分析哲学和科学及其相互关系的方法论。辩证地考察和理解科学活动与其他人类活动。请如科学思想与常识观念、自然科学与人文科学、科学与价值等重大问题，从而把辩证法思想溶注到对科学的哲学理解之中，是瓦托夫斯基科学哲学观的特色之一。"② 如果说瓦托夫斯基所批判的逻辑实证主义的"实证"原则、波普尔的"试错"原则、库恩的范式"不可比性原则"等科学哲学思潮是对启蒙以来的知性科学的确证，那么早在瓦托夫斯基之前，德国古典哲学就已经从另一个路向上对于根源于近代启蒙运动的科学精神进行了更为彻底的反思。这个路向就是发端于卢梭并被

---

① [德]黑格尔：《小逻辑》，贺麟译，商务印书馆1980年版，第176—177页。
② 参见孙正聿《对科学的人文主义理解》，载《中国社会科学》1990年第4期。

之后德国浪漫派所改造的科学的理性主义理解，黑格尔哲学就是这一路向发展的顶峰。实际上，黑格尔始终是在人文理性而非抽象知性的意义上理解科学的。作为理性逻辑的辩证法与作为知性逻辑的形式逻辑二者对于科学的理解存在根本性的差别。形式逻辑的科学注重的是形式的纯粹性和完备性，而辩证逻辑的科学则注重的是形式与内容的整体性联系。因此，波普尔以形式逻辑的科学定义来质疑辩证法的科学性显然有张冠李戴的嫌疑。黑格尔认为，科学是一种普遍必然性的概念体系，它恰恰是以超越非此即彼的知性思维方式为前提。知性思维通过否定对象的杂多性，达到抽象的客观性，坚持范畴的外在对立原则，无法实现范畴的"内在超越"，也就无法在理性意义上实现范畴的有机统一，即实现真正客观的普遍必然性。所以，科学主义用知性思维的科学标准批判理性思维的科学标准，进而批判辩证法的非科学性、非确定性这显然是不合理的。

波普尔对于辩证法思维方式的当代质疑从反面印证辩证法的存在论性质。我们强调，黑格尔所理解的辩证法与波普尔所理解的辩证法实际上不在一个层面，所谓不在一个层面，就是指黑格尔对于辩证法是存在论层面的自觉，而波普尔对于辩证法则是认识论层面的责难。与认识论层面上的认知性理解不同，黑格尔改造了被逻辑实证主义普遍批判的作为"幻象逻辑"的辩证法，而为辩证法奠定了积极性的存在论根基，辩证法的否定性和存在论批判在哲学史上第一次获得了积极性的意义。正如本书第一章所言，黑格尔对于辩证法思维方式的伟大功绩在于，他不满足于认知和知识层面对辩证法有限性的考察，而要挖掘辩证法内蕴的生命原则，并以这种生命原则完成了辩证法与存在论的合流。黑格尔立足于生命原则的存在论基础，让僵死的知性范畴流动了起来，使之形成一个有机的意义整体，即让"逻辑的枯骨"充满"血肉"。这样，作为理性的规定性的辩证法就能够达到对存在意义的把握，消极的否定性就能够转变为积极的否定性。

生命原则的实质是一种有机体的原则，基于这种有机体的原则，黑格尔首先改造了传统哲学对于本体论的"本体"概念的理解。在黑格尔看来，本体总是不安于自身的存在，而始终要去寻求自身存在的意义。本体不是实体性存在的拼凑之和，不是抽象性的实体，也不是人的认识能力之外的超验存在。本体应该是具有生命力的存在，其根本特征在于它的存在不是现实性而是生成性，因为真实的本体总是在对自身的否定过程中和在于其中介的联系过程中把自身的存在建构起来，在这个意义上，本体的"存在"不是名词性的意义而是动词性的意义。因此，本体的意义需要借助两个中介形式把自身建构起来。其一是主体性，本体的意义不是主体外在反思性的赐予，而是本体通过主体这一具有反思性能力的存在的自我澄明，进而达到自身存在意义的概念化。其二是实体性，本体的意义不是与实体无关的绝对抽象，而是本体以实体的存在样态把自身表象为具体的实存，借此实存把存在的意义现实化。因此，本体的存在是主体性与实体性的统一，是概念与现实的统一。

概念与现实的统一就是本体的自觉形态即理念，理念是实体性存在在主体性存在中的反思和自觉，是主体性对于实体性所内蕴的本体存在意义的反思和自觉，因此，理念的实质是一种意义的整体性。理念从来不是经验之外的超验存在，而就在每个特殊的实体之中，通过特殊实体把自身外化为现象的存在，并在这种外化中扬弃外化和觉解自身。而具有以上能动特性的绝对实体就是主体。因此，黑格尔继承费希特的绝对的自我，把自我实体化和绝对化，从而把能动的实体就看作是绝对的自我，而这种实体与自我统一的本体就是具有生命力的理念，即生命理念。

黑格尔对于本体论的本体观念的以上革新于辩证法理论具有重大意义。在黑格尔之前，辩证法虽然以寻求和批判本体作为自身的理论使命，但是，由于传统哲学的本体观念受到独断论和认识论哲学的局限，其不仅无法真正成就辩证法作为存在论批判逻辑的本性，反倒使得辩证法不断陷入非确定性的困境之中，这种困境在康德对于纯粹理性的考察之后达到了前所未有的地步，辩证法的存在论批判使命声名狼藉。但是，黑格尔对于本体观念的革新彻底扭转了这一理论局面。因为以生命理念的本体观念为载体，辩证法就是生命理念这种存在论形式自我否定、自我完成的内在逻辑，辩证法的存在论批判就是对于存在论自我生成和建构的逻辑进程的批判性考察。因此，我们强调黑格尔实现了辩证法与存在论的统一，就是要强调辩证法作为思想的内涵逻辑，也是现实事物存在的逻辑和意义根基；就是要强调存在论成为辩证法的积极载体，辩证法成为存在意义自我实现的内在动力。辩证法获得了积极的领地也获得了存在论意义，这就是著名的黑格尔辩证法是"本体论、认识论与逻辑学的统一"的论断。[①] 但是必须注意的是，黑格尔对存在意义的认识不是近代认识论主客关系的认知，而是一种存在论自我证成、自我澄明的"觉解"。黑格尔的存在论也不是近代认识论意义上的抽象的超验实体，而是一种实体与主体统一的"生命理念"。因此，二者与之统一的"逻辑学"，也不是近代认识论的无内容的形式逻辑，而是以"生命理念"为内容的对人的生命意义加以"觉解"的内涵逻辑。正是在这个意义上，黑格尔的辩证法以"最抽象"的形式表达的却是人类"最现实"的生存状况："个人现在受抽象统治，而他们以前是互相依赖的。但是，抽象或观念，无非是那些统治个人的物质关系的理论表现。"[②] 进而，以黑格尔所完成的辩证法的存在论意义为出发点，马克思既批判了黑格尔所揭示的抽象理性统治，也批判了这一抽象理性统治的现实形态——资本。

二 资本逻辑的存在论基础与黑格尔辩证法的局限性

既然辩证法与存在论有着内在的纠缠关系，存在论始终是辩证法矛盾原则和否定性的合法领地，存在论批判是辩证法思维方式的理论本质。那么，马克思辩证法如何获取自身的存在论领地？马克思辩证法的批判性的载体和平台是什么？马克思辩证法的存在论批判的理论本质是什么？回答这些问题必须以澄清马克思辩证法的存在论基础为前提。马克思辩证法的存在论基础是实践存在论，实践存在论是通过批判改造黑格尔辩证法的精神存在论获得的，考察马克思辩证法的存在论批判的理论本质需要通过与黑格尔辩证法出场方式的比较来实现。黑格尔辩证法的逻辑存在论对实体存在论的批判对马克思辩证法有着重大理论影响。黑格尔通过揭示人的精神活动的异化形式克服实体本体论的僵死性，马

---

① 参见邓晓芒《思辨的张力》，湖南教育出版社1992年版，第528页。
② 《马克思恩格斯全集》第30卷，人民出版社1995年版，第114页。

克思则通过揭示人的实践活动的异化形式不仅克服了实体存在论，而且克服了黑格尔逻辑存在论，在资本存在论批判这一平台上为辩证法思维方式提供了新的出场方式。

（一）实体本体论：资本逻辑的存在论基础

马克思对资本逻辑的分析是从商品概念开始的。商品构成资本逻辑诸理论形态的逻辑起点。在《资本论》的开篇处马克思就指出："资本主义生产方式占统治地位的社会的财富，表现为'庞大的商品堆积'，单个的商品表现为这种财富的元素形式。因此，我们的研究就从分析商品开始。"[①] 接着，马克思在对商品内在属性的分析过程中，洞察到了资本逻辑的存在论基础。商品包含着使用价值和交换价值，使用价值凝结的是人的具体劳动，交换价值凝结的则是人的抽象劳动。因此，商品的使用价值和交换价值背后隐藏的是人的劳动形式。作为交换价值的商品把本来具体的人的劳动抽象化为可以等价交换的抽象劳动。因而商品对人及其劳动的物质化和抽象化构成资本逻辑起点。资本逻辑的实质就是通过商品的交换价值，把人的具体劳动实体化、抽象化，从而谋取具体劳动的剩余价值，实现自身的增殖。"商品形式的奥秘不过在于：商品形式在人们面前把人们本身劳动的社会性质反映成劳动产品本身的物的性质，反映成这些物的天然的社会属性，从而把生产者同总劳动的社会关系反映成存在于生产者之外的物与物之间的社会关系。"[②] 可见，资本逻辑实现自身统治的基础是商品的同一性原则，即用抽象的物取代具体的人的原则。商品实现这种"取代"必须以用看物的目光来看人为前提，也就是必须以人的物化为前提。因此，资本逻辑的实质是一种物化逻辑。

马克思在《资本论》中揭示了资本逻辑的实质，这就是"物与物的关系掩盖下的人与人的关系"。商品并不是什么神秘之物，它就是人的生产活动的产物，但是资本的物化逻辑却使得人的产物变成与人相疏离的、神秘的东西。这种人与物关系颠倒的背后还隐藏着人与自己创造

[①] 《马克思恩格斯选集》第 2 卷，人民出版社 1995 年版，第 114 页。
[②] 同上书，第 138 页。

第三章 资本意义批判及其内在瓦解：马克思辩证法的存在论批判

的产品、人与自己的劳动行为、人与人的类存在本质和人与他人关系的颠倒。① 问题是，为什么资本逻辑非要坚持物的逻辑而不坚持人的逻辑？为什么资本非要迷信物的关系而不尊重人的关系？对这些问题的追问可以帮助我们透视资本的存在论基础。纵观整个西方哲学史，我们发现，哲学始终与考察存在的意义作为自身的理论旨趣，但是不同哲学家的考察方式有所不同。海德格尔认为，在古希腊哲学时期，对存在意义的考察是以一种"在场"的形式进行。"古代对存在者之存在的解释是以最广义的'世界'或'自然'为准的，而且事实上是从'时间'取得对存在的领会的。关于这一点的外部证据就是：存在的意义被规定为'在场'。存在者的存在被把握为'在场'，这就是说存在者是就一定的时间样式即'现在'而得到领会的。"② 可见，所谓"在场"，就是把存在和存在的载体——现实事物都看作是现成存在的事物，进而存在论就是以时间的"现在"、"现时"作为坐标来对事物背后的本质、实体和理念的考察。因而从这种现成性的角度出发，这种存在论也必然会认为只有本质、实体和理念才是真理，而事物所表现出来的现象、属性和质料性由于无法永恒"在场"，因而当然不是真理本身，而只是通向真理的意见或幻象。海德格尔把这种对于存在意义的考察的存在论称为"在场形而上学"，"海德格尔从其现象学的视角出发，把人的意识中显现出来的、现成存在着的东西或'外观'理解为'在场'，并把以在场及在场形式作为自己研究对象的哲学理论视为在场形而上学"③。可见，在场形而上学的最大特点在于，它始终把存在的意义作为一种"事实"加以把握。也就是说，它始终坚信存在的意义在某处实体性存在，而我们的任务就是利用理性智慧对之加以把握，进而存在的意义问题也被实体化、知性化。我们把这种对存在的意义的实体化理解称为"在场形而上学"或"实体本体论"。

通过考察实体本体论的基本特征，我们发现，资本逻辑的存在论基础正好与实体本体论相符合。这当然不是理论的巧合，而是实体本体论

---

① 马克思在《1844 年经济学哲学手稿》中对于异化劳动的揭示和批判，就包括对这些颠倒形式的深层揭示。
② ［德］海德格尔：《存在与时间》，生活·读书·新知三联书店 2006 版，第 29—30 页。
③ 俞吾金：《形而上学发展史上的三次翻转》，载《中国社会科学》2009 年第 6 期。

在近代遭到反思与重构的必然结果。资本逻辑的存在论基础一方面传承了古代哲学的实体本体论传统,一方面也得到了实体本体论近代形式的支撑。自笛卡尔把理性主体作为哲学的最高原则以来,近代哲学把古代哲学所忽略的主体理性看作存在论思考的轴心,把对人的理性认识能力的考察看作是哲学存在论的前提,这就是近代哲学提出的"没有认识论前提反思的本体论无效"的命题。近代哲学对存在论思考的这一转变最终导致了存在论走向了知性化的道路。存在的意义问题在知性逻辑面前变成无效的"幻象",知性规定出于人自身的有限性,存在的意义作为形上对象的无限性,二者的硬性结合,必然导致存在意义的有限化理解和庸俗化理解,形而上学在近代陷入了危机。"曾经有一个时候,形而上学被称为一切科学的女王,并且,如果把愿望当作实际的话,那么她由于其对象的突出的重要性,倒是值得这一称号。今天,时代的时髦风气导致了她明显地遭到完全的鄙视,这位受到驱赶和遗弃的老妇像赫卡柏一样抱怨:'不久前我还是万人之上,以我众多的女婿和孩子而当上女王——到如今我失去了祖国,孤苦伶仃被流放他乡'。"① 康德这里所说的形而上学危机表现为两种思潮,即怀疑主义和独断论。独断论坚持实体本体论的思维方式,把存在的意义看作是现成存在的实体,理性可以采用各种范畴对其加以规定和把握;怀疑论也从这种思维方式出发,认为独断论的把握只是主观的随意联想,形而上学的对象不具有普遍必然性。康德充分认识到了近代形而上学危机的实质,他把知性范畴把握形上对象所导致的矛盾性看作是人类理性的误用,形而上学的理论化成为人类理性的消极界限,在这个意义上,康德似乎终结了实体本体论,但是康德的实体性存在又在其实践理性中得到了复活,成为人类道德律令的拱顶和支柱。"自由的概念……构成了纯粹理性的、甚至思辨理性的体系的整个大厦的拱顶石,而一切其他的、作为一些单纯理念在思辨理性中始终没有支撑的概念(上帝和不朽的概念),现在就与这个概念相联结,同它一起并通过它而得到了持存及客观实在性。"② 在这个意义上,我们认为康德仍然没有突破实体本体论的思维方式。

---

① [德]康德:《纯粹理性批判》,人民出版社2004年版,第一版序第1—2页。
② [德]康德:《实践理性批判》,人民出版社2003年版,第2页。

第三章　资本意义批判及其内在瓦解：马克思辩证法的存在论批判　　145

区别于近代认识论或意识哲学的哲学家们，黑格尔对实体本体论的传统形而上学进行独特的改造和革新。和康德一样，黑格尔也不满意知性形而上学对形上对象的有限化理解，"旧形而上学的主要兴趣，即在于研究刚才所提到的那些谓词是否应用来加给它们的对象。但这些谓词都是有限制的知性概念，只能表示一种限制，而不能表达真理"。"理性的对象却不是这些有限的谓词所能规定的，然而企图用有限的名言去规定理性的对象，就是旧形而上学的缺陷。"① 但是，在如何走出这种形而上学，如何澄明存在的意义问题上，黑格尔采取了与康德不同的策略。黑格尔认为，知性形而上学的最大弊端在于主客二元对立的认识论前提，康德尽管认识到了这一弊端，但仍然没有走出这一弊端，结果得出认识论视阈非法的形上对象只能在道德实践中获得理论的合法性。因此，黑格尔认为，康德的策略其实是选择逃避了问题，而不是解决了问题，"康德诚然曾经认理性为理解无条件的事物的能力。但如果理性单纯被归结为抽象的同一性，则理性不啻放弃其无条件性，事实上，除了只是空疏的理智以外，没有别的了"②。真正解决问题的思路应该是回答理性到底如何能够认识到无限的形上对象？理论形态的形而上学到底如何可能？或者说，理性到底是否能够实现对存在意义问题的把握？

为了克服康德策略的局限性，黑格尔把解决问题的根据立足于存在论。这就是，我们对于存在的意义的知性把握不仅是我们主观思维的规定，而且也是事物存在自身的规定，二者实质上是一个规定。因此，认识论哲学所谓存在意义的幻象与矛盾，就不是思维滥用的消极结果，而是由于事物自身就是充满矛盾和自否定因素的积极形式。在这个意义上，事物存在的意义就不是思维或理性抽象规定的结果，而是存在本身借助于思维或理性达到自我规定或自我显现。总之，黑格尔对传统形而上学的革新包括三重维度，这就是从意识哲学到逻辑哲学，从知性逻辑到理性逻辑和从实体理性到生命理性。③ 因此，黑格尔的这一改造终结了对存在意义的实体性把握，而把存在意义变成客观逻辑的自身澄明。

---

① ［德］黑格尔：《小逻辑》，人民出版社1980年版，第98页。
② 同上书，第142页。
③ 参见王天成《黑格尔形而上学维度的革新》，载《吉林大学社会科学学报》2007年第4期。

但是，如果我们把视野扩大到整个传统形而上学的历史上，那么黑格尔的客观逻辑并不是什么新奇的发明，它实际上就是传承柏拉图理念论的传统，这就是把逻辑和理念看作是事物的真实存在，而把现实事物看作是理念的模仿和应用，"既然把任何一种事物都归结为逻辑范畴，任何一个运动、任何一种生产行为都归结为方法，那么由此自然得出一个结论，产品和生产、事物和运动的任何总和都可以归结为应用的形而上学"①。只不过黑格尔把这种理念的逻辑先在性不仅看作是事物的内在规定性，而且也看作是思维的内在规定性，而这两种规定性只有在绝对理念中才能达到真正的统一。但在这个意义上，绝对理念这个幕后决策者也决定了黑格尔的逻辑存在论仍然具有一种实体化的倾向，因为"这种方法抽去了每一个主体的一切有生命的或无生命的所谓偶性，人或物，我们就有理由说，在最后的抽象中，作为实体的将是一些逻辑范畴"。"如果我们把逻辑范畴看作一切事物的实体，那么我们也就可以设想把运动的逻辑公式看作是一种绝对方法，它不仅说明每一个事物，而且本身就包含每个事物的运动。"② 在这个意义上，黑格尔的辩证法显然就是一种逻辑化了的实体存在论，因此他对实体存在论也只能局限为一种革新而非彻底的批判和终结。

在马克思看来，不仅唯心主义而且旧唯物主义也是从物的视角来看待一切事物。在《关于费尔巴哈的提纲》的第一段中，马克思明确指出，以往的哲学或者把"现实、事物、感性"当作直观的实体对象，忽视了人的主观能动性；或者把人的主观能动性夸大为脱离了现实的绝对，变成了"无人身的理性的自我运动"。实体化和抽象化地看待一切事物包括人自身，成为一切形而上学思维方式的理论实质。而实体化和抽象化的人也就是被剥夺了感性丰富性的物化的抽象的人。因此，在马克思看来，传统形而上学的实体存在论包括黑格尔的逻辑存在论，都是用物和实体的目光来看人，都把人当作现成的存在者加以理论化和齐一化。既然资本的存在论基础是商品的齐一性原则，也是用物的关系掩盖并且取代了真正的人的关系。而要实现这种"掩盖"和"取代"必须

---

① 《马克思恩格斯选集》第1卷，人民出版社1995年版，第140页。
② 同上书，第139页。

以用物的目光来看人为前提,也就是必须以人的物化为前提。而这实体存在论的物化思维方式正好符合资本的实质和本性,自然成为资本的存在论基础。

虽然黑格尔的逻辑存在论没有真正走出实体存在论的视野,但必须承认的是,由黑格尔所完成的逻辑存在论以最抽象的形式概括了人类最现实性的生存状况,也就是以最抽象的形式解决了人类正在受抽象理性统治这一最现实的状况。黑格尔对于抽象理性统治的批判和超越具有深刻的思想史渊源。众所周知,自文艺复兴以来,启蒙运动的蓬勃兴起使得理性主义逐渐成为时代的思想主题,"大胆使用你的理性"、"知识就是力量"、"我思故我在"这些思想口号就是这一主题的典型表达。随着理性主义的高扬,理性自身的局限性也逐渐暴露出来,因为理性主义所谓的"祛魅"事实上是无法真正实现的,形而上学之"魅"作为人类理性无法触及的理论"剩余"是人类道德、伦理和宗教等精神生活的神圣根基,其无法被理性所彻底"祛除",因此,才有卢梭以及德国浪漫派如谢林、荷尔德林和施莱格尔等人对于理性"伤风败俗"的批判以及对于古希腊城邦生活的"思乡之情"。在这个意义上,应该说黑格尔对于抽象理性的批判既是卢梭社会思想的哲学表达,也是德国浪漫派思想的哲学继承。但是,正如前文所指出的,黑格尔哲学的理论特质是西方2000多年来一直贯穿着的实体形而上学传统,即柏拉图主义的"在场"存在论或实体存在论的传统,尽管黑格尔对于存在论进行了辩证的革新,但是传统哲学对于理想的理念世界的追求,对于现实生活世界的漠视则作为一种思想烙印深深印刻于黑格尔的哲学之中。海德格尔就认为:"纵观整个哲学史,柏拉图的思想以有所变化的形态始终起着决定性的作用。形而上学就是柏拉图主义。"① 因此,尽管马克思强调,黑格尔以最抽象的方式表达了资本主义社会中人的最现实的生活状况。但是,这种哲学的根本缺陷仍然在于坚守着柏拉图主义的形而上学传统,只不过是一种革新了的形而上学传统。正是这一传统决定了,黑格尔的逻辑存在论只能为资本逻辑提供"合法"的辩护基础,而不能跳出资本逻辑对于人类真实存在的异化和抽离。因为资本逻辑的哲学基础

---

① [德]海德格尔:《面向思的事情》,商务印书馆2005年版,第70页。

是与人的现实感性存在相疏离的实体存在论，因此，资本逻辑所实现的资本增殖实际上不是人的价值增值，而是物的价值的增值和人的价值的贬值。资本逻辑的哲学基础决定了，资本虽然能够不断以经济危机的形式否定自身从而实现新的增殖，但这种否定却永远跳不出自己的存在论"地基"，永远不能瓦解自身，而反倒在自我否定中加强自己的统治力量。实体存在论的思维方式决定了，"资本瓦解"的逻辑也就永远不能转变为"瓦解资本"的逻辑，① 资本自身的增殖运动中不可能良心发现看到自身的缺陷与不足，物的世界本来作为人的世界的创造产物逐渐脱离人的控制，现在变成一头疯狂的巨兽，在人的异化存在方式面前资本逻辑"巨兽"的病变不过是一种虚假的否定和瓦解。

对于实体存在论的思维方式，美国著名哲学家蒯因曾提出：本体论问题就是关于"何物存在"的问题。对本体论问题的探讨可以分为："何物实际存在"的问题和"我们说何物存在"的问题，即"本体论的事实"问题和"本体论的许诺"问题。② 传统形而上学的实体本体论实际上就是把"本体论的许诺"当作了"本体论的事实"。"本体论的事实问题"所追问的永远是现实事物的"存在如何可能"，即存在的根据，并把对这一问题的回答看作是具有绝对正确性的"事实"。实际上，这种理解是以神的目光取代人的目光，因为真正能够回答"存在如何可能"的只能是神，只有神能够跳到现实事物之外，能纯粹地"静观"到现实事物的根据。因此，坚持实体存在论的哲学家实质是以神的地位自居，妄图用神的目光去直观本体，从而达到对本体的"事实性"把握。但他们忽略了，哲学家的目光只能是人的目光，人始终是"在世"的"此在"，本体对于人只能是有限的"许诺"，而不能是绝对的"规定"。人的目光的有限性决定人无法"言说"存在论的"事实"，这是康德哲学之后存在论研究的一个基本前提。人相对于神的这种"无

---

① 对于辩证法作为"瓦解的逻辑"的论断最初可见于阿多诺《否定的辩证法》一书。白刚博士在其博士论文《瓦解资本的逻辑——马克思辩证法的批判本质》中也明确把马克思辩证法定位为对资本逻辑的内在瓦解。这里在二者基础上进一步追问辩证法作为"瓦解的逻辑"的合法性，进一步回答辩证法的本体论革命何以保证辩证法的理论形态走向"瓦解的逻辑"，以及马克思辩证法的本体论革命如何保证其作为"瓦解的逻辑"和"瓦解资本的逻辑"。

② 参见［美］蒯因《从逻辑的观点看》，上海译文出版社1987年版，中译本序第4页。

能"并不是人的消极本性，相反，恰恰是人的这种"无能"决定了人的真实本性。

在人的目光看来，存在论所体现的正是人所固有的有限性。因此，对本体的向往是人否定自身的有限性和现实性，对无限性和可能性的固有指向。在这个意义上，人本来就是一种可能性高于现实性的存在者，"此在总作为它的可能性来存在。它不仅只是把它的可能性作为现成的属性来'具有'它的可能性。因为此在本质上总是它的可能性"①。而"资本的逻辑"作为"物质至上"的逻辑其背后所秉持的正是这种把人实体化、实在化的思维方式。传统形而上学的实体存在论从人的实体性和现实性角度来看人，把人的现实性凌驾于人的可能性之上，把物的关系凌驾于人的关系之上，颠倒了人的现实性与可能性的真实关系，也必然遮蔽了存在论作为人对自身可能性的寻求和守护的真实意义。因此，黑格尔辩证法在改造传统形而上学实体存在论的同时也在哲学层面"觉解"到资本逻辑的本质局限性，这就是资本逻辑的实体存在论基础自身就蕴藏着瓦解资本逻辑的动力，从实体存在论到辩证存在论，黑格尔首先为马克思辩证法冲出资本逻辑的牢笼，实现彻底的资本逻辑批判提供了哲学先导。

（二）黑格尔辩证法对于资本逻辑的觉解及其局限性

传统实体形而上学的思想在构成资本的存在论基础的同时，也深深影响了辩证法的批判力度。黑格尔哲学对于传统形而上学改造的理论效应在于，形而上学与辩证法共同完成了自身的理论革新，形而上学的实现平台由从纯粹的理论理性过渡到理论理性与实践理性的统一，形而上学的实践理性转向实际上是形而上学在实践领域的实现和完成。辩证法的操作平台也由理论理性的"幻象"过渡到理论理性与实践理性相统一的"科学"，辩证法的实践理性转向是辩证法在实践层面的实现和完成。结果，与形而上学相合流的辩证法不仅没有重新陷入诡辩和虚幻，反倒以更高的存在论层次对于现实具有更为真实的解释力和批判力。因为实体存在论在辩证存在论面前暴露了自身僵化的理论本性，资本逻辑

---

① ［德］海德格尔：《存在与时间》，生活·读书·新知三联书店2006年版，第50页。

所秉持的抽象理性和抽象存在与人自身的辩证存在方式相背离，黑格尔辩证法对于抽象理性和抽象存在的批判对于资本逻辑的实质具有觉解功能。①

传统形而上学的实体存在论虽然为资本逻辑的物化原则提供了理论支撑，但由于其缺乏辩证因素而无法说明资本逻辑何以能够否定自身、增殖自身。真正把资本存在论基础的同一性与否定性统一起来的是黑格尔的概念辩证法。黑格尔的概念辩证法完成了对实体存在论的改造，实现了实体存在论与辩证法的"合流"，这就是黑格尔的逻辑存在论。"黑格尔与形而上学'合流'的辩证法，正是理论地表征了人们的社会存在——由'资本'的逻辑所构成的人们的社会存在。这表明，统治人们社会生活的抽象存在——资本——才是黑格尔的辩证法与形而上学'合流'的'秘密'。"② 但是，逻辑存在论扬弃实体存在论只能以思辨的形式来实现，进而逻辑存在论不仅没有瓦解资本的逻辑，反而为资本的逻辑提供了新的存在论基础。黑格尔辩证法只能局限为对资本逻辑的"觉解"，而无法真正从内部颠覆资本逻辑的抽象基础。

黑格尔辩证法在现实面前暴露了自己的理论局限性。这个"现实"是资本主义社会的经济活动规律，是国民经济学家视野中的资本及其控制下的人的劳动，是以抽象理性为主导的人类多重抽象的存在方式。马克思在《哲学的贫困》中明确指出："如果说一个英国人把人变成帽子，那么，有一个德国人就把帽子变成了观念。这个英国人就是李嘉图，一位银行巨子，杰出的经济学家；这个德国人就是黑格尔，柏林大学的一位专任哲学教授。"③ 马克思的这一论断形象地揭示了黑格尔与国民经济学的合谋关系，清晰地揭示了黑格尔哲学在资本主义社会现实面前的保守本性。"把帽子变成了观念"，就是把人的现实的劳动变成

---

① 这里强调的"觉解"一词深受王天成先生的《生命意义的觉解与辩证法的任务》一文启发。笔者认为，王天成先生在该文中强调的辩证法的"觉解"功能对于重新理解黑格尔与马克思辩证法的关系问题具有重要意义。辩证法的"觉解"功能既体现了黑格尔革新辩证思维的理论功绩，也为马克思超越辩证法事后"觉解"的局限性，发展辩证法的"瓦解"功能留下了巨大的理论生长空间。

② 孙正聿：《辩证法：黑格尔、马克思与后形而上学》，载《中国社会科学》2008 年第 3 期。

③ 《马克思恩格斯选集》第 1 卷，人民出版社 1995 年版，第 136 页。

第三章　资本意义批判及其内在瓦解：马克思辩证法的存在论批判　　151

了抽象的自我意识，变成了逻辑化的理念。这种现实抽象化的背后是对现实矛盾的抽象化和遮蔽。辩证法作为一种内在超越和自我否定的批判性理论，在现实面前被黑格尔引向了非批判的神圣思辨，其辩证法的保守本性暴露无遗。

　　我们一般认为，黑格尔辩证法最典型的表现形式是其在《逻辑学》和《小逻辑》中所进行的概念运演，这诚然不错。但是，这种理解也往往容易忽视黑格尔辩证法的社会经济背景，即忽视了黑格尔辩证法的抽象观念背后所承载的时代内容。正如我们前文所提出的，黑格尔辩证法虽然革新的是传统形而上学，理论形态完全是古典的，但是它却有着丰富的现代性批判意义。而这种现代性批判意义就表现在它对在资本主义社会经济活动中生活的人的矛盾性生存状况的关切，就体现在他对所处时代问题的高度理论化、系统化的"觉解"和表征。因此，在这个意义上，要真正理解黑格尔的辩证法思想，就必须深入反思黑格尔辩证法与对时代问题另一种阐释，即国民经济学之间的关系。

　　马克思指出："黑格尔站在现代国民经济学家的立场上。他把劳动看作人的本质，看作人的自我确证的本质；他只看到劳动的积极的方面，没有看到它的消极的方面。劳动是人在外化范围之内的或者作为外化的人的自为的生成。黑格尔唯一知道并承认的劳动是抽象的精神的劳动。"① 可见，黑格尔辩证法的保守性主要体现在：它始终站在国民经济学的立场上来看待当时资本主义经济社会下的矛盾关系。在《法哲学原理》中，黑格尔明显对当时的国民经济学有着高度理论认同感，"政治经济学就是从上述需要和劳动的观点出发、然后按照群众关系和群众运动的质和量的规定性以及它们的复杂性来阐明这些关系和运动的一门科学"②。"这门科学使思想感到荣幸，因为它替一大堆的偶然性找到了规律。在这里，一切的联系怎样地起着反作用，各特殊领域怎样地分类并影响别的领域，以及别的领域又怎样促进或阻挠它，这些都是有趣的奇观。"③ 显然，在黑格尔看来，政治经济学找到了隐藏在经济生活中

---

① 《马克思恩格斯全集》第 3 卷，人民出版社 2002 年版，第 320 页。
② ［德］黑格尔：《法哲学原理》，商务印书馆 1961 年版，第 204 页。
③ 同上书，第 205 页。

的矛盾规律，进而显现了"思想"，并且使"思想感到荣幸"。这种"思想"显然就是黑格尔非常注重的矛盾发展原则或辩证法思想。因此，黑格尔在赞叹国民经济学的"天才发现"的同时，也自然暴露了自己与其理论立场的一致性。

那么，国民经济学的理论立场到底是什么呢？正如李嘉图"把人变成了帽子"，国民经济学家的立场是从一种物的立场和视角出发去看人，"国民经济学把无产者即无资本又无地租，全靠劳动而且靠片面的、抽象的劳动为生的人，仅仅当作工人来考察。……国民经济学不考察不劳动时的工人，不把工人作为人来考察"①。"国民经济学把工人只当作劳动的动物，当作仅仅有最必要的肉体需要的牲畜。"② "工人降低为商品，而且降低为最贱的商品。"③ 可见，在马克思看来，在把现实的人物化的层面上，黑格尔完全与国民经济学家具有高度的一致性，只不过国民经济学家是把物化了的人当作商品，而黑格尔是把物化了的人当作抽象的观念和自我意识。但是，不管是商品还是抽象的观念和自我意识，二者都没有正视人的现实存在方式，即对象性的实践活动——劳动。

将劳动商品化的国民经济学只注重商品的交换价值，而不注重商品的使用价值，进而本来生产商品使用价值的具体劳动被取代为只用来生产交换价值的抽象劳动，"国民经济学由于不考察工人（劳动）同产品的直接关系而掩盖劳动本质的异化"④。这种被"掩盖"了的"抽象劳动"的抽象性在于，"劳动对工人来说是外在的东西，……这种劳动不是满足一种需要，而只是满足劳动以外的那些需要的一种手段。……工人的活动也不是他的自主活动。他的活动属于别人，这种活动是他自身的丧失"⑤。同样，黑格尔把本来发生在现实世界中的劳动以及劳动的异化抽象为精神劳动和自我意识的异化，但精神劳动和自我意识如果离开了人的现实生产实践活动，不过是一些抽象的无人身的理性，"他只

---

① 《马克思恩格斯全集》第3卷，人民出版社2002年版，第232页。
② 同上书，第233页。
③ 同上书，第266页。
④ 同上书，第269页。
⑤ 同上书，第270—271页。

第三章 资本意义批判及其内在瓦解:马克思辩证法的存在论批判

看到劳动的积极的方面,没有看到它的消极的方面。劳动是人在外化范围之内的或者作为外化的人的自为的生成,黑格尔惟一知道并承认的劳动是抽象的精神的劳动"①。因此,国民经济学家和黑格尔仅不能真正揭示资本主义社会的内在矛盾,反而遮蔽了这一矛盾得以显现的现实基础,这就是人的本源性实践活动作为认识人的真实本质的基础性地位。

人的本源性实践活动是什么?在马克思看来,这种实践活动就是人生产自己的物质生活资料的现实劳动,"一当人开始生产自己的生活资料,即迈出由他们的肉体组织所决定的这一步的时候,人本身就开始把自己和动物区别开来。人们生产自己的生活资料,同时间接地生产着自己的物质生活本身"②。可见,劳动对于人的本源性在于,人就是在这种生产实践活动中把自身与动物区别开来,进而确证自己的独特本质。"动物和自己的生命活动是直接同一的。动物不把自己同自己的生命活动区别开来。它就是自己的生命活动。人则使自己的生命活动本身变成自己意志的和自己意识的对象。他具有有意识的生命活动。……通过实践创造对象世界,改造无机界,人证明自己是有意识的类存在物,就是说这样一种存在物,它把类看作自己的本质,或者说把自身看作类存在物。"③ 因此,在马克思看来,人的现实劳动作为人的对象性活动方式,就不仅仅是一种外在于人的生存手段,而就是人的存在自身。或者说,我们只有从人的这种本源性的对象性活动出发,才能真正把人当作人,才能真正尊重人自身。在这个意义上,生产实践活动对于人的自由与解放无疑具有基础性和前提性的作用,它是马克思哲学思想的出发点,也是马克思批判的和革命的辩证法的理论基础,更是马克思揭示和改造黑格尔辩证法保守本性的理论依据。

从以上论述中我们发现,马克思对人的本源性实践活动的理解具有存在论意义。马克思总是以实践为根据和前提去理解人的本质及其存在方式,总是立足于人的实践活动去回答"人的存在何以可能"这一根

---

① 《马克思恩格斯全集》第 3 卷,人民出版社 2002 年版,第 320 页。
② 《马克思恩格斯选集》第 1 卷,人民出版社 1995 年版,第 67 页。
③ 《马克思恩格斯全集》第 3 卷,人民出版社 2002 年版,第 273 页。

本性问题。在这个意义上,马克思的实践概念无疑具有存在论意义。但是,"马克思对'人'的追问,并不是抽象地或一般地追问'人的存在何以可能',而是具体地、特别地追问'人的解放何以可能',因此我们又不能简单地把马克思的存在论归结为'实践本体论'"①。因为马克思的存在论已不是传统哲学回答"存在何以可能"的实体存在论或事实存在论,而是存在论承诺,即对人的"自由与解放何以可能"的先行承诺。从这一承诺出发,去重新透视和批判现实中人的非自由状态和一切阻碍人的自由与解放的羁绊。在这个意义上,人的本源性实践活动渗透的是马克思哲学崇高的解放旨趣,是马克思对传统哲学和资本主义社会现实的彻底批判。立足于这种"解放旨趣"和"彻底批判",立足于对传统实体存在论的根本变革,马克思才成功改造了黑格尔辩证法否定形式的保守本性,实现辩证法从"觉解"资本的逻辑到"瓦解"资本的逻辑的根本转变。

总之,资本主义社会控制下的经济环境和人的生活状态是黑格尔辩证法诞生的时代背景。资本的实体存在论基础与黑格尔辩证法的逻辑存在论具有内在的"合谋"关系。资本以实体存在论为基础,实现了对人的物化规定。资本进而把自身的否定运动建立在这种"稳定"的同一性平台上。"资本的逻辑"就是资本"觉解"自身"物"的规律的逻辑,因而永远不能"瓦解"自身。黑格尔把僵死的实体改造为能动的概念和逻辑,但仍然无法触及概念与逻辑背后的人的真实存在方式。资本在现实性维度上是真实的人的存在方式的物化形态,国民经济学以一种非人的物化视角和立场去看待真实的人,从而把人的劳动变成能够从事生产的商品,使人的类本质背离人自身。而黑格尔辩证法在把人加以物化的意义上与国民经济学也存在着一种"合谋"关系,人的商品化和人的概念化实质都是人的实体化和物化。试问,一种非人的理论如何能够尊重人?一种非人的立场如何能够瓦解非人的逻辑?一种非人的辩证法如何能够肩负现实的人的自由与解放的历史使命?因此,黑格尔辩证法在实体存在论与国民经济学的双重影响下,必然暴露出自身的理论局限性。辩证法理论自身的批判本性实际上也被窒息,实体存在论和国

---

① 孙正聿:《解放何以可能——马克思的哲学革命》,载《学术月刊》2002年第9期。

民经济学成为辩证法在逻辑时代发挥自身否定本性的葬身之地。辩证法的批判本性和解放意义陷入了绝境,拯救辩证法、拯救辩证法的否定力量成为马克思辩证法的重大理论任务。

三 马克思辩证法对于资本逻辑的存在论批判

资本逻辑所立足的实体存在论是以资本这一独特的物质形式来诠释人类世界的一切价值,是以物的现实性的原则来遮蔽和否定人的可能性的原则。德国当代哲学家卡西尔曾提出:"我们绝不可能用探测物理事物的本性的方法来发现人的本性。物理事物可以根据它们的客观属性来描述,但是人却只能根据他的意识来描述和定义。这个事实提出了一个全新的问题,这个问题是不可能靠我们通常的研究方式来解决的。……因为只有在我们与人类的直接交往中,我们才能洞察人的特性。要理解人,我们就必须在实际上面对人,必须面对面地与人来往。因此,苏格拉底哲学的与众不同之处不在于一种新的客观内容,而恰恰在于一种新的思想活动和功能。哲学,在此以前一直被看成是一种理智的独白,现在则转变为一种对话。只有靠着对话式的亦即辩证的思想活动,我们才能达到对人类本性的认识。"[①] 可见,在卡西尔看来,早在苏格拉底哲学时期,哲学视阈下的人性研究就要求以辩证法的思维方式来探究人的存在方式,就开始以对话而非独白的方式揭示出,人区别于物的最根本的特征不在于人是理性存在或感性存在,即不在于人的存在的实体性,而在于人自身存在的可能性和社会性。或者说,人之于物而言,人的独特价值和存在意义在于人是不断在否定自身的现实性的过程中创造自身存在的可能性,也就是人的可能性存在是逻辑先在于人的实体性存在的。接着,卡西尔进一步明确指出:"真理不像一种经验的对象,它必须被理解为使一种社会活动的产物。在这里,我们获得了对于'人是什么?'这一问题的新的、间接的答案。人被宣称为应当是不断探究他自身的存在物——一个在他生存的每时每刻都必须审问和审视他的生存状况的存在物。人类生活的真正价值,恰恰就存在于这种审视中,存在于

[①] [德] 卡西尔:《人论》,甘阳译,上海译文出版社1985年版,第8页。

这种对人类生活的批判态度中。"① 按照卡西尔对于人的功能性、活动性和社会性的定义，资本逻辑作为一种人造的物的逻辑实质上正是违反人的真实存在的非人逻辑。马克思对于资本逻辑的存在批判正是抓住资本逻辑的这一根本的理论硬伤，从人自身存在的可能性和创造性出发，把现实世界理解为一个在人的实践性和历史性活动中不断生成的世界，进而从根本上转变了实体存在论对于存在的提问方式和诠释模式，也从根本上瓦解了资本逻辑的立论基础。

马克思在《资本论》中所诠释的存在论是一种"解放何以可能"的新型的社会存在论，提问方式和诠释模式与传统存在论有着实质性的差别。如果说在著名的"哲学家们只是用不同的方式解释世界，问题在于改变世界"的论断中，我们看到的还只是马克思对于传统哲学提问方式的颠覆和全新的世界观理念的创立，只是一种新世界观概述性判断和谋划，那么在《资本论》的手稿即《1857—1958年经济学手稿》中，我们看到，马克思通过资本主义经济问题的分析来展开他的社会存在论，因为在马克思看来，经济范畴背后隐藏的是人的社会性存在，或者说，经济问题是由社会问题引起的，只有把人看作是社会性的存在，关于的人的经济存在才获得了解释的存在论基础。马克思指出："把经济范畴按它们在历史上起决定作用的先后次序来排列是不行的，错误的。它们的次序是由它们在现代资产阶级社会中的相互关系决定的，这种关系同表现出来的它们的自然次序或者符合历史发展的次序恰好相反。问题不在于各种经济关系在不同社会形式的相继更替的序列中在历史上占有什么地位。更不在于它们在'观念上'的顺序。而在于它们在现代资产阶级社会内部的结构。"② 可见，经济存在的基础是社会存在，决定《资本论》经济关系批判的基础性动力来自其背后的社会存在论批判。马克思对于社会存在论的强调让我们看到，"改变世界何以可能"和"解放何以可能"的思想抱负体现的是马克思对于传统哲学存在的理论逻辑的根本颠覆，体现的是马克思对于社会存在论所遵循的实践逻辑的充分高扬。因此，虽然同样追求对于现实世界的可能性理解，但是

---

① [德] 卡西尔：《人论》，甘阳译，上海译文出版社 1985 年版，第 8 页。
② 《马克思恩格斯全集》第 30 卷，人民出版社 1995 年版，第 49 页。

第三章 资本意义批判及其内在瓦解:马克思辩证法的存在论批判

马克思追求的"可能性"旨在批判和瓦解"现实性",进而达到新的"可能性",而传统哲学包括黑格尔哲学对于可能性的追求在旨在记录和诠释"现实性",旨在让不光彩和神圣的"现实性"在哲学"可能性"的构建和设想中变得光彩和神圣,而这实际上就是由柏拉图所奠定的一切传统形而上学共同的理论旨趣。

面对现实世界的"不纯粹"和"不光彩",马克思没有选择形而上的思辨,而是选择了挖掘"不光彩"的社会历史根源,特别是经济根源,因为本来应该让人富有尊严且让世界"光彩"的劳动在经济活动中丧生了自身的审美向度,劳动在资本主义经济制度和社会结构中变成了可以买卖的物,其感性的对象性和可能性被遮蔽成毫无生气的冷冰冰的理性实存。因此,在早期的一系列著作特别是《1844年经济学—哲学手稿》中,马克思着重阐发了资本主义生产方式所造成的人的物化和异化存在状态,着重阐发了其独具匠心的存在论思想。对于马克思的这一早期思想,国内外学术界一直存在较大的争议,形成两种截然相反的派别。法兰克福学派的鼻祖式人物卢卡奇虽然没有直接评价马克思的《1844年经济学—哲学手稿》及其异化劳动思想,但是其通过对《资本论》的商品拜物教的批判式分析一直被看作是马克思异化劳动思想的当代表达,而且之后成为整个法兰克福学派社会批判理论的思想源泉。在西方马克思主义的理论家们看来,马克思早期对于异化劳动理论的论述始终是其最富有哲学味道和批判力量的文本,始终是后期马克思著作的思想源泉。马尔库塞认为:"马克思在1844年写的《1844年经济学—哲学手稿》的发表必将成为马克思主义研究史上的一个划时代的事件。这些手稿使关于历史唯物主义的由来、本来含义以及整个'科学社会主义'理论的讨论置于新的基础之上。这些手稿也使人们能用一种更加富有成效的方法提出关于马克思和黑格尔之间的实际关系这个问题。"[①]弗洛姆认为:"假如别人有正当的理由主张,包含在《1844经济学—哲学手稿》中的'青年马克思'的思想已被老年的成熟的马克思作为跟黑格尔的学说相联系的唯心主义的过去的残余而被抛弃了的话……如果

---

① 复旦大学哲学系现代西方哲学研究室编译:《西方学者论〈1844年经济学—哲学手稿〉》,复旦大学出版社1983年版,第93页。

他们能够证明这种主张是有根据的话，那么人们可能还是宁愿要青年马克思，而不愿要老年马克思，……事实上，在《1844年经济学—哲学手稿》中马克思所表达的关于人的基本的思想和在《资本论》中所表达的老年马克思的思想之间并没有发生根本的转变；马克思没有像上面所提到的那些人所断言的那样抛弃了他的早期观点。"①

与上述积极性的评价不同，作为结构主义的马克思主义的代表人物，阿尔都塞坚持了另外一种观点。阿尔都塞认为，马克思早期的思想仍然没有摆脱费尔巴哈的影响，仍然停留在一种人道主义的意识形态之中，是缺乏现实所指和批判力量的抽象思辨。"马克思在其青年时期的大部分著作中对黑格尔的批判，至少就其最后的理论前提而言，是十分不够的，甚至是不确切的，因为这种批判的出发点是马克思后来所抛弃掉的费尔巴哈的观点。"② 但是，这种观点忽视了马克思早期的文本所透露的存在论思想实际上是马克思一生秉持的基本存在论理念，没有这种理念的支撑，马克思不可能在后期的《德意志意识形态》以及《资本论》等著作中完成所谓的"认识论转向"，也不可能与当时的国民经济学家和其他政治经济学家相区别开来，进而跳出资本逻辑高度理性化甚至"合理化"的思想模式。而且，《资本论》就其实质而言，就是马克思早期存在论思想的具体展开形式，《资本论》中的经济范畴在马克思存在论思想的穿透下，其实质是存在论的范畴，只有从存在论的视角出发，我们才能真正在阿尔都塞所强调的"症候阅读"的意义上阅读马克思，也才能真正把握到《资本论》经济学批判背后的哲学批判的"总问题"。

我们一般认为，马克思的《资本论》是一部关于政治经济学批判的著作，而忽略其深刻的哲学内涵，即使有些国外学者试图从哲学的角度对"资本论"加以解读，也往往把《资本论》解读为一部具有科学意义或者认识论层面的哲学著作，而有意避免和否定对《资本论》做一种哲学的存在论的解读。例如，阿尔都塞在《读资本论》中对于《资

---

① 复旦大学哲学系现代西方哲学研究室编译：《西方学者论〈1844年经济学—哲学手稿〉》，复旦大学出版社1983年版，第78页。
② [法]阿尔都塞：《保卫马克思》，顾良译，商务印书馆2006年版，第32页。

本论》的哲学解读就是这样。因为在阿尔都塞看来,哲学存在论解读只会把马克思拉回到哲学的意识形态的"迷雾"之中,而无法触及后期马克思关于阶级理论、解放理论、政党理论等科学的"真理",正是在这个意义上,阿尔都塞针对西方马克思主义特别是黑格尔主义的马克思主义对于马克思的哲学解读,提出了"保卫马克思"的口号。但是,以卢卡奇、柯尔施为代表的黑格尔主义者同样认为自己在保卫马克思,要求把马克思从经济决定论的第二国际手中拯救出来,恢复马克思哲学真正的社会批判意义。可见,双方交锋的关键还是在于一个问题,即马克思后期的政治经济学论著是否具有哲学存在论的意义?而这又集中体现在马克思的两个文本上,一个是《1844年经济学—哲学手稿》,另一个就是《资本论》。黑格尔主义的马克思主义抓住前者,阿尔都塞则抓住后者。这里我们无意去充当这场思想官司的裁决法官,而是紧扣我们的主要论题,这就是马克思的辩证法思想来回答引起二者论争的这个核心问题,这就是承认以辩证法作为研究方法的马克思是否在其经济学范畴背后隐藏着哲学存在论的批判旨趣?回答这一问题,我们将主要以分析马克思最"经济"的著作——《资本论》为把手,提出真正保卫马克思,既不能把马克思哲学"拔高"为缺乏现实操作的审美批判和文化批判的意识形态,也不能把马克思哲学"降格"为只追求人类经济利益的功利主义宏大叙事和经济决定论的造反运动。我们认为,保卫马克思就是要保卫马克思哲学在其存在论批判层次上的独特意蕴,即保卫马克思哲学的存在论批判与存在论建构在"反形而上学时代的形上追求"的重大理论意义。

对于《资本论》的政治经济学研究在我国经济学界特别是政治经济学界较为普遍,哲学界则倾向于透过马克思的经济学话语体系透视其哲学批判的内涵,在国外,阿尔都塞的《读〈资本论〉》是对于《资本论》的哲学研究的最为重要的著作。在国内,张一兵先生的《回到马克思——经济学语境中的哲学话语》尽管没有把着力点主要放在《资本论》上,但是其对于马克思思想史特别是涉及经济学著作的哲学考察,对于我们从哲学视角透视《资本论》同样具有重要意义。以上两者的研究或者强调哲学认识论的解读,或者倾向于思想史的解读,两者都未对《资本论》进行存在论的梳理和解读。与上述对于《资本论》的政治经济学解读、哲学认识论解读和哲学思想史解读不同，我们认为，对于《资本论》最为原初的哲学解读方式应为存在论解读，只有存在论视阈能够揭开经济学范畴背后所隐藏着的哲学秘密，只有存在论视阈能够破解经济学逻辑背后所昭示的存在论逻辑。存在论使得经济学范畴不再是"无人身的理性的自我运动"，而是立足在人的现实存在之上的"物与物的关系掩盖下的人与人的关系"。在强调《资本论》不仅是马克思关于"资本"的"资本论"，更是马克思关于"存在"的"存在论"方面。孙正聿先生在《"现实的历史":〈资本论〉的存在论》一文中提出："《资本论》通过对商品、货币、资本、剩余价值等经济范畴和资本运动逻辑的考察与分析，深刻地揭示了'物与物的关系'掩盖下的'人与人的关系'，从而实现了'对现实地描述'与破解'存在的秘密'的统一。它为'缩短和减轻'社会发展过程中的'阵痛'和实现人类解放指明了现实道路，也为反思现代性提供了深层的存在论解释。"①

以对于《资本论》的哲学存在论解读作为理论前提，我们强调对于《资本论》中所蕴藏的资本存在论的探讨主要基于以下两个方面的原因：其一，通过对《资本论》的存在论考察，我们可以透视马克思的经济学批判与马克思同时代的亚当·斯密、大卫·李嘉图、萨伊等国民经济学家的实质性差别。在对于这种实质性差别的考察中，可以凸显出马克思辩证法之于资本逻辑批判的重大意义，这就是我们众所周知的一个论断：马克思对资本逻辑的批判"不是无批判的实证主义，而是批判的辩证法"。正是因为《资本论》所立足的是"可能性"高于"实体性"的新型存在论基础决定了马克思的辩证法是立足现实又高于现实的批判性逻辑，决定了马克思的方法论不是保守的实在性分析和描述，而是能看到资本主义合理性外表下所隐藏着的不合理的东西，能突破资本主义生产方式的现实性而看到被其所遮蔽的可能性的一面。因为辩证法思维方式的实质就是一种"可能性"高于"实体性"的逻辑，就是能够穿透实证分析揭露的剥削表象，看到支配这种表象背后的操作力量和

---

① 参见孙正聿《"现实的历史":〈资本论〉的存在论》，载《中国社会科学》2010年第2期。

第三章 资本意义批判及其内在瓦解:马克思辩证法的存在论批判

权力结构。正是在这个意义上,我们强调《资本论》的存在论可以为我们明晰马克思辩证法的方法论特质提供理论支撑。

其二,通过对于《资本论》的存在论考察,我们可以透视出马克思辩证法的存在论批判与黑格尔辩证法的存在论批判的实质性差别。之所以注重这种差别化的考察,其根本原因在于,黑格尔辩证法和马克思辩证法是近代哲学向现代哲学转向的标志性理论成果,二者都是对于自启蒙以来的主体性独白哲学的反叛,都是对于人类摆脱现代性生存困境的系统表征和积极探索。而且马克思本人在早期直接就是黑格尔哲学的继承者,在后期马克思也多次强调黑格尔哲学的理论贡献以及我们应该给予的理论高度。因此,对于马克思辩证法的存在论阐释我们始终紧扣其与黑格尔辩证法的传承和批判关系,探讨马克思辩证的存在论批判也是如此。可以肯定地说,马克思辩证法与黑格尔辩证法如果能剥离开其形式与内容而言,那么二者的基本形式事实上并没有实质性的差别,即二者都坚持在出离于事物自身的中介过程中完成对事物的重新理解。决定二者实质性差别的是内容,《资本论》正是能够明确表明黑格尔与马克思辩证法内容层面的实质性差别的基本文本。

在《资本论》第二版的跋中,马克思对自己所使用的方法做了研究方法和叙述方法的"声明",如何看待这一"声明"对于我们认识马克思辩证法思想具有重大意义。马克思指出:"当然,在形式上,叙述方法必须与研究方法不同。研究必须充分地占有材料,分析它的各种发展形式,探寻这些形式的内在联系。只有这项工作完成以后,现实的运动才能适当地叙述出来。这点一旦做到,材料的生命一旦在观念上反映出来,呈现在我们面前的就好像是一个先验的结构了。"[①] 从表面上看,马克思对于《资本论》的方法论的"声明"是为了向当时的国民经济学家们澄清自己所运用方法的基本特点,这就是先验抽象的叙述方法背后所隐藏的实际研究方法的经验基础。按照马克思这种表面的陈述方式,我们极容易得出的基本结论是马克思的研究方法与叙述方法是截然不同的两种方法,《资本论》拥有两套方法论:一套是以必然逻辑形式所展现出的分析方法,讲究概念之间运演的自洽性;一套是通过经验概

---

① 《马克思恩格斯全集》第44卷,人民出版社2001年版,第21—22页。

括和归纳总结所展现出的综合的方法，讲究材料的丰富性和事实的准确性。如果这种关于《资本论》的方法论概括成立的话，那么我们必然陷入与既有理解的矛盾之中，这就是马克思为什么既强调《资本论》的方法论就是辩证法，又强调《资本论》的两套方法论区别？这是马克思理论陈述的前后矛盾还是另有隐情？通过对于辩证法思维方式的理论特性的揭示，我们发现，马克思继承黑格尔的思辨辩证法，进而继承了辩证法作为分析与综合相统一的思维方式。辩证法的否定性是出离事物自身的具有分析特征的自否定性，同时，自否定性又在与他者的对话和关联中增进事物自身的发展，否定性作为中介是对于他者的综合和对于自身扩容。在这个方面，国内有学者就提出，"如果从逻辑法则方面看，分析与综合的统一又表现的是自身产生差别自身综合扬弃差别的对立统一的法则。按照这个法则，矛盾的东西与同一性、确定性是相容的。思辨逻辑就是想通过扬弃矛盾及其不确定而获得了矛盾的统一，达到更高的确定性"①。因此，在这个意义上，辩证法作为分析方法与综合方法的统一的思维方式，马克思在以辩证法进行《资本论》的研究和写作过程中，其叙述方法（分析的）和研究方法（综合的）实际上是一个方法即辩证法的两种表现形式，或者说，辩证法既是马克思分析式的叙述方法也是马克思综合式的研究方法，辩证法是《资本论》叙述方法和研究方法的统一。因此，《资本论》的叙述方法和研究方法是一个方法，即辩证方法。

马克思对自身方法的"声明"具有双重针对性：其一，针对有些人把《资本论》的研究方法看作是实在论的或科学实证的。马克思明确指出材料的生命必然以一种先验的结构叙述出来，而不是以一种经验的结构叙述出来。因为只有材料不仅是事物的实在关系而且是事物的本质关系，或者说只有当本质与实在内在地结合的时候，材料才能称之为有生命的材料。科学实证的方法所获得的材料只是事物实在性的外在堆积而没有内在的实质联系，因而只能以经验的形式表现出来。相反，辩证法所把握的事物和材料总是事物的存在意义或实质，因而在辩证法视阈

---

① 王天成、曾东：《辩证法的三种形态——意见的逻辑、幻象的逻辑和思辨的逻辑》，载《社会科学战线》2007 年第 4 期。

第三章 资本意义批判及其内在瓦解：马克思辩证法的存在论批判

中，经验杂多的材料之间被先验的意义与理念所穿透而具有内在的有机联系，进而也就必然以一种先验的结构形式展现出来。其二，针对有些人把《资本论》的研究方法与黑格尔的辩证法相等同，马克思明确指出，辩证法作为材料的先验结构，必须以充分地占有材料，分析它们的各种发展形式，探讨这些形式的内在联系为前提。"只有这项工作完成以后"才能达到辩证的方法。因此，马克思所理解的辩证法显然不是脱离"材料"的抽象玄思，而是既基于"材料"又超越"材料"的现实批判。但是，需要注意的是，马克思这里所强调的"材料"基础并不是脱离了人的实践活动和历史活动的自然实在，而是一种实践性和历史性的"材料"，即人在资本主义经济结构和社会结构中所处的真实存在状态。因此，马克思回应对于《资本论》研究方法质疑的实质可以归结为一句话，这就是辩证法作为《资本论》的研究方法不仅是《资本论》中的方法论，而且是《资本论》的存在论。

通过明确回应以上两种对于自身研究方法的误解和责难，马克思在《资本论》第二版的跋中完成了对于自身辩证法思想的双重辩护：一方面，马克思指出，"我的辩证法，从根本上来说，不仅和黑格尔的辩证方法不同，而且和它截然相反"①。另一方面，马克思指出："我公开承认我是这位大思想家的学生，……辩证法在黑格尔手中神秘化了，但这决没有妨碍他第一个全面地有意识地叙述了辩证法的一般运动形式。"②可见，马克思对于辩证法的论述始终伴随着黑格尔辩证法的"幽灵"，《资本论》的辩证法与黑格尔辩证法具有怎样的根本差别？这一看似普通的问题实际上构成真实理解马克思辩证法消解资本逻辑的要害所在。问题的关键转变为，不在于马克思在《资本论》中是否运用了辩证的方法，而在于马克思在《资本论》中如何改造了黑格尔的辩证法？在于马克思的这一改造如何体现在辩证法对于资本逻辑的存在论批判中。

众所周知，《资本论》的研究方法是辩证法。马克思自己在阐述《资本论》的方法问题时，也强调运用了辩证的方法。③但是，在反思

---

① 《马克思恩格斯选集》第 2 卷，人民出版社 1995 年版，第 112 页。
② 同上。
③ 同上书，第 111—112 页。

《资本论》与辩证法的关系时,以下这个不可回避的前提性理论问题浮现出来:如果辩证法仅仅是马克思揭示资本逻辑进展规律的工具和方法,那么,马克思辩证法在揭示资本逻辑自我运动的同时,为什么没有停留在对于传统政治经济学科学化的实证分析,相反,《资本论》被认为是人类对于资本主义的最为深刻的反思性和批判性著作。恩格斯曾对马克思的这一工作做出高度评价:"自从世界上有资本家和工人以来,没有一本书像我们面前这本那样,对于工人具有如此重要的意义。资本和劳动的关系,是我们全部现代社会体系所围绕旋转的轴心,这种关系在这里第一次得到了科学的说明,而这种说明之透彻和精辟,只有一个德国人才能做得到。欧文、圣西门、傅立叶的著作现在和将来都是有价值的,可是只有一个德国人才能攀登最高点,把现代社会关系的全部领域看得明白且一览无遗,就像一个观察者站在最高的山巅观赏下面的山景那样。"[①] 苏东剧变后以德里达为首的西方几位大思想家也普遍认为,由于《资本论》有关资本主义社会经济矛盾和运动规律论述的深度和广度,不管人们对《资本论》抱有何种态度,都必须对《资本论》揭示的这些矛盾和规律作出反应。可以肯定地说,如果没有《资本论》,就没有今天的世界。[②] 而马克思的这一伟大工作的完成必然以其独特的研究方法——辩证法为基石。那么为什么马克思辩证法能够始终保持对资本逻辑采取根本的批判而没有流于外在的描述和分析?基于这一前提性理论问题所引发的更为深层的一系列问题包括:其一,我们是否能够离开资本的存在论基础来谈《资本论》中的方法论?其二,如果辩证法思维方式的批判本性始终是一种存在论批判,那么这种存在论的批判本性如何体现在马克思对资本逻辑的批判中?其三,透过《资本论》中的辩证法问题,我们如何认识马克思所创立的辩证存在论与传统存在论的根本区别?只有对这些问题进行深入的考察,才能真正解开马克思《资本论》的存在论秘密,也才能真正理解马克思《资本论》中的辩证法思想的独特性质。马克思辩证法对资本逻辑的存在论批判问题关乎马克思瓦

---

① 《马克思恩格斯选集》第2卷,人民出版社1995年版,第589页。
② 参见陈学明、马拥军《马克思主义的命运——苏东巨变后西方四大思想家走近马克思的启示》,载《当代国外马克思主义评论》第2辑,复旦大学出版社2001年版,第34页。

第三章 资本意义批判及其内在瓦解：马克思辩证法的存在论批判

解"资本逻辑"的哲学基础，也关乎马克思辩证法批判本性的合法根基。

一般认为，马克思并没有写过专门涉及辩证法方面的著作，甚至没有对于辩证法进行专门论述的文章。但这无疑并不意味着马克思不重视辩证法问题，也并意味着我们探讨马克思辩证法存在论批判没有文本依据。事实上，辩证法一向在马克思看来是关乎自己哲学特质的根本问题。在《1844年经济学哲学手稿》中，马克思批判青年黑格尔派"对于我们如何对待黑格尔的辩证法这一表面上看来是形式的问题，而实际上是本质的问题"完全缺乏认识。① 在马克思与恩格斯的通信中，马克思明确指出要就辩证法问题进行系统的研究："如果，再有时间来做类似的工作的话，我很乐意用两三印张的篇幅，以易为普通人的理智所了解的方式，来阐述黑格尔所发现的、同时被神秘化了的那个方法中的合理的东西……"② 可见，马克思始终非常重视也非常希望澄清自身辩证方法的独特性，遗憾的是，马克思的这一重要计划始终没有得以实现。但是，在马克思的已有的论辩文章和著作中，我们到处都可以看到马克思对于辩证方法的清楚论断，到处都可以发现马克思辩证法的精彩闪光，如《1844年经济学哲学手稿》、《哲学的贫困》、《〈政治经济学批判〉序言》和《德意志意识形态》等著作。在《1844年经济学哲学手稿》中，马克思集中就黑格尔辩证法及其所代表传统形而上学的性质作出批判，提出黑格尔辩证法重大功绩在于把人理解为一个自我生成的过程，但是其局限性是把这个过程看作是一个神圣化的过程，是把人神化的过程。在《哲学的贫困》中，马克思对于政治经济学研究方法的七个说明，既是对蒲鲁东盗用和误用黑格尔辩证法的批判，指出蒲鲁东把黑格尔辩证法的理论高度降格为抽象的公式，却没有把握到辩证法思维方式的生命力所在。也是对自己的辩证法思想的明确阐述，强调了辩证法的生命力在于辩证逻辑的自我运动及其历史性的存在论基础，作为政治经济学批判的辩证法应该立足现实的历史而不是相反。不是原理创造历史，而是历史创造原理，蒲鲁东的辩证法恰好颠倒了这一关系。马克

---

① 《马克思恩格斯全集》第3卷，人民出版社2002年版，第312页。
② 引自［苏］罗森塔尔《马克思〈资本论〉中的辩证法问题》，生活·读书·新知三联书店1957年版，第1页。

思指出:"蒲鲁东先生从黑格尔的辩证法那里只借用了用语。而蒲鲁东先生自己的辩证运动只不过是机械地划分出好、坏两面而已。"① 结果,"一旦把辩证运动的过程归结为这样一个简单过程,即把好的方面和坏的方面加以对比,提出消除坏的方面的问题,并且把一个范畴用作另一个范畴的消毒剂,那么范畴就不再有自发的运动,观念就'不再发生作用',不再有内在的生命。观念既不能再把自己设定为范畴,也不能再把自己分解为范畴。范畴的顺序成了一种脚手架。辩证法不再是绝对理性的运动了。辩证法没有了,至多还剩下最纯粹的道德"②。因此,"蒲鲁东先生的辩证法背弃了黑格尔的辩证法,……他既没有给我们范畴的世俗历史,也没有给我们范畴的神圣历史!"③ 马克思的上述论断具有双重意义:一方面,马克思充分肯定了黑格尔辩证法的理论高度,认为黑格尔把握到了辩证法的生命力在于它是理性的内在超越和历史性进展,而不是僵死范畴的外在组合;另一方面,这些论断更是马克思对于辩证法独特理解的重要体现,这就是马克思不满足于黑格尔对于辩证法范畴的"神圣历史"基础的揭示,而要求揭示辩证法范畴背后的世俗历史或现实基础,揭示蒲鲁东把"经济范畴只不过是生产的社会关系的理论表现,即其抽象"。这一事实加以颠倒,进而没有看到"这些观念、范畴也同它们所表现的关系一样,不是永恒的。它们是历史的、暂时的产物"。因此,基于这两个方面,马克思辩证法对于政治经济学的批判与蒲鲁东的批判具有根本差异,蒲鲁东的方法看似坚持辩证法,实则低于黑格尔辩证法的理论层次,而马克思辩证法既看到了辩证法的生命力在于它是存在论的逻辑,是存在自我运动和生成的有机系统,同时也揭示了黑格尔辩证法颠倒了存在与逻辑的关系,存在被看作是应用逻辑,不仅窒息了存在的生命,同时也架空了逻辑的真实根基。相反,马克思则为辩证法奠定了真实的存在论根基,这就是现实的历史性存在,进而马克思以一种"历史的、暂时的"的视角来解读逻辑,辩证法从一种无限的神圣逻辑转变为有限的现实逻辑,其真实批判本性才能在政

---

① 《马克思恩格斯选集》第 1 卷,人民出版社 1995 年版,第 144 页。
② 同上书,第 145 页。
③ 同上书,第 146 页。

第三章 资本意义批判及其内在瓦解：马克思辩证法的存在论批判

治经济学批判中真正发挥作用。

尽管在《哲学的贫困》中，马克思明确提出了辩证法到底在什么意义上能够切入到政治经济学批判中，但是与这种散论式的评价不同，《资本论》才是马克思利用辩证法思想系统和集中展开政治经济学批判的代表性著作，它更能体现马克思对于辩证法思维方式的深刻理解、运用和创造性的改造。而且，在《资本论》中马克思更为明确地指出了他使用了辩证的研究方法，并且把对于辩证法批判本质的揭示与对于资本逻辑的批判结合在一起。虽然在《资本论》之前，著作中，马克思已经用辩证法对资本逻辑进行过深入的批判，例如《1844年经济学哲学手稿》、《哲学的贫困》、《〈政治经济学批判〉序言》等。但是，真正自觉地运用辩证法批判资本的逻辑则主要体现在《资本论》中，在阅读《资本论》的过程中，尽管我们通篇读到的都是经济学的概念和术语，但是其经济学逻辑背后所隐藏的是马克思的存在论逻辑，是马克思的辩证存在论。可见，马克思对于辩证法的理解具有鲜明的理论个性和明确的理论目的，马克思始终把辩证法的存在论批判与对于社会现实的批判结合在一起，而马克思时代最大的社会现实就是资本逻辑扩张和统治下的人类社会，因此，马克思思考辩证法始终是与思考资本逻辑结合在一起的，我们考察马克思辩证法的存在论批判，必须以考察资本逻辑的存在论基础为前提。对于资本逻辑的存在论基础的哲学批判首先由黑格尔所完成，黑格尔的《逻辑学》是马克思撰写《资本论》的哲学源泉。列宁指出："虽说马克思没有遗留下'逻辑'（大写字母的），但他遗留下《资本论》的逻辑，应当充分地利用这种逻辑来解决这一问题。在《资本论》中，唯物主义的逻辑、辩证法和认识论［不必要三个词：它们是同一个东西］都应用于同一门科学，这种唯物主义从黑格尔那里吸取了全部有价值的东西并发展了这些有价值的东西。"[1] "不钻研和不理解黑格尔的全部逻辑学，就不能完全理解马克思的《资本论》，特别是它的第一章。因此，半个世纪以来，没有一个马克思主义者是理解马克思的！"[2] 可见，《资本论》及其所构成的政治经济学的批

---

[1] ［苏］列宁：《哲学笔记》，人民出版社1993年版，第290页。
[2] 同上书，第151页。

判体系，是透视马克思与黑格尔辩证法传承批判关系的最为重要的文本依据，也是诠释和理解马克思辩证法理论内涵和理论性质的重要把手，更是马克思辩证法通过对资本逻辑的存在论批判所获得的独特出场形式。

通过梳理哲学史上辩证法与存在论的关系，我们发现，辩证法始终与存在论有着千丝万缕的内在关联。不能离开存在论来理解辩证法，辩证法的否定性与批判性一直是在存在论的平台上展开的，辩证法思维方式固有着一种存在论意义，澄明和批判存在的意义问题始终是辩证法的固有任务。辩证法思维方式所固有的对存在意义的寻求就是辩证法否定本性背后的肯定性载体，或者说，有着什么样的存在论理解，不仅直接决定我们如何理解辩证法的否定性，而且决定了我们如何理解辩证法否定性所蕴含的肯定性旨趣。反过来，通过深化对辩证法肯定性旨趣的理解，也必然有利于我们深化对辩证法否定性形式的理解。

马克思与黑格尔哲学思想的时代精神体现主要表现为资本主义生产方式与生活方式对于人类的深层影响，表现为资本主义在政治、经济和文化生活等各个层面在全世界范围内广泛兴起和逐步渗透。如果说黑格尔所处时代资本主义还仅仅在思想层面做好了准备，即启蒙对于主体性的塑造和个体理性崇高地位的创立，这就是马克思所指出的达到了对于"神圣形象的自我异化"的批判，进而把人从神的神圣形象那里解放出来，为其匍匐在"非神圣形象"——资本面前做好了准备。那么，马克思所处的时代则是资本主义在思想层面由准备到完成的阶段。理性的自我意识从伦理阶段过渡到法权阶段，主体间关系从借助温情脉脉的情感维系过渡到借助冷冰冰的利益维系，正是在这个意义上，马克思才强调："资产阶级抹去了一切向来受人尊崇和令人敬畏的职业的神圣光环。它把医生、律师、教士、诗人和学者变成了它出钱招雇的雇佣劳动者。资产阶级撕下了罩在家庭关系上的温情脉脉的面纱，把这种关系变成了纯粹的金钱关系。……一切固定的僵化的关系以及与之相适应的素被尊崇的观念和见解都被消除了，一切新形成的关系等不到固定下来就陈旧了。一切等级的和固定的东西都烟消云散了，一切神圣的东西都被亵渎了。人们终于不得不用冷静的眼光来看他们的生活地位、他们的相互关系。"[①]

---

① 《马克思恩格斯选集》第 1 卷，人民出版社 1995 年版，第 275 页。

于是，黑格尔时期"批判神圣形象的自我异化"过渡到马克思"批判非神圣形象的自我异化"，这里所谓的"非神圣形象"指的就是资本的逻辑。可见，资本的逻辑及其所构成的现实统治是马克思与黑格尔哲学思想最为真实的理论背景。如何理解资本的逻辑，如何能跳出资本的逻辑之外来看待资本，也构成马克思与黑格尔哲学思想最为真实的理论任务。可以说，马克思与黑格尔如何看待资本以及资本逻辑，这一看似特殊性的问题，却蕴含着两位思想家对哲学理解的最一般性的差别，即二者对于哲学存在论理解的根本差别。

结合上文对于资本逻辑的存在论基础的论述，我们对黑格尔辩证法的存在论基础及其否定形式的理论局限性也进行了揭示。我们发现，"资本逻辑"的背后隐藏着一种实体存在论的基础。资本把真实的人与人的关系物化为物与物的关系，这一物化过程所反映的是传统形而上学的实体存在论的局限性。黑格尔深知实体存在论的内在困境，因此借助近代主体性哲学对于理性能动性的高扬，将主体与实体统一为绝对理念，从而实现了对传统形而上学的革新，黑格尔辩证法作为绝对理念的形式与内容的统一实现了实体存在论向逻辑存在论的转变。这一转变表征的是黑格尔对资本逻辑及其存在论基础的内在批判，但是，由于黑格尔的批判缺乏对资本逻辑产生的现实地基，即人的异化劳动的揭示，思辨逻辑又重新变成无人身的理性的范畴形式，变成新的冷冰冰的实体。因此，黑格尔虽然实现了存在论与辩证法的"合流"，并对资本逻辑的存在论基础——实体存在论进行了内在的否定和改造。但传统形而上学实体化思维方式的根本缺陷，以及国民经济学的保守立场共同决定了，黑格尔辩证法对资本逻辑的"瓦解"不过是对其加以思辨的"觉解"。这种所谓的"觉解"就是指辩证法对资本逻辑的批判，只能是虚假的、理论的批判，根本无法真正动摇资本的存在论基础，也无法真正动摇资本逻辑对人的现实统治。在这个意义上，黑格尔的逻辑存在论不仅使辩证法的否定本性遭到窒息，而且使得辩证法不断批判和寻求其存在论意义的本性也被体系的封闭性所禁锢。在这个意义上，黑格尔辩证法的逻辑存在论没有完成对资本逻辑及其实体存在论的根本批判。因此，拯救辩证法的批判本性、拯救辩证法的存在论意义，必须以批判和转变辩证法的存在论基础为前提。为了实现这一前提，马克思把思考的着力点仍然集中在对资本的存在论基础的批判上，但不同于黑格尔的是，马克思对实体存在论的批判不是借助于人类的精神活动，而是借助于人的实践活动。实体不是通过人的意识能动性自觉到自身的能动性和主体性，而是通过人的物质生产活动现实地理解为能动的主体。或者说，马克思颠覆了实体之实体性的澄明方式，康德认为实体之实体性不能以理论理性的认知形式展现出来，黑格尔认为实体之实体性虽然不能在知性的层面被澄明，但是它可以通过理性的辩证形式澄明出来，因为实体之实体性本身就是辩证性的存在，马克思与二者不同之处在于，马克思认为实体之实体性之澄明只能通过人的改造物质世界的感性实践活动，与康德相比，马克思认为实体之实体性能够在实践中加以澄明，与黑格尔相比，马克思认为实体之实体性需要以感性的方式加以澄明。因此，在马克思哲学视阈中，如果德国古典哲学对于实体存在论的革命是近代哲学的基本趋势，那么在把实体存在论改革为怎样的存在论的问题上，马克思给出了与德国古典哲学不同的解决路径，马克思哲学视阈中，实体存在论走向了实践存在论而非精神存在论或逻辑存在论。马克思的这一改造彻底颠覆了实体存在论和黑格尔逻辑存在论及其二者所根深蒂固的实体性思维方式，实现了存在意义的寻求方式从知识论"规定"到生存论"领会"的革命。这一"革命"为辩证法的批判本性提供了新的载体，为辩证法赋予了新的存在论意义，更为辩证法的否定形式设置了新的肯定性旨趣。

　　需要承认的事实是，虽然黑格尔所完成的辩证法与形而上学的"合流"只能"觉解"资本的逻辑，马克思本人对于黑格尔辩证法及其所代表的传统形而上学进行了系统而彻底的批判，但是马克思在《资本论》第1卷第二版的跋中，却公开承认自己是这位大思想家的学生，并且继承和改造了黑格尔的辩证方法。可见，讨论马克思辩证法的存在论批判必须不断回到问题的原点：马克思辩证法与黑格尔辩证法的存在论批判到底有何不同？海德格尔认为，"如果没有黑格尔，马克思是不可能改变世界的"[①]。我们也有理由得出类似的结论：没有黑格尔辩证法

---

　　① [法] F. 费迪耶：《晚期海德格尔的三天讨论班纪要》，载《哲学译丛》2001年第3期。

第三章 资本意义批判及其内在瓦解:马克思辩证法的存在论批判

对实体存在论批判和完成,马克思辩证法不可能洞见到资本的存在论基础,不可能真正实现对资本的逻辑的"瓦解"。马克思认为,黑格尔辩证法的伟大之处在于,"黑格尔把人的自我产生看作一个过程,把对象化看作非对象化,看作外化和这种外化的扬弃;可见,他抓住了劳动的本质,把对象性的人、现实的人而是真正的人理解为他自己的劳动的结果"①。显然,马克思这里强调的是黑格尔辩证法自觉到了辩证法思维方式的独特魅力,这就是辩证法是一种过程性和整体性的思维方式,而这种思维方式与人的存在方式是恰好契合的。这种契合在马克思看来不是理论的巧合,而是表明辩证法就是人类的存在论方式本身,或者说人的存在本身就是一部充满苦难与幸福、矛盾与和谐、斗争与关怀和失落与希望等辩证形式相交织的"生活戏剧",人生本来就是一首带着眼泪微笑的"生命史诗"。而实体性思维方式把人的辩证存在方式固化为僵死的物性存在,结果"戏剧"没有冲突就失去了灵魂、"史诗"没有苦难就丧失了厚重,而没有"灵魂"和"厚重"的人生很难被看作是有价值和意义的人生。正如科尔纽在《马克思的思想起源》一书中所说的:"不幸和努力是结合在一起的,没有这种结合,就没有深刻的生活。基督的形象就是这种结合的象征。这一思想构成了黑格尔体系的基础。他把对立之后就是统一的概念运用于整个精神生活,但认为只有克服了现实发展常常导致的对立,这种对立之后跟着就是统一的过程才能使现实事物合理化。"② 正是在这个意义上,马克思充分肯定了黑格尔辩证法的存在论意义,这就是它首先突破了对人的实体性理解,而把人看作是过程性的自我实现的对象化存在物,看到了人的存在的过程性高于存在的实在性,存在的功能性高于存在的实体性,存在的整体性高于存在的片段性,存在的对象性高于存在的自持性,看到了人的本质就是永远走在实现自身价值之路上的一部《奥德赛》式的史诗。

马克思对于黑格尔辩证法的充分肯定实际上是在肯定黑格尔对于辩证法思维方式上述理论本性的自觉,体现了马克思对于辩证法的"过程性"、"功能性"、"整体性"、"对象性"等理论性质的自觉,而这种自

---

① 《马克思恩格斯全集》第3卷,人民出版社2002年版,第320页。
② [法]科尔纽:《马克思的思想起源》,中国人民大学出版社1987年版,第17页。

觉无疑对于马克思透过辩证法思维方式把人看作是自我生成和自我实现的类存在物具有决定性的影响。正如科西克所言:"马克思和黑格尔都把自己的著作锚泊在流行于他们时代文化背景中的一个共同的隐喻式基调之中。当时的文学、哲学和科学创作的基调都是'奥德赛'式的。"① 但是,马克思也同样认识到,黑格尔对人的过程性等存在本性和类本质理解是在人的理性存在和精神性存在等维度的方面来实现,而忽略了人的感性存在和实践性存在。因此,马克思认为,黑格尔的这种忽略不仅导致其辩证法流于抽象的思辨形式,而且更为重要的是使得辩证法重新陷入了实体形而上学的怪圈,这个实体尽管在辩证法的形式中获得了崭新的外貌,但是其理论实质仍是指向人类存在的终极存在、终极解释和终极价值,而且这个"终极"并不是与人相亲近的由人所创造的存在,而是在"神圣形象的自我异化"被消解之后的对于"非神圣形象的自我异化"的回归。因此,黑格尔辩证法重新又把辩证法思维方式的开放性和流动性的理论品质葬送在理论形态的形而上学坟墓中,"对精神的'奥德赛'来说,生命的真实形式只是意识从普通意识向绝对知识、从日常生活意识向绝对哲学知识前进演化中的一些不可缺少的环节。在绝对知识中,运动完成了,但同时也封闭了"②。

相反,马克思则认为:"通过实践创造对象世界、改造无机界,人证明自己是有意识的类存在物,就是说是这样一种存在物,它把类看作自己的本质,或者说把自己看作类存在物。"③ 可见,正是类的存在决定了人的类意识,而不是人类意识决定人的类存在。"正因为人是类存在物,他才是有意识的存在物,就是说,他自己的生活对他来说是对象。仅仅由于这一点,他的活动才是自由的活动。"④ 资本逻辑及其实体存在论基础则把这种关系颠倒了过来,正如黑格尔所指出的精神异化形式和有限现象不同于精神的本质和绝对精神,资本逻辑掩盖下的人的异化劳动也不同于人的真实的类存在和类生命。异化劳动把人不是首先

---

① [捷克]科西克:《具体的辩证法》,傅小平译,社会科学文献出版社1989年版,第138页。
② 同上书,第139页。
③ 《马克思恩格斯全集》第3卷,人民出版社2002年版,第273页。
④ 同上。

第三章 资本意义批判及其内在瓦解:马克思辩证法的存在论批判 173

看作是自己创造自己类本质的人,而是首先独断地把人看作是可以劳动、具有意识的物,因而人的类存在反而被这种意识看作是可以物化的条件和手段。在这个意义上,黑格尔辩证法对人的精神异化形式以及把人的存在看作是自我实现的类整体,对于马克思批判资本逻辑中人的异化状况具有不可替代的理论意义。但是,马克思指出:"黑格尔站在现代国民经济学家的立场上。他把劳动看作人的本质,看作人的自我确证的本质;他只看到劳动的积极的方面,没有看到它的消极的方面。""黑格尔唯一知道并承认的劳动是抽象的精神的劳动。"① 因此,"正因为这不是一个精神的'奥德赛',所以不能从意识出发。相反,它是实践的具体历史形式的'奥德赛',因此它要从商品开始。商品不仅是平凡的神秘之物,不仅是有两重性的简单物,也不仅是外部客体和可以用感官把握的东西。它首先是一个感性—实践之物,是社会劳动特殊历史形式的创造物和表现"②。黑格尔对精神劳动异化形式的批判不能代替马克思对现实劳动异化形式的批判,黑格尔对资本逻辑的实体存在论基础的逻辑批判也不能代替马克思对资本逻辑实体存在论基础的实践批判。

　　黑格尔辩证法对马克思辩证法的重大影响直接决定了马克思对于资本逻辑的研究没有仅停留于对资本的发生现象加以科学的描述,而是始终保持着对资本逻辑的内在批判。马克思对资本逻辑的概念叙述不是科学实证的经验陈述,而是一种辩证叙述。所谓辩证叙述区别于经验叙述就是指,资本逻辑中的每一个经济学范畴都不只是经济学范畴,而且更重要的是一个哲学范畴或存在论范畴。捷克哲学家卡莱尔·科西克认为:"马克思主义政治经济学显然是一种存在哲学,它只把经济范畴看作某一隐蔽本质的信号或符号,看作人的生存状况的信号或符号。"③可见,经济学范畴始终被马克思对人的自由与解放的形上追求的社会存在论所渗透,马克思在《资本论》中的辩证叙述,始终是一种建基于新的存在论之上的叙述。正是在这个意义上,我们才能理解如下问题:

---

① 《马克思恩格斯全集》第3卷,人民出版社2002年版,第320页。
② [捷克]科西克:《具体的辩证法》,傅小平译,社会科学文献出版社1989年版,第139页。
③ 同上书,第124页。

马克思辩证法为什么没有落入传统形而上学的窠臼，不仅"觉解"了资本逻辑，而且"瓦解"了资本逻辑？从"觉解"资本逻辑到"瓦解"资本逻辑，体现的就是马克思辩证法的存在论基础的伟大变革。

我们一般认为，是黑格尔实现了对辩证法作为哲学思维方式的高度自觉，这诚然不错，但我们也往往容易忽视的是，黑格尔辩证法并不是辩证法的一种，在传统形而上学的意义上，他更是辩证法思维方式的全部，黑格尔辩证法的理论基础即思辨存在论"不是形而上学之一种，而是形而上学之一切"。因此，"马克思对黑格尔哲学的批判不是对形而上学之一种的批判，而是对形而上学之一切的批判"①。那么马克思如何完成这一工作呢？国内有学者提出，马克思对于"形而上学之一切"的批判是通过转变形而上学的提问方式来实现的。这就是，如果形而上学思维方式的实质在于寻求事物"何以可能"的原理和根据，那么黑格尔辩证法及其所完成的传统形而上学的根本任务就是要回答"世界"的"存在何以可能"，马克思的创新在于，他提出了形而上学的追问应该转向当代存在论研究，这就是从追问"世界"的"存在何以可能"转变为追问"人"的"解放何以可能"②。从回答"世界"的"存在何以可能"到回答"人"的"解放何以可能"，既体现了马克思对整个形而上学思维方式的彻底颠覆，更体现了马克思对于存在论的"问题域"的现代革新。这一革新在人类文明发展史上具有重大的理论和现实意义，它不仅实现了存在论思想方向的彻底转变，而且为人类的现实解放奠定了存在论的思想基础。如果说，黑格尔所完成的传统实体性形而上学，在海德格尔看来意味着哲学的终结，但哲学的终结并不是思想的终结，相反，它反倒为哲学打开了更多思的方向："哲学之终结是这样一个位置，在那里哲学历史之整体把自身聚集到它的最极端的可能性中去了。作为完成的终结意味着这种聚集。"③ 在这个意义上，马克思对于存在论提问方式的革新不仅为哲学辩证法也为人类的思想方向打开了全新的可能性：是停留在对于冷冰冰的"物自身"存在意义的玄思，还

---

① 吴晓明：《马克思的哲学革命与全部形而上学的终结》，载《江苏社会科学》2000年第6期。
② 孙正聿：《解放何以可能——马克思的哲学革命》，载《学术月刊》2002年第9期。
③ [德]海德格尔：《面向思的事情》，商务印书馆2005年版，第70页。

第三章 资本意义批判及其内在瓦解:马克思辩证法的存在论批判

是关注"物自身"存在意义源泉的"人自身"?马克思对于后者的选择既是对于前者的内在批判,也为一种新型存在论的诞生开辟了道路。"存在何以可能"从一种只供哲学家贵族式地思考的抽象理论问题转变为一种与每个人都切近的现实实践问题,在马克思看来,真正重要的已不是脱离了人的"物"的存在的可能性,而是"人"的真实而且自由的存在的可能性,只有在这种可能性的追问模式下,我们才能真实理解马克思的著名论断:"哲学家们只是用不同的方式解释世界,问题在于改变世界。"

现在的问题是:"解放何以可能"在什么意义上也是一种存在论,"解放何以可能"的存在论与人的现实存在方式具有怎样内在关联?另外,传统形而上学家们虽然以回答世界的"存在何以可能"作为自身的存在论基础,但是这不意味着他们不关心人的自由与解放问题,相反,黑格尔对资本主义社会中人受到抽象理性统治的觉解,青年黑格尔派通过宗教批判也在为人的自由苦苦求索,这要作何解释呢?回答上述问题的关键不在于"是否"向往人的自由与解放,而在于如何真实地"理解"人的自由与解放、如何真实地"实现"人的自由与解放?

在《德意志意识形态》中,马克思明确提出人的解放无法通过概念批判与神学批判来获得,人的解放始终是一种现实性的历史活动:"批判的神学家,毕竟还是神学家",抛掉重力思想的好汉仍然无法摆脱被溺死的危险,"只有在现实的世界中并使用现实的手段才能实现真正的解放,……'解放'是一种历史活动,不是思想活动"[①]。可见,马克思充分践行了其早期的论断:"批判的武器当然不能代替武器的批判,物质力量只能用物质力量来摧毁。"[②] 在这个意义上,马克思是在强调"解放何以可能"的存在论追问必须立足于人的现实存在方式,必须通过批判现实的社会存在来实现,只有通过揭露和批判人在现实存在方式中的非自由状态,才能真正实现人的解放。那么,为什么黑格尔哲学和青年黑格尔派不能立足于人的现实状况,不能在现实中实现人的自由与解放呢?原因在于他们对于"人性"的理解与马克思存在根本

---

① 《马克思恩格斯选集》第 1 卷,人民出版社 1995 年版,第 74 页。
② 同上书,第 9 页。

差异。对人本身的不同理解,决定了对人的自由与解放的理解的根本差异。

在马克思看来,揭露和批判人的现实的非自由状态,要求我们必须面向人本身,面向人原初性的和固有的存在方式。马克思指出:"人的根本就是人本身。"①"人的本质不是单个人所固有的抽象物,在其现实性上,它是一切社会关系的总和。"②那么人的社会性本质如何实现出来呢?马克思认为人的社会本质是在人的原初性和固有的存在方式中,即人的生产实践活动实现出来的:"一当人开始生产自己的生活资料,即迈出由他们的肉体组织所决定的这一步的时候,人本身就开始把自己和动物区别开来。人们生产自己的生活资料,同时间接地生产着自己的物质生活本身。"③进一步,生产作为人的现实存在方式与人的社会性本质的关系是自然选择的结果还是历史性的必然逻辑呢?马克思认为,生产活动所彰显的人的实践性存在和社会性存在是历史性的反思视阈中达到统一的:"我们越往前追溯历史,个人,从而也是进行生产的个人,就越表现为不独立,从属于一个较大的整体:最初还是十分自然地在家庭和扩大成为氏族的家庭中;后来是在由氏族间的冲突和融合而产生的各种形式的公社中。……人是最名副其实的政治动物,不仅是一种合群的动物,而且是只有在社会中才能独立的动物。……因此,说到生产,总是指在一定社会发展阶段上的生产——社会个人的生产。"④因此,在历史存在论的视阈中,生产的实践存在论和整体的社会存在论的统一既不是自然人性论的后天选择,也不是历史决定论的先天预设,而是人在实践中创立社会关系和破除社会关系的历史变奏中来实现的。可见,正是立足于这种人的历史性的存在方式,表征人的现实存在方式的实践存在论和社会存在论才达到了统一,决定了马克思哲学的存在论基础与传统哲学的实体存在论基础的根本差别,进而马克思对人的理解,对人的解放的理解与传统哲学家也存在根本性的差别。

作为人的原初性生命活动,实践活动对于马克思哲学而言具有存在

---

① 《马克思恩格斯选集》第1卷,人民出版社1995年版,第9页。
② 同上书,第56页。
③ 同上书,第67页。
④ 《马克思恩格斯全集》第30卷,人民出版社1995年版,第25—26页。

第三章 资本意义批判及其内在瓦解：马克思辩证法的存在论批判

论的意义。在海德格尔看来，西方两千年来的形而上学归纳起来，贯彻的是一种存在—神—逻辑学机制，[①] 该机制的实质是从可直观的存在者出发，用概念的方式去把握存在本身。结果，西方形而上学始终坚持的是"静观"高于"行动"，理论高于实践的传统。布迪厄在《实践感》一书中也提出，自柏拉图开始，西方哲学就把理论与实践对立起来，并且把实践看作是对理论思考的阻抑。"在《泰阿泰德篇》的著名段落中，柏拉图一下子改变了游戏规则，对实践逻辑作了完全否定的描写，认为实践逻辑不过是对 skhole（闲暇）的颂扬之反面，而 skhole 则是面对实践——被当作达及真理的必要条件——具有的约束作用和紧迫性所表现出来的自由无拘，从而为知识分子提供了一种'表彰他们自身特权的神正论'。这一辩护性话语以最极端的方式把行动定义为'沉思能力的缺乏'。"[②] 在这个意义上，马克思所开创的实践观点的思维方式的重大意义在于：它不仅颠覆了传统形而上学以理论的眼光"观看"存在，以及由此所形成的实体存在论，而且开辟了新的领会存在意义的方向，即从知识论到生存论的研究路向。[③] 马克思对人的本源性实践活动和"实践感"的强调，既是对传统辩证法思想作为一种"理论逻辑"形态彻底颠覆，也是对自己辩证法思想作为一种"实践逻辑"形态的崭新创立。

马克思的生存论的存在论变革了西方知识论的存在论的"视轨"，为理解辩证法新的存在论意义奠定了基础。存在论作为理性思维矛盾原则的承载者，一直是辩证法的合法领地。但真正实现对此自觉的是黑格尔的思辨辩证法，只有在黑格尔哲学那里，辩证法才真正获得自身的存在论意义。但是，黑格尔的存在论虽然具有思辨内涵，其实质仍然是上面所说的"静观"的方式所考察的理论化、系统化的知识论的存在论，仍然是回答世界的存在"何以可能"的传统形而上学。结果，辩证法对现实的批判性和否定性被这种存在论所窒息，而仅仅作为思想的内涵

[①] ［德］海德格尔：《海德格尔与有限性思想》，刘小枫选编，华夏出版社2007年版，第40页。

[②] ［法］布迪厄：《实践感》，译林出版社2003年版，第41页。

[③] 参见贺来《辩证法的生存论基础——马克思辩证法的当代阐释》，中国人民大学出版社2004年版，第155—156页。

逻辑即"理论逻辑"才具有合法性。相反，生存论的存在论使辩证法从思想的内涵逻辑转变为人的生存的内涵的逻辑，辩证法进而转化为现实的人的"实践逻辑"。在这个意义上，实践的存在论意义及其开创的辩证法的"实践逻辑"形态为理解马克思辩证法"解放旨趣"的"形上本性"提供了理论前提。

马克思辩证法的解放旨趣是与马克思辩证法新的存在论基础密切相关的。可以说，有什么样的存在论基础决定了辩证法有什么样的理论旨趣。实践作为一种马克思理解人以及世界的具有本源性意义的人类对象化活动方式，固然有着生存论的存在论意义。但是，马克思哲学的实践解释原则及其深层理论旨趣决定了，它不是去理论地追问人的存在方式如何，"人的存在何以可能"，而是去实践地求索人的现实的自由与解放的道路。在这个意义上，我们也不能把马克思哲学的存在论简单地概括为实践存在论或生存论的存在论，"把马克思的本体论称作实践本体论，并不是没有根据的，但是马克思对'人'的追问，并不是抽象地或一般地追问'人的存在何以可能'，而是具体地、特别地追问'人的解放何以可能'，因此，我们又不能简单地把马克思的本体论归结为实践本体论。"① 否则，所谓的马克思的存在论革命又会落入传统哲学理论追问的"存在何以可能"的实体存在论思维模式的陷阱中。"提出'实践唯物论'和'实践本体论'，不想改变旧理论的思维模式，却要把实践提升到世界观首要范畴的地位，这就不能不使自己陷入矛盾境地。……用本体论的思维模式去理解实践，即通过'赋予实践以本体论意义'的方法，是不可能提高实践的地位，使它成为世界观的基本范畴的。只有打破本体论的思维模式，才能做到这点。"② 可见，问题的关键是转变对存在论的理解。如果我们仍然遵照传统哲学对存在论的理解方式，那么不管生存的存在论还是解放的存在论，都不能作为马克思哲学的理论组成部分。因为在传统哲学存在论的意义上，马克思已经彻底终结了知识形态的存在论的思维方式。但是，存在论除了知识形态的存在论是否还具有另外一种意义？存在论对存在意义的永恒追求，是否随

---

① 孙正聿：《解放何以可能——马克思的本体论革命》，载《学术月刊》2002 年第 9 期。
② 高清海：《再论实践观点的超越性本质》，载《哲学动态》1989 年第 1 期。

着其知识形态追求的终结而终结？存在的意义问题如果是作为人对自身生命意义和生活价值的至上性的追求，是否能够真正克服掉？作为具有强烈人道主义情怀的马克思，是否也把这种意义上的人道主义拒斥掉了呢？

我们在上文中引用了蒯因对于"事实本体论"与"承诺本体论"的划分，这种划分对于理解马克思的存在论革命具有重大意义。马克思的存在论革命虽然不能仅仅局限于对实践的生存论理解，但马克思从"实践"的角度对人的"事实性"理解，却为其从"解放"的角度对人的存在论追问的"承诺性"守护提供了理论前提。因此，我们既不能仅仅停留于把马克思的存在论定义为实践存在论，也不能忽视实践及其思维方式在马克思建构其新的存在论过程的重要作用，否则，马克思辩证法离开了人的实践活动，将成为无根基的虚假否定性。不能把马克思辩证法的理论旨趣局限在回答人的现实存在方式和存在状态中，否则，必然使得马克思辩证法的真正理论旨趣被遮蔽掉；也不能丢弃掉人的现实实践活动，否则，马克思辩证法的解放旨趣也失去了根基。那么，我们应该如何理解马克思哲学的解放的存在论？如何理解马克思辩证法否定性背后的肯定性旨趣呢？又如何理解这一肯定性旨趣与黑格尔辩证法的肯定性旨趣的差别呢？

"解放何以可能"的社会存在论追求实际上体现的是马克思辩证法的形上本性，体现的是马克思在终结了辩证法与"形而上学"合流之后，对辩证法"形而上性"的深刻的理论自觉。这就是马克思辩证法存在论根基的变革，就是辩证法的"形而上学性"到"形而上性"的根本变革。只有从"形而上性"的角度去理解马克思的"解放何以可能"的社会存在论，才能真正理解马克思辩证法的否定性背后何以仍具有浓厚的人文关怀气息，也才能真正理解马克思何以能把在黑格尔那里被窒息的辩证法的否定本性贯彻到底。马克思辩证法的解放旨趣就是马克思辩证法的"形上本性"，就是马克思辩证法在瓦解资本的逻辑这一现实性维度面前，仍然固有的理想性和超越性的维度，也正是这一维度为马克思辩证法批判的和革命的本性提供了力量之源。

众所周知，西方现代哲学的生存论转向、语言学转向和实践转向彻底转变了哲学的致思方向和致思方式，形而上学的终结似乎已经成为当代哲学的理论自觉。但是，形而上学的终结是否意味着形上追求的终结？形而上学的终结是断送了形而上学的生命，还是为其打开了新的生长空间？在当代西方哲学的宏大背景下，我们是否还能谈论形而上学，如何谈论形而上学？常识的自明性往往成为遮蔽真理的温床，对熟知的质疑是哲学真知追求的前提。只有对这些具有隐匿性的前提性问题进行不断的深层追问，才能为哲学开创更为宽广的思想空间。面对这些形而上学终结的悲观论调，康德曾明确指出：“人类精神一劳永逸地放弃形而上学研究，这是一种因噎废食的办法，这种办法是不能采取的。世界上无论什么时候都要有形而上学。"[1] 海德格尔也认为，形而上学的终结不是形而上学的死亡，而为形而上学提供了新的可能性，“形而上学就是柏拉图主义。尼采把他自己的哲学标示为颠倒了的柏拉图主义。随着这一已经由卡尔·马克思完成了的对形而上学的颠倒，哲学达到了最极端的可能性"[2]。海德格尔这里所谓“哲学达到了最极端的可能性”的“极端”在于，形而上学已经不再是少数形而上学家的思考专利，不再是一种理论化的“事实”，而成为每个自由人的实践性“述求”，即“形而上学”转变为“形而上性”。这就是，人人天生都具有一种“形而上性”，即对“终极存在”、“终极解释”和“终极价值”的无限指向性。但是，这并不意味着人人都是“形而上学”的，恰恰相反，形而上学的理论化和系统化往往遮蔽和窒息了人的这种“形而上性”的追求。

　　实践解释原则颠倒了传统形而上学的理论解释原则，从“形而上学”那里解蔽了人的“形而上性”，为当代每个人的哲学思考提供了新的可能性空间。马克思之所以能够在黑格尔实现辩证法与形而上学“合流”之后还能够改造其理论局限，将辩证法的批判和革命本性贯彻到底，就在于他实现了辩证法从“形而上学”性到“形而上性”的根本转变。在这个意义上，马克思辩证法在当代哲学视阈中的合法性就在于：“它'终结'了关于'永恒真理'的形而上学的幻想，又'开启'了形而上学的自我批判中的本体论追求。这就是当代意义的'形而上

---

[1] [德] 海德格尔：《形而上学导论》，商务印书馆1996年版，第163页。
[2] 同上书，第70页。

第三章 资本意义批判及其内在瓦解：马克思辩证法的存在论批判

学'或'本体论'的'复兴'。"①而马克思哲学关于人的"解放何以可能"的社会存在论体现的就是人所固有的这种"形而上性"，即人所固有的对自由与解放状态的终极指向性。

通过打破传统形而上学理论"言说"世界的存在"何以可能"的传统，马克思把人对本体的"言说"转变为人对本体的"许诺"，本体成为人对自身理想性和超越性维度的守护，对人的自由与解放的寻求。这种"守护"和"寻求"并不是书斋式的冥思，而是不仅要去揭示现实生活中的否定性，而且要扬弃这种否定性。不仅去揭示现实生活中"资本的逻辑"对人的物化，而且去批判和扬弃这种物化，从而把人的真实的存在方式归还给人。特别是在《资本论》中，马克思辩证法不仅揭示了政治经济学的内在困境，更重要的是对经济学范畴背后的人的现实存在状况进行了深入的揭示和批判，从而实现对人的自由与解放的终极向往。正如科西克所说："如果经济范畴是社会主体的'存在形式'或'生存的决定因素'，那么对这些范畴的分析和辩证的系统化就能揭示社会存在，就能在经济范畴的辩证展开中把社会存在精神地再现出来。这又从另一个角度说明，《资本论》的经济范畴不能以事实性历史的演进或形式逻辑推衍的方式加以系统化，说明辩证的展开是社会存在的唯一可能的逻辑结构。"②因此，《资本论》中的辩证法体现的是马克思对人的"解放何以可能"的终极关怀。立足现实又超越现实地追问人的解放"何以可能"是马克思崇高的哲学旨趣，也是马克思辩证法区别以往辩证法理论形态所特有的存在论基础。

综上可知，存在论是辩证法否定形式得以展开的合法舞台。马克思辩证法虽然也立足于存在论的平台，但马克思人的"解放何以可能"的社会存在论，这种存在论实现了对传统实体存在论与辩证法思维方式的双重变革：一方面颠覆了传统形而上学世界的"存在何以可能"的实体存在论，另一方面也构成辩证法新的存在论基础。辩证法以这种存在论为基础和平台，从"觉解的逻辑"转变为"瓦解的逻辑"。辩证法

---

① 孙正聿：《辩证法：黑格尔、马克思与后形而上学》，载《中国社会科学》2008 年第 3 期。

② [捷克] 科西克：《具体的辩证法》，傅小平译，社会科学文献出版社 1989 年版，第 141 页。

否定形式的理论旨趣从追问世界的存在"何以可能"的"形而上学",转变为寻求人的解放"何以可能"的"形而上性"。正是在这种理论旨趣变革的层面上,我们认为,马克思辩证法及其否定形式才没有陷入对资本逻辑的循环论证,才没有局限于描述资本自我运动的科学实证方法,而是能够既深入到资本逻辑之中,又跳出资本逻辑之外,成为"瓦解"资本逻辑的逻辑。作为"瓦解"资本逻辑的逻辑,马克思辩证法也获得了不同于黑格尔辩证法以及传统辩证法的出场方式,辩证法不再是对于事物存在意义的概念范畴式的玄思,而是通过感性的对象性活动现实地参与到社会事物的存在意义的构造之中,并在这种构造活动中为现实事物之存在塑造出一种真实的意义整体性,即"形而上性",保证事物在自身的现实性与理想性的辩证张力关系中获得批判和发展的动力。

第四章

历史意义批判及其人学阐释：
马克思辩证法的存在论旨趣

辩证法作为"历史与逻辑的统一"是马克思继承黑格尔的基本哲学理念之一。历史作为辩证法发挥自身否定力量的载体是透视辩证法理论旨趣的基本平台。通过梳理对比马克思与黑格尔对于历史的意义问题的不同理解，可以阐明马克思辩证法独特的存在论旨趣。黑格尔辩证法作为历史与逻辑的统一的实质是"历史的逻辑化"，马克思辩证法作为历史与逻辑的统一的实质是"逻辑的历史化"。从"历史的逻辑化"到"逻辑的历史化"，体现的是马克思对于辩证法理论旨趣的存在论革命。

一 历史的意义与作为内涵逻辑的辩证法

黑格尔的辩证法不是关于纯粹思维形式的形式逻辑，而是关于思维内容的内涵逻辑。马克思辩证法不是僵死的词汇堆积和知性教条，而是关于人的自由与解放的内涵逻辑。这是我们所熟知的对于黑格尔辩证法和马克思辩证法一般性的概括。这一概括的实质就是强调辩证法不是无内容的纯粹形式，而是有内容的内涵逻辑。应该说这种对于辩证法的定位不仅是非常准确和到位的，而且它把握到了辩证法思维方式的理论实质，这就是，辩证逻辑区别于形式逻辑的实质在于它是一种内涵逻辑。但是，对这一实质的进一步追问，使得如下问题暴露出来：其一，辩证法作为内涵逻辑的"内涵"如何与其"形式"统一起来？其二，辩证思维模式中的"内涵"所表征的是关于事物的实在性"经验"，还是关于生命的总体性"意义"？其三，作为内涵逻辑的辩证法如何在表征特定"内涵"的同时彰显自身的理论旨趣？通过对这些前提性问题的深层追问，我们发现，辩证法作为内涵逻辑的哲学根据仍需要进一步澄清，重新考察辩证法作为内涵逻辑的哲学基础及其哲学意义，无论对于拓展辩证法理论形态的当代建构，还是对于诠释辩证法思维方式的当代价值都具有重要的理论意义。

（一）辩证法作为"历史与逻辑的统一"

众所周知，形式逻辑关心思维的形式而不关心思维的内容，辩证逻辑与形式逻辑的根本区别在于辩证逻辑不仅关心思维形式而且关心思维内容。问题是辩证逻辑作为有内容的逻辑其内容到底是什么？这个问题是对辩证法思维方式提出的最一般也是最重大的问题。所谓一般，在于它是所有运用辩证法思维方式都熟知的问题。所谓重大，在于它关系到辩证法作为一种思维方式的合法性，关系到辩证法的理论实质。因此，如果对这一问题不给予合理和系统的回答，人们不仅对辩证法理论会丧失原有的信心，而且就辩证法自身而言，也必然陷入自身存在的危机。揭开辩证法作为内涵逻辑的"内涵"所在，澄清这一内涵的基本特征成为对于辩证法思维方式生死攸关的课题。

在西方哲学史上，辩证法一直被当作一种似是而非、没有确定性的论辩方法，非确定性一直也被看作是辩证法最主要的性质。这是因为辩证法的研究对象被公认为是"物自体"，或者说，辩证法思维方式的思维对象不是存在者而是存在本身。而按照康德的说法，我们的理性只能在存在者的现象和经验层面获得确定性以及合法性验证，而作为超越领域的存在本身则是理性所无法真正把握到的对象，因此，辩证法对于物自体或存在本身的把握只能是一种主观设想的"幻象"。康德对于辩证法作为一种先验幻象的揭示是对辩证法非确定性性质的最典型诠释。非确定性的辩证法自然也就不会有确定性的内容或内涵，因为物自体或存在本身作为经验现象的逻辑根据具有一种虚无的属性，把握这种虚无性的辩证法也必然是一种具有虚幻性质的逻辑。

面对康德辩证法的消极处境，黑格尔却要反其道而行之，提出辩证法不仅是一种可以达到确定性逻辑，而且是唯一能保证哲学的科学性的逻辑。黑格尔认为，以往的哲学或者陷入漂泊无根的虚妄，或者陷入狂

第四章 历史意义批判及其人学阐释：马克思辩证法的存在论旨趣

妄自大的傲慢，只有辩证法能够沉入到事情本身之中，与其内容真正内在统一。"从这个方法与其对象和内容并无不同看来，这一点是自明的；因为这正是内容本身，正是内容在自身所具有的、推动内容前进的辩证法。显然，没有一种可以算做科学的阐述而不遵循这种方法的过程中，不适合它的单纯的节奏的，因为它就是事情本身的过程。"① 在这个意义上，黑格尔是第一位自觉把辩证法作为一种内涵逻辑的哲学家。

在《逻辑学》和《小逻辑》的序言和导言中，黑格尔反复强调自己的方法和逻辑不是僵死的、外在的主观形式，而是活生生的内容自己构成自己的运动，不是无生命的枯骨而是有生命的整体。"矛盾发展的方法从两方面说都是充分足用的，即第一，它异于别的科学所寻求的那种仅仅外在排比；第二，它异于通常处理哲学对象的办法，即先假定一套格式，然后根据这些格式，与前一办法一样，外在地武断地将所有的材料平行排列。再加以由于最奇特的误解，硬要使概念发展的必然性满足于偶然的主观任性的联系。"② 可见，黑格尔提出自己的辩证法或逻辑是有内容的逻辑，这种内容不是僵死材料的外在排列，也不是主观公式的硬性安排，而是客观概念发展的结果。但是，概念发展为什么不是材料的外在排列，也不是抽象的主观形式呢？黑格尔认为，概念的发展就是精神的纯知形态的进展，就是精神的现象通过自己的历史性发展，摆脱了自身有限性和外在性，自觉到自身作为精神实质的过程中。在精神的现象学考察之后，精神达到了自己的本质即绝对知识，绝对知识的"纯有"就是黑格尔的辩证存在论的开端。

黑格尔辩证法是否是一种有内容的逻辑，关键在于作为精神本质的概念是否有一种内在的发展；而概念是否有一种内在的发展，关键在于作为精神现象的意识是否摆脱了直接性达到纯知；而意识是否摆脱自身的直接性达到纯知，关键在于意识是否经历了精神现象的诸阶段，也就是是否达到对自身的历史性形态的自觉，"因为精神现象学不是别的，正是纯科学概念的演绎，所以本书便在这样的情况下，把这种概念及其演绎作为前提。绝对的知乃是一切方式的意识的真理，因为，正如意识

---

① ［德］黑格尔：《逻辑学》上卷，商务印书馆1976年版，第37页。
② ［德］黑格尔：《小逻辑》，商务印书馆1980年版，第2页。

所发生的过程那样，只有在绝对的知中，对象与此对象本身的确定性的分离才完全消解，而真理便等于这个确定性，这个确定性也同样等于真理"①。可见，黑格尔的概念辩证法是否是一种有内容的方法，关键在于作为精神本质的概念是否经历了精神现象的历史性进展，是否自觉到了这种进展。也就是逻辑是否自觉自身的历史性，概念辩证法是否达到了历史与逻辑的统一。

显然，在黑格尔看来，只有建立在对精神现象的历史诸形态的普遍有机考察的基础上，达到对逻辑作为历史的内在规定性的自觉，作为思想本质的逻辑才既不是主观任意的、也不是僵死机械的公式，而是有内容的、活生生的客观整体性。因此，只有从历史出发，从精神的历史性形态出发，才能真正理解辩证法作为一种有内容的逻辑何以可能，历史意识和历史思维构成辩证法作为内涵逻辑的关键所在，这是黑格尔对辩证法思维方式的最大贡献之一。

马克思和恩格斯充分肯定黑格尔的这一贡献，在批判和继承了黑格尔巨大的"历史感"的同时，也提出了自己对于辩证法作为历史与逻辑统一的理解，丰富了辩证法的理论内涵。恩格斯在《自然辩证法》中曾对辩证法做出非常经典的概括，这就是辩证法是"以认识思维的历史及其成就为基础的理论思维形式"②。恩格斯提出这句话的理论背景是针对自然科学一味地拒斥哲学，却与形而上学思维方式纠缠在一起，只有坚持辩证法的思维方式，才能超越形而上学、超越旧哲学。这一针对性很强的论断，对于我们今天反思辩证法的理论内涵仍具有重大意义。这就是，辩证法"内涵"的历史性问题，或者说，辩证法作为历史与逻辑相一致的思维方式的问题。辩证法作为"以认识思维的历史及其成就为基础的理论思维"说明，辩证法不是某个思想家主观设定的公式，而是思维的历史发展的必然结果，是一种历史性、客观性的思想。以往的思想家特别是康德虽然揭示了辩证思维产生的必然性，但由于没有把历史与逻辑结合起来考虑，使得辩证法陷入了似是而非的背反境地。相反，把历史意识引入到辩证法思维当中，辩证法因此而获得了自

---

① ［德］黑格尔：《逻辑学》上卷，商务印书馆1976年版，第30—31页。
② 《马克思恩格斯选集》第4卷，人民出版社1995年版，第308页。

身的实现平台，获得了前所未有的确定性。

关于黑格尔的历史思维对于辩证法的重要意义，恩格斯曾明确提出，黑格尔区别于以往哲学的最为重要之处在于其巨大的历史感，正是这种历史感为辩证法的当代复兴提供了理论前提。"黑格尔的思维方式不同于所有其他哲学家的地方，就是他的思维方式有巨大的历史感作基础。……他是第一个想证明历史中有一种发展、有一种内在联系的人，……这个划时代的历史观是新的唯物主义观点的直接的理论前提，单单由于这种历史观，也就为逻辑方法提供了一个出发点。"[①] 可见，黑格尔的依靠历史的思维方式不仅复活了辩证法，使辩证法在历史中重新焕发了积极性的活力，而且为马克思颠覆和重新改造辩证法提供了不可替代的理论平台。在这个意义上，捷克哲学家科西克曾明确指出："辩证法探索'物自体'。但'物自体'不是平常之物，确切地说，它根本不是什么物。哲学研究的'物自体'就是人及其在宇宙中的位置。换句话说，它是人在历史中发现的世界总体和存在于世界总体中的人。"[②] 可见，如果说辩证法始终以探索和批判存在的意义问题作为其基本理论任务，那么明晰辩证法对于这个任务的完成，就需要阐明辩证法思维方式的历史性视角。因为正如科西克所言，探索"存在的意义"不能以实在性的研究视角切入，而需要认识到存在的意义始终是通过人的历史性活动呈现出来的，在人的历史性活动中，存在的意义作为历史性总体向我们展现出来，因此，辩证法对于存在意义问题的存在论探讨实际上就是对于人的历史存在论的探讨。在这个意义上，人所创造的历史性总体本身就是辩证逻辑的理论内涵，所谓内涵的逻辑，实质上是一种历史性的逻辑，辩证法作为一种内涵的逻辑表现为它是"历史与逻辑的统一"的思维方式。

（二）历史的意义与辩证法的理论内涵

"历史与逻辑的统一"构成理解辩证法作为一种内涵逻辑的前提，

---

① 《马克思恩格斯选集》第 2 卷，人民出版社 1995 年版，第 42 页。
② ［捷］科西克：《具体的辩证法》，傅小平译，社会科学文献出版社 1989 年版，第 191 页。

不理解辩证思维的历史性，就不能理解辩证逻辑如何区别于考察思维纯粹形式的形式逻辑，也不能真正理解辩证法所具有的独特理论内涵。历史意识不是辩证法理论内涵的一个方面，而是作为内涵逻辑的辩证法思维方式的实质。接下来的问题是，历史意识的理论特质是什么？历史意识所把握到的"内容"是关于事物的实在性"经验"，还是关于生命的总体性"意义"？只有对以上问题加以深入阐发，辩证思维模式下的"内涵"才能得到更为明晰的诠释，辩证法作为具体性思维方式的理论特质才能获得进一步的阐明。

如果历史意识不仅赋予辩证法的理论内涵，而且构成辩证法实现自身理论旨趣的平台，那么，对历史意识的理解则直接决定了对辩证法理论内涵的理解。如果历史仅仅是事实的罗列和平铺直叙，没有内在的必然性和意义，那么辩证法不过是似是而非的"变戏法"，根本没有内在的确定性和内涵。如果历史仅仅是其现象形态的发展史，那么辩证法则是这些现象背后的精神实质，其表现形态就是概念的逻辑进展。历史与逻辑的统一是逻辑在历史中的自我觉解，逻辑成了精神在其本质形态的概念游戏。如果历史是立足人的感性实践活动，人创造着自己的生产资料和生活资料的历史，那么辩证法就是人在实践活动中所构成的人与世界的否定性统一关系，就是人自身的生存逻辑和存在逻辑。因此，有什么样的历史观和历史意识，直接决定了辩证法是否有内涵以及有什么样的内涵。

对于历史意识的反思构成历史哲学的基本内容，尽管历史哲学家反思历史意识的方法有所不同，但他们大都承认历史意识的实质是人类关于自身存在意义的自我意识，或者说，人类对于历史意义问题的思考与其对于自身存在意义的思考是内在一致的。别尔加耶夫就提出："我应当从人类的命运中认识我自身的命运，从我的命运中认识历史的命运，只有这样才能深入到'历史的东西'的内在奥秘当中去，发现人类最伟大的精神命运。"[1] 柯林武德也认为："历史学是'为了'人类的自我认识……因而历史学的价值就在于，它告诉我们人已经做过什么，因此

---

[1] ［俄］别尔嘉耶夫：《历史的意义》，学林出版社2002年版，第13页。

第四章 历史意义批判及其人学阐释：马克思辩证法的存在论旨趣

就告诉我们人是什么。"[1] 但是，哲学史上对历史意识的不同反思还是形成了两种历史观基本形态的对峙，即"认识论历史观"和"存在论历史观"。这两种历史观分歧的核心是历史的意义问题。对这一问题的截然相反的看法，构成以上两种历史观的根本差别所在。

"认识论的历史观"认为，历史不存在所谓的意义问题，对历史意义问题的考察是形而上学的问题。历史的形而上学是把先验理念强加于历史事实，把本来没有任何规律性和目的性的历史事实看作一个整体，从而把历史进程看作是先验理念的自我完成。这种对历史加以形而上学考察的做法，是哲学先验主义者的狂妄。历史哲学的根本任务应是对历史认识的边界的自觉考察，或者说，历史哲学对于历史意识的反思不是建构其意义而是批判其限度。因此，批判的历史观拒斥对历史加以形而上学的考察。历史哲学只能对历史的事实性加以批判性的考察，为历史学家划定考察的界限，评判其研究程序的合法性，而无法对历史的整体加以先验的概括。沃尔什对于"认识论历史观"曾做出明确定位：历史哲学就是一种对历史的知识论或认识论的考察，"我们把它当作是指一种对历史思维性质的批判探索、对历史学家某些研究程序的分析和它与其他科学所遵循的研究程序的比较。这样加以理解，历史哲学就成为哲学分支中的一部分，被称为是认识的理论或者知识论"[2]。可见，"认识论历史观"拒斥对历史的形而上学理解，认为历史哲学的任务是对历史思维的批判性反思，进而为历史学家划定考察的界限，评判其研究程序的合法性。

"认识论的历史观"对历史学的知识论考察既完全合理又完全不合理。其完全合理之处在于，如果我们站在认识论的立场上，那么历史就只能是无逻辑的历史，因为我们永远无法从历史事实中分析出超历史的逻辑理念。逻辑也只能是无历史的逻辑，因为逻辑不过是思维的先验法则，它永远无法进入历史事实之中，只能规定人的思维法则。因此，在科学或认识论的意义上，这种历史观是完全合理的。但是，对于历史的理解不仅可以是科学的和认识论的，还可以是哲学的和存在论的。历史

---

[1] [英]柯林武德：《历史的观念》，商务印书馆1997年版，第38页。
[2] [英]沃尔什：《历史哲学导论》，北京大学出版社2008年版，第117页。

不仅仅是人的认识方式，更是人的存在方式。因此，立足于认识论立场上的批判历史观，遗忘了历史的存在论意义，遗忘了只有站在存在论的基础之上，历史与逻辑的统一才是可以理解，历史的认识论才具有合法的根基。在这个意义上，如果"认识论的历史观"仅仅局限于认识论的视角，就必然表现出其完全不合理之处。

因此，"存在论历史观"认为，历史的意义问题是历史哲学或者历史观念的核心问题，其实质是历史的形而上学问题。因为人是一种形而上学的存在者，人天生有一种形而上学的倾向，即对宇宙、人生本源的终极求索意识，并且通过这种终极求索意识反思自身存在的意义和价值。在这个意义上，历史的意义问题，就是人通过对历史的形而上学考察，试图在历史中求索人自身存在的意义和价值问题。因此，人对于历史意义的考察，就是对人自身生命意义的考察，这种考察既不是对历史事实的认识论批判，也不是对历史事实背后的超验理念的知识论规定，而是连接人之存在与历史之存在的精神桥梁。正如别尔嘉耶夫所言："历史哲学的真正道路乃是通往建立人与历史之间、人的命运与历史形而上学之间的同一性的道路。"① 在这个意义上，"存在论历史观"视阈中的历史意义问题不是抽象的先验观念问题，而是人作为历史性存在者的自身存在意义问题。反过来，人对自身存在意义的理解的不同，也构成对历史意义理解的不同和对历史观理解的不同。

站在辩证思维的立场上，我们认为，"认识论历史观"忽略了生命存在的意义问题恰是辩证法唯一合法的操作平台。因为生命存在的意义问题不是经验问题，而是超验问题，因此不能靠经验例证，也不能靠科学实证，只能靠哲学辩证。哲学辩证就是辩证法，觉解生命的意义是辩证法的固有任务。② 但具体来说，这种觉解的方式又有所不同。一般而言，我们认识事物的方式可以有两种，一种是理论的，一种是实践的。同样，辩证法思维方式觉解生命的意义也有这两种方式的区别。理论的方式的代表是黑格尔的辩证法，强调思维与存在的否定性统一关系中觉

---

① ［俄］别尔嘉耶夫：《历史的意义》，学林出版社2002年版，第13页。
② 参见王天成《生命意义的觉解与辩证法的任务》，载《吉林大学社会科学学报》2005年第4期。

第四章 历史意义批判及其人学阐释:马克思辩证法的存在论旨趣

解生命的意义。实践的方式的代表是马克思的辩证法,强调人与世界的否定性统一关系中觉解生命的意义。对生命意义的"理论觉解"和"实践觉解"造成了理论的历史观与实践的历史观根本不同。但不管怎样,二者都承认生命意义与历史观的内在联系,都是建立在对生命意义加以觉解的基础上的历史观。在这个意义上,不管是理论的历史观还是实践的历史观,实际上都是一种生命存在论的历史观。所谓生命存在论的历史观,就是把对历史意义的寻求诉诸对生命存在意义的寻求,是在对历史意义的理解中包含着对生命存在意义的理解。

批判历史观消解辩证法是通过消解人的生命意义问题来完成的。它只关注作为认识论的人,而不关注作为存在论的人。存在论的人的最大特征是有限性。认识论视阈中的历史观看不到生命的有死性、历史性,当然也看不到生命的意义问题,进而也看不到历史的意义问题。如果历史没有意义,那么辩证法就失去了自身存在的价值,正如上文所提出的,历史的意义问题既是辩证法理论澄明自身的平台,也是自身独有的理论内涵。因此,批判的历史观取消人的生命存在意义问题,进而取消了辩证法存在的合法性。但是,人的生命存在意义问题和一切形而上学问题能被彻底消解掉吗?即使康德已经证明了知识形态的形而上学是不可能的;那么作为一种形上追求的形而上学倾向能被消解掉吗?如果形而上学、求索生命的意义问题是人作为一个有限的存在者必然面对的存在论问题,那么,辩证法必然拥有属于自身的特定内涵,必然拥有自身存在论层面上的合理性。

与批判的历史观不同,生命存在论的历史观为辩证法提供真实内涵是通过澄明生命的存在意义为基础的。这种历史观认为,生命的意义源自于人的有死性。神不会去追问自身存在的意义,因为神是不死的,存在对神不构成问题。而人的存在、人的历史性对人则构成问题,因为人的死亡无时无刻不逼迫着人反思活着的意义。正因为人的有死性,人才会去追问生命的意义和历史的意义问题"真正的历史哲学乃是真正的生命战胜死亡的哲学,乃是人向着另外一种、比他因直接经验而陷入的那个现实无可比拟地宽广和丰富的现实的回归。"[1] 因此,从生命的角度

---

[1] [俄]别尔嘉耶夫:《历史的意义》,学林出版社2002年版,第14—15页。

去理解历史、理解历史的意义,根本原因在于人的生命本身就是历史性和时间性的。进一步,辩证法的理论内涵是根源于人对自身生命存在意义的求索,生命的有死性是辩证法否定性的人性根源。在这个意义上,辩证法的理论内涵不管是精神生命创造的思想史,还是实践活动创造的现实历史,都是人的生命活动史和生命意义史。精神活动和生产活动分别表现了人与世界在认识和实践中的有限性和否定性,二者实质上都是人的生命活动。人的生命活动内蕴的有死性表明,活着与死亡构成比思维与存在、人与世界更为根本的矛盾关系,生命的向死而生是理解辩证法理论内涵更根本的存在论基础。

总之,辩证法作为一种有内容的逻辑,是历史与逻辑的统一,历史意识构成辩证法展示自身理论内涵的平台,更是透视辩证法理论旨趣的重要参照。可以说有什么样的历史观就有什么样的辩证法,有什么样的辩证法也就有什么样的历史观。生命意义的历史观表明,历史意识实际上就是一种人类生命的自我意识,追问历史的意义就是追问生命的意义。因此,与生命意义的历史观相统一的只能是一种寻求生命意义的辩证法。寻求生命存在意义的辩证法,其理论内涵从历史意义的问题转变为生命的存在意义问题,辩证法的理论旨趣也从觉解历史的意义问题转变为觉解生命的意义、守护生命的价值、彰显生命的自由问题。

(三)生命意义的逻辑:辩证法的历史存在论旨趣

探讨辩证法的理论旨趣,离不开对辩证法与历史思维方式内在关系的探讨。既然辩证法是内容与形式的一致,那么有什么样的内容也必然有什么样的形式,有什么样的历史观也必然有什么样的逻辑观、有什么样的辩证法。辩证法正是在历史意识或历史的思维方式中实现自身的理论旨趣的。

"存在论历史观"以思辨觉解生命存在的意义为基本理论旨趣,它所具有的超越性维度和思辨形式既再度印证了历史思维与辩证思维的一致性,又系统表征了辩证思维理论内涵的真实意义。可见,考察作为内涵逻辑的辩证法和辩证法的内涵逻辑必须做出以下前提性的界定:"历史与逻辑相一致"的"历史"是存在论视阈中的"历史",只有通过对历史存在论的精细考察,才能从辩证法的理论内涵之中挖掘辩证法真实

第四章 历史意义批判及其人学阐释:马克思辩证法的存在论旨趣

的理论目的和崇高的理论使命。

通过上文论述,我们发现,只有生命意义的历史观才能为辩证法提供有生命的内容,批判和实证的历史观根本上否认生命的存在意义问题,否认超验的形而上学对象。因此,其历史观是一种没有生命力的历史观,其对辩证法所下的结论也必然是没有内涵的诡辩论。相反,生命意义的历史观建立在对生命意义的内在觉解的基础之上,它与辩证法的统一,也就是生命意义与辩证法的统一,辩证法进而就获得了自身独特的理论内涵,这就是生命意义的问题。表征生命存在的意义问题构成辩证法独特的理论旨趣。

具体而言,阐发辩证法的理论旨趣必须通过对"存在论历史观"的内在梳理来完成。尽管以寻求生命存在的意义问题作为共同的理论使命,但由于操作平台和寻求方式的差别,"存在论历史观"内部又可以分为"思辨的历史观"和"实践的历史观"。"思辨的历史观"主张对生命意义加以思辨寻求,它从理论渊源上继承的是古希腊哲学对理性主义的高度推崇。这种理性主义认为,生命的意义是作为共相的、理性的存在,个别的、感性的生命只是对共相的分有。"宇宙里'真正实在'的事物,乃是共相或理念。……共相因为是永恒的,所以是完全实在的;那转瞬即逝、变化万端的个别事物只有一种影像一类的实在性,因为它会消逝,所以就仿佛不曾有过似的。人这个共相比任何一个个体的人都更实在。这是柏拉图主义中最关键的一点,因为正是这一点传给了所有后世的哲学。"[①] 因此,人的生命意义只有在一种理论的思辨活动中才能被表征出来,只有通过理论的思辨活动人才能认识共相,把握到理性的自我即真正的自我。进而理论的思辨生活也就是最幸福和最自由的生活。"对每一事物是本己的东西,自然就是最强大、最使其快乐的东西。对人来说就是合于理智的生命。如若人以理智为主宰,那么,理智的生命就是最高的幸福。"[②]

与"思辨的历史观"不同,"实践的历史观"认为,生命的意义不

---

① [美]巴雷特:《非理性的人》,上海译文出版社2007年版,第90页。
② [古希腊]亚里士多德:《尼可马可伦理学》,中国人民大学出版社2003年版,第225页。

在人的现实存在之外,而在人的存在之中。生命的意义不是超验的外在悬设,而是生命自身的创造和澄明。人的生命存在和生命活动本身不仅是人的存在意义,而且是一切存在者存在意义的揭示者。在人的原初性生存活动中,对存在意义的理性遮蔽被打开,人开始真实地彰显着人以及世界的存在意义。"意义是此在的一种生存论性质,而不是一种什么属性,依附于存在者,躲在存在者'后面',或者作为中间领域漂游在什么地方。只要在世的展开状态可以被那种于在世展开之际可得到揭示的存在者所'充满',那么,唯此在才'有'意义。"① 进而,表征的生命意义的方式也不能依靠抽象的概念和理论,而只能依靠生命的内在体验和实践活动。

"思辨的历史观"和"实践的历史观"对生命意义的寻求以及对表征生命意义的方式的差别,必然影响到二者对于逻辑或辩证法的态度,也必然影响到辩证法表征生命内涵的方式以及理论形态。既然生命的意义表现为对生命加以理论方式的求索,那么与理论历史观相对应的辩证法必然要通过理论的方式发展出一套完备的概念系统,以期对生命的诸多维度加以理论化和系统化的表述,进而在概念的内在发展中,实现对生命意义的象征性表征。而与实践历史观相对的辩证法则要通过人自身的辩证存在活动,即实践活动来澄明人的辩证存在方式和存在意义。因为在实践的历史观看来,人作为一种具有辩证性质的存在者,其首要的辩证本性不在于认识的辩证性,而在于存在的辩证性。人的存在的辩证性表现为人与世界的否定性统一关系,表现为人通过实践活动达到改造世界和改造自身,这一过程比认识过程更原初、更根本,进而更能本真地表征人的生命存在的意义。

两种历史观和生命观的差别不仅导致了辩证法实现表征自身生命内涵的差别,在更深层次上,它们导致了辩证法理论旨趣的根本差别。以黑格尔为代表的思辨历史观的最高形态是神学历史观,与之相对应的是隐秘在其理性形式背后的神性的辩证法,它所欲达到的是对人的生命意义的神学救赎。辩证法的理论旨趣进而也转变为在历史中表征神的计划,实现神的旨意,黑格尔明确提出,"解释历史,就是要描绘在世界

---

① [德]海德格尔:《存在与时间》,生活·读书·新知三联书店2006年版,第177页。

第四章 历史意义批判及其人学阐释:马克思辩证法的存在论旨趣

舞台上出现的人类的热情、天才和活力。至于这一切所昭示的神意决定的办法,便构成了普遍所谓'神意'的'计划'。"① 因此,辩证法原有的生命内涵被超生命的神所代替,并转变为一种神性逻辑。这就是黑格尔所创立的思辨逻辑和概念辩证法。可见,按照"历史与逻辑一致"的原则,与这种神性历史观相一致的辩证法必然成为为世间万物提供神圣意义的神性逻辑,其根本旨趣必然是赋予现实事物以神秘性的光彩。因此,马克思的判断一语中的:"辩证法在黑格尔手中神秘化了,……辩证法,在其神秘形式上,成了德国的时髦的东西,因为它似乎使现存事物显得光彩。"② 可见,黑格尔辩证法的理论旨趣是在其所推动的神圣历史中实施神的救赎计划,其理论内涵表征的是神存在的意义,其理论形态表现为属神的逻辑。

由于立足于人的感性生命活动,马克思的实践的历史观则没有走向纯粹的神,而走向不纯粹的、"肮脏的"但更为真实的人,因而实践历史观的本质形态是人学历史观,与之相一致的辩证法必然是人学辩证法,其所欲达到的理论目的是在人类的解放实践中澄明生命存在的意义。由于实践历史观的基础不是纯粹的理性沉思,而是不纯粹的感性实践,因此,它比思辨历史观更能看到尘世生命的苦难,它的理论旨趣更注重打破一切禁锢生命的枷锁,在人所创造的历史中守护人的真实生命自由,在批判和革命的行动中彰显出辩证法的生命内涵。进而,与"历史"相一致的"逻辑"——辩证法就会克服自身的"神秘形式",充分发挥自身批判的和革命的本质力量。马克思明确指出:"我的辩证方法,从根本上来说,不仅和黑格尔的辩证方法不同,而且和它截然相反。在黑格尔看来,思维过程,即他称为观念而甚至把它转化为独立主体的思维过程,是现实事物的创造主,而现实事物只是思维过程的外部表现。我的看法则相反,观念的东西不外是移入人的头脑并在人的头脑中改造过的物质的东西而已。"③ 可见,在马克思看来,辩证法其实是最现实、最亲切的人性逻辑,而不是高高在上的神性逻辑。从黑格尔到马克思,

---

① [德] 黑格尔:《历史哲学》,上海书店出版社2006年版,第12页。
② 《马克思恩格斯选集》第2卷,人民出版社1995年版,第112页。
③ 同上书,第111页。

主导辩证法理论内涵的核心从向往神圣存在的人转变为同情感性生命的人，辩证法的理论旨趣也从神学救赎转变为人类解放。

总之，以历史的意义问题为指导，通过梳理"认识论历史观"与"存在论历史观"、"思辨历史观"与"实践历史观"的理论差别，分析不同历史观视阈下辩证法理论内涵、理论形态和理论旨趣的差别，我们印证了历史思维与辩证思维的内在一致性，阐发了生命的意义问题对于深入理解辩证法作为内涵逻辑的重要理论价值。从中我们获得的理论启发是：阐发辩证法的逻辑内涵需要认清辩证法固有的历史性特质，需要重估存在论历史观的真实意义，只有如此，作为内涵逻辑的辩证法才能获得充足的理论根据。从思辨逻辑到实践逻辑，马克思不仅变革了辩证法的逻辑形态，而且改造了辩证法的逻辑内涵和理论旨趣：辩证法理论形态从神性逻辑转变为人性逻辑，辩证法的逻辑内涵和理论旨趣从神学救赎转变为人类解放。

二 存在与救赎：黑格尔概念辩证法的神性本质

辩证法作为一种内涵逻辑，其理论旨趣是对自身内涵的表征。历史意识是构成辩证法理论内涵的重要内容。历史意识的实质是对历史意义的追问，也就是对人自身生命意义的追问。辩证法的理论内涵是生命存在的意义问题，觉解生命的意义是辩证法固有的理论任务。由于对生命意义觉解方式的差别，辩证法表征自身内涵的方式也存在差别，进而辩证法的理论旨趣也存在差别。

黑格尔辩证法所完成的德国古典哲学的观念论，力图通过对人的自我本性的认识实现对事物本性的认识。人的本性在于对事物思维着的考察中确证自身的存在意义。因此，对生命意义的觉解只能借助于观念，在观念中人的精神与客观实在达到统一，生命意义的整体性达到自觉。但观念在从一切经验实在中超拔出来而纯化自身时，已经从有限的人性观念走向无限的神性观念。因此，黑格尔辩证法作为纯粹观念论的逻辑，也从人性的逻辑转变为神性的逻辑。

黑格尔辩证法作为"历史的逻辑化"其理论后果是历史成为逻辑理念和绝对精神的进展史，而绝对精神又是基督形象的现实化，因此，黑格尔历史哲学中的自由理念被逻辑抽象化地隐喻为基督教意义上的救赎,其历史观念的神学前提在其绝对理念这一崇高谋划者面前暴露无遗。结果,逻辑在对于历史抽象化、神秘化的同时也抽象化和神秘化了自身。黑格尔辩证法作为思想的内涵逻辑,其思辨外表下隐含的是一种耶稣基督作为"逻格斯"的肉身化形态和基督教救世论的神学情节。

(一)概念的内涵:抽象理智与生命现象的和解

众所周知,黑格尔辩证法的理论形态是概念辩证法。概念区别于无内容的范畴,即知性思维的规律和法则,是有内容的观念。概念是观念与实在的统一,因而概念辩证法是思维逻辑与存在逻辑的统一。黑格尔的概念辩证法是逻辑的存在论,是存在论的逻辑。概念的内涵也就是辩证法的内涵,概念的旨趣也就是辩证法的旨趣。考察黑格尔辩证法的理论旨趣必须首先考察黑格尔哲学关于概念的内涵及其旨趣。

黑格尔的概念辩证法深受近代以来的两大传统的影响,即理智主义与浪漫主义。一方面,尽管当代哲学对黑格尔进行了众多非理性主义的解读,但黑格尔确实不折不扣地是一个理性主义者,黑格尔所秉持的理性主义不管是古希腊的理性还是近代的理性,从其实质上说,都是要通过对理性的考察来实现对非理性的把握,都强调理性的思维法则与事物的运动法则应该是一个法则。近代哲学普遍认为,这个理性法则的表现形式只能是人类理智固有的对共相的寻求。另一方面,理智对共相的寻求如果与内容没有建立起真正的有机联系,必然导致理智与生命的二元对立,使理智与生命都陷入抽象化的境地。浪漫主义就是对启蒙所导致的理智主义的自觉反省。黑格尔早期深受浪漫派的影响,这种影响体现黑格尔后期立志要创造一套有内容的逻辑学体系和有生命的哲学体系。

首先,近代以来,随着认识论哲学的崛起,启蒙的后果是塑造了主体性与理智主义的无上地位。这种理智主义的哲学思潮,无疑为从康德到谢林的德国古典哲学奠定了基本的思想基调,这就是强调通过超验观念可以达到对事物本性的认识。之后,这种思想进一步发展为黑格尔的在概念中达到自我的本性与事物本性同一性的把握。克朗纳认为:"康德所奠立了的方向,亦即所称的超验观念论,必须是一同一的、为所有属于自康德到黑格尔这一阶段的思想家一致所归趋的方向。……德意志观念论所要努力的，正是要自概念层面把观念论与实在论之间的对立作一联系。"① 这种对先验观念的强调深深地影响着黑格尔的哲学风格。在黑格尔看来，哲学就是对事物思维着的考察。事物的本性是不能直观到的，而只能通过人的思维向人显现。人的思维作为客观理性实现自身觉解的平台，对自身思维逻辑的主观反思也就是一种客观反思，即对事物自身的存在论反思。因此，近代哲学的理智主义或知性思维尽管被黑格尔的理性主义所批判和超越，但无疑构成黑格尔思想的首要出发点。黑格尔的具体理性就是在主观理性的平台上把客观理性的存在论思想呈现出来的。这里所说的主观理性就是黑格尔经常批判的知性。在黑格尔看来，真正的哲学要想脱离常识的主观任意性，必须建立自身科学的形态，而科学形态的首要特征在于它要脱离主观任意的形式，而有属于自己的概念体系。显然，正如上面所强调的，知性的确定性和清晰性是建立这种概念体系的基本条件之一。

其次，哲学有了确定性和清晰性的形式还不够，还要有内容、有生命，否则同样会落入另一个极端，即抽象性。抽象性显然是立志建立科学哲学的黑格尔所不能容忍的。尽管主观理性在近代的崛起深深影响黑格尔的思维方式，即始终注重从理智的、思维的形式出发去实现对事物的把握，但是，这种以主观理性崛起为核心的启蒙精神到了黑格尔的时代已经开始逐步暴露出自身的局限性。启蒙派已经开始对启蒙自身的局限性进行深入反省。启蒙的弊端所导致的人与自然、思想与生命、理性与信仰的割裂，已经为众多思想家所洞察。康德、卢梭、歌德、施莱格尔和谢林等人都已经对启蒙保持着谨慎的批判态度，这就是当时欧洲大陆的浪漫主义思潮。浪漫主义思潮强调人与自然、人与社会的有机联系，把宇宙、自然看作是活生生的有机整体。黑格尔深受这股浪漫主义思潮的影响，他对古希腊宗教、政治、伦理、艺术和文化生活充满了向往。立足于古希腊的客观理性主义的思维方式，黑格尔对近代的主体理性进行了深入的批判和前所未有的改造。

最后，在这双重的影响下，黑格尔概念辩证法就必然具有理智与生命的双重因素。黑格尔辩证法的每个概念里都渗透着这两大因素，每个

---

① ［德］克朗纳：《论康德与黑格尔》，同济大学出版社2004年版，第9页。

概念都是理智与生命和解的结果。"在这里，概念也该被看作不是自我意识的知性的行动，不是主观的知性，而是自在自为的概念，它构成既是自然又是精神的一个阶段。生命或有机体的自然是自然的一个阶段，概念就出现在这个阶段上，但只是盲目的，并不会把握自己，即不是进行思维的概念；作为进行思维概念那样的概念，只属于精神。"① 因此，这里需要强调的是，概念作为理智与生命的和解关系到目前为止还没有达到认识论的反思关系，而只是存在论的直接性关系。所谓存在论的直接性关系表明，理智与生命的关系未达到二元对立的规定性关系，而是内在的同一性关系。只有达到并且超越了二者的反思性关系，理智的规定性才不仅是思维的逻辑、现象的本质，而且是存在的内在逻辑，是现象的内在规定性。这时，理智与生命从属于一个理性，这就是绝对理性或客观理性，理智只不过是客观理性达到觉解自己内在于生命之中的规定性的平台。在这个意义上，概念才真正达到既包含客观理性的内在形式，也包含客观理性的外化内容，是理智与生命的统一。

黑格尔认为概念的至高形态是"理念"。理念是一种高级的概念，它既具有理智形式的固定性，又具有具体性内容的生命力。黑格尔提出："现在必须承认这样的概念还不完全，而必须把自身提高为理念，理念才是概念和实在的统一，它必然以对概念本性的追索而自然发生。"② 那么，概念又如何由自在的形态过渡到自在自为的理念形态呢？要达到在存在论意义上的理念，真正实现理智与生命的和解还需要凭借一个"追索"的平台，这个平台就是"历史"。正如上文所说，概念作为具体的普遍性，是一种纯化了的思想，而纯化了的思想就是精神的本质形态——理念。精神的本质性所经历的纯化自身的过程就是精神对于自身历史性的自觉。所谓理智与生命的和解，就是和解于精神的历史性过程之中，并最终和解于作为精神本质的理念。概念是以理智形态所表征的生命内容，是对作为精神现象的生命一系列异化形态的超越和克服。概念就是生命结束异化后所达到的绝对精神在理智形态上的表现。在这个意义上，黑格尔的概念辩证法所内含的是生命内在超越自身异化

---

① ［德］黑格尔：《逻辑学》下卷，商务印书馆1976年版，第250页。
② 同上书，第251页。

形式走向自由与完满形态即理念形态的一首悲壮史诗。

（二）精神现象的悲剧历程与概念辩证法的历史性

作为理智与生命和解的概念在精神的历史性自觉层面达到了自身的本质形态——理念。作为精神的本质形态，理念克服了自我与客体的抽象对立，是自我具有喜剧色彩的完美实现。但是，作为精神的本质形态，理念恰恰不是人类存在的喜剧式表征，而是对于人类苦难的深层揭示，是对于人类生命以及人类历史的悲剧性表征。

黑格尔认为，精神的提升始终需要经历精神诸现象的抽象与矛盾、彷徨与痛苦、哀愁与悲伤等历程，只有通过这一历程，概念乃至理念才获得了深刻的内涵和完整的生命力。因此，黑格尔辩证法及其所贯穿于其中的历史过程实际上是精神的意识形态克服多重异化所走过的悲壮历程，是一首具有荷马著名史诗《奥德赛》意味的悲情之歌。在这个意义上，我们也就能够理解卢梭、歌德、诺瓦利斯、谢林、施莱格尔等人为什么对黑格尔哲学具有巨大的影响。因为他们有《浮士德》、有《爱弥尔》、有《亨利·冯·奥夫特丁据》，正如科西克所言："马克思和黑格尔都把自己的著作锚泊在流行于他们时代文化背景中的一个共同的隐喻式基调之中。当时的文学、哲学和科学创作的基调都是'奥德赛'式的。为了认识自己，主体必须周游世界、认识世界。只有以自身在世界中的活动为基础，主体的认识才有可能。主体只有能动地参与世界，方能认识这个世界。"[①] 也正如尼采所说："最富有精神的人，前提为，他们是最勇敢的人，也绝对是经历了最痛苦之悲剧的人：不过，他们之所以尊敬生命，正是因为生命以最大的敌意同他们对抗。"[②]

在黑格尔哲学中，生命的尊严和意义无法从生命的实在性中获得，而只能在生命的精神活动中获得，或者说，生命的精神形式在逻辑上先于生命的实在形式。而具有精神的活动形式并且能够对于自身生命意义加以反思的只有人这样一种生命形式。因此，黑格尔所实现的理智与生

---

① ［捷克］科西克：《具体的辩证法》，傅小平译，社会科学文献出版社1989年版，第138页。

② ［德］尼采：《偶像的黄昏》，卫茂平译，华东师范大学出版社2007年版，第132页。

第四章 历史意义批判及其人学阐释：马克思辩证法的存在论旨趣

命的和解，就是人类理智与其作为精神生命形式的和解，而理智与精神生命的和解实质上又是精神生命在理念意义上达到对于自身存在意义的自觉，即精神的知识形态或概念形态。所以，黑格尔实现理智与生命的和解，就要揭示出人类精神生命所走过和克服的一系列异化形式和所经历的一系列苦难，揭示出精神生命所走向非异化的自由状态，走向人的自由本性的完满复归。这一过程的实质是人类精神生命从抽象走向具体、从启蒙走向救赎的悲壮史诗，是一部精神的"奥德赛"。按照黑格尔的理解，精神的"奥德赛"或精神生命必须走过的异化形态表现为以下四个阶段：

第一，生命从自然意识走向自我意识的阶段，即死亡意识的内在化阶段。人的生命在最原初的意义上，首先体验到的是生与死的对立，死亡意识构成意识从自发到自觉的首要前提。只有真正克服了死亡意识，把死亡意识不是只当作为自身消极的终结因素，而是内化为生命意识的内在否定性，才能在死亡意识和克服死亡意识中达到真正的人的生命意识即自我意识。

一般认为，死亡意味着生命意识的终结，只构成精神生命的消极环节，但黑格尔认为，死亡不应该只被看作是生命的对立面，死亡在更重要的意义上，构成生命真实确证自身的首要因素。在《精神现象学》的著名的主奴辩证法相关论述中，黑格尔突出强调了死亡在形成自我意识过程中的重要作用："只有通过冒生命的危险才可以获得自由；只有经过这样的考验才可以证明：自我意识的本质不是一般的存在，不是像最初出现那样的直接的形式，不是沉陷在广泛的生命之中，反之自我意识毋宁只是一个纯粹的自为存在，对于它没有什么东西不是行将消逝的环节。一个不曾把生命拿去拼了一场的个人，诚然也可以被承认为一个人，但是他没有达到他所以被承认的真理性作为一个独立的自我意识。"[①] 可见，没有死亡意识就没有自我意识，就没有对人的生命的真正确证。把死亡这一生命的终结对立面内在化为生命的积极因素，把死亡担负起来，以死求生、向死而生才使得人第一次与其他存在者区别看来。因此，对死亡意识的自觉，就是对人的生命意识的自觉，死亡意识

---

① ［德］黑格尔：《精神现象学》上卷，商务印书馆1979年版，第126页。

作为人生命的终极有限性，对它的承担和克服构成人的精神生命中悲壮且高贵的因素。死亡唤起了人对自身存在的反省，意识开始真实的面向人本身的存在，而不再为外界的现象所左右，这种自我意识回归是人走向理性的前提，为人类把自身当作理性的生命存在奠定了基础。

第二，生命从自我意识走向理性意识的阶段，即自然意识的内在化阶段。如果说死亡意识对于自我意识的回归作用源于一种自然意识，那么自我意识向理性意识的过渡则完成了死亡意识或自然意识的内在化，精神生命开始克服了生命的生存与死亡这一原初对立和异化。但新的对立和异化也随之产生，这就是自我与自然的对立。死亡意识的效应是，在自我意识中，一切非自我的存在物都被内化到自我之中，自我构成世界的中心。但黑格尔认为，这种把自我意识绝对化的阶段，仍然没有实现人的真正完满的生命，因为在自我之外仍然有一个自我所无法内化的自然与我们相对立，自然的永恒存在构成自我永恒的局限性和对立面。

面对自然与自我的对立，黑格尔认为，人类不应该陷入怀疑主义、斯多葛主义和主观唯心主义对于自然的消极逃避，而应该像面对死亡一样，在自我中把自然内在化，即把自然作为自我意识的异化形式，作为自我意识提升的新的否定性力量，实现自我与自然的和解。那么，如何实现自我与自然的和解呢？黑格尔认为，具有死亡意识的自我不会停留于自身，而要把这种内在的"不幸意识"外化到事物中去，在对这种外化事物的认识中来认识自身，从而实现自我与自然在理性中的和解。对外化事物的认识，黑格尔主要诉诸"观察"，因为观察能达到对事物感性把握的过滤，达到范畴或共相的把握，而理性就意味着对于事物加以范畴和概念式的把握。因此，正是在理性范畴中，自我与自然达到了统一，自我意识真正实现了自身的独立性，其死亡的内在困境与自然的外在对立都被克服，自我达到前所未有的"自由"，为人的生命达到个体意识奠定了基础。

第三，生命从个体意识走向普遍意识的阶段，即个体意识的内在化阶段。人的意识从自我意识走到理性阶段，在理性范畴中实现自我与自然的统一。这时，自我沉入到自然当中，实现对自然生命的自觉。在自然生命的自觉中，生命完全面向自身，只注重自己的生命体验。但是，人不仅是自然的生命，而且还是自由的生命或社会的生命。正是在社会或精神生命的意义上，自我意识才通过理性达到作为个体理性的存在，才获得了真实的独立性。然而，个体理性的获得是以新的对立面的确立和克服为前提，这就是个体理性与普遍理性的对立。

黑格尔认为，个体理性虽然通过自然理性的阶段达到自觉，但是只有在社会理性中才能真正建立自身，社会理性是普遍理性的现实表现形式，主要体现在社会的伦理实体如家庭、国家、法和政治，等等之中。个体理性融入普遍理性、自觉为普遍理性的环节，也就是个体意识对于自身普遍意识的内在化环节。个体意识的内在化包括两个环节，一个是个体"正向运动"，即在具体的实践活动中完成自身的伦理实体性。一个是个体的"反向运动"，即个体自觉到个体所完成的伦理实体性的活动不应该只停留于个体自身，而要在普遍的社会历史中把它展现出来，个体进而在现实的具有普遍意义的伦理实体中把自己建立起来，个体理性因此融入普遍理性当中。个体内在化克服个体理性与普遍理性的对立，其结果是精神的诞生。在精神中，自我意识或个体理性被实体化地建立起来，精神自身也因为个体的内在化而获得了实体性的存在。

第四，生命从精神走向绝对精神的阶段，即启蒙的内在化阶段。在这个阶段，人的个体生命与普遍理性已经达到和解。因此，追求人的个体生命的完满，就是追求人的普遍精神生命的完满。精神生命的完满形态就是绝对精神，绝对即是无对，没有对立面的精神、自由精神。实现绝对精神必须首先克服精神的否定环节——启蒙。精神作为现实的实体，在其直接性上表现为现实的伦理和规范，在其间接性上表现为教化和启蒙。在直接形态上，精神作为伦理规范具有潜在性，只有依靠自身的异化即伦理教化才能实现自身对现实伦理生活的规范作用，但教化的精神伦理的内在本性决定了，教化必然走向对伦理规范的虚假迷信。这时，精神中的理性因素重新面向自身，开始对教化加以批判，这就是启蒙。

启蒙是精神的间接形态，揭示了精神在直接性意义上其教化形态的虚假性，因此启蒙构成对精神的内在否定，是精神的异化形态。在黑格尔看来，通过启蒙，人的精神生命克服了被教化的状态而获得了世俗的存在。但是，启蒙所走向的内在分裂，即自然神论的唯心主义和感觉主义的唯物主义的两个极端，在实现宗教和教化世俗化的同时也使得人的现实生命失去了神圣的根基。因此，在启蒙时期，理性与信仰的对立成为精神必须面对的课题。

黑格尔认为，理性与信仰的和解，必须在人的精神生命完全现实化之后才能实现，即精神克服了一切对立面和异化形式，达到完美自觉的状态。这种精神真理现实化的"完善"形态就是拿破仑帝国，其理论的"完善"形态就是黑格尔的"自我确定的精神"即绝对精神。贺麟先生曾经引述并评价了黑格尔对于拿破仑的政治态度，黑格尔说："我看见拿破仑，这个世界精神，在巡视全城。当我看见这样一个伟大人物时，真令我发生一种奇异的感觉。他骑在马背上，他在这里，集中在这一点上他要达到全世界、统治全世界。"① 贺麟先生接着评述说："他幽默地和具有深意地称拿破仑为'马背上的世界精神'，这话包含有认为拿破仑这样叱咤风云征服世界的英雄人物，也只不过是'世界精神的代理人'，他们的活动不只是完成他们的特殊意图，而是完成世界精神的目的。"② 可见，黑格尔认为，世界精神的完全可以通过拿破仑式的英雄人物来达到，也可以通过哲学的方式自觉到，或者说，哲学的思辨方式对于世界精神的把握更符合世界精神的本质形态，而这种本质形态就是绝对精神。

黑格尔的绝对精神有三种呈现方式：以直观方式呈现的是艺术，以表象方式呈现的是宗教，以概念方式呈现的是哲学。黑格尔的概念就是绝对精神的知识形态，是人的生命所走过的这一系列异化阶段之后所达到的完满形态。概念的历史性在这个意义上，就凝聚为人的生命存在的当下性，精神悲壮历程的存在论意义就在于对人的生命异化形态的救赎，对人的完满生命存在论方式的终极追求。正如新黑格尔主义哲学家罗伊斯所说："黑格尔的'绝对'是一位斗士。在他身上，人们可以看到人类精神生活岁月的尘埃和血脉。他遍体鳞伤，然而却是载誉归来。他是战胜一切矛盾的上帝，是表达、包括、统一并享受人类全部忠诚、忍耐和热情的整个精神意识。"③ 在这个意义上，以绝对精神的"纯存

---

① ［德］黑格尔：《精神现象学》上卷，商务印书馆1979年版，第3页。
② 同上书，第4页。
③ 《新黑格尔主义论著选辑》下卷，商务印书馆2003年版，第14页。

在"开始,以"绝对理念"结束的黑格尔辩证法是人的生命同自身的异化形态勇敢战斗的历程,是人性生命走向神性生命的存在论逻辑。

(三)救赎的逻辑:黑格尔辩证法的神性本质

从黑格尔对人的精神生命历程的描述可以看出,黑格尔所理解的人的生命史充满着死亡、自然、个体和启蒙等否定形式,这些否定形式构成人类生命的内在悲剧。但黑格尔的任务不是描述而是救赎,是在绝对精神中实现人的生命的完整回归。因而在历史的终结处,黑格尔给出的是喜剧的结局,即人的精神生命在理性与信仰的和解中达到神圣的升华。

理性与信仰和解的平台是绝对精神,绝对精神的知识形态即绝对知识,绝对知识的概念系统即逻辑学。因此,逻辑学既是人的生命悲剧历程的终点,也是人的生命救赎历程的起点。逻辑学中的各个概念都走过生命的悲剧历程,都是生命完满形态的片面表征。逻辑学的这一前提决定了,生命的个体理性在思辨逻辑面前是渺小的悲剧,片面的个体理性只有融入普遍理性、客观理性才能成就自身的价值,才能实现意义的完满。因此,走向救赎是个体存在的必然命运,也是作为客观精神的辩证法的内在任务。在这个意义上,黑格尔的思辨逻辑虽然具有历史性,但不过是作为心灵和观念存在的人的精神历史,是把人从其所处的现实生活状况中剥离开,抽象化为精神性存在的范畴史。"黑格尔认为,世界上过去发生的一切和现在还在发生的一切,就是他自己的思维中发生的一切。因此,历史的哲学仅仅是哲学的历史,即他自己的哲学的历史。没有'与时间次序相一致的历史',只有'观念在理性中的顺序'。他以为他是在通过思想的运动建设世界;其实,他只是根据绝对方法把所有人们头脑中的思想加以系统的改组和排列而已。"[①] 可见,在马克思看来,黑格尔的逻辑尽管以历史为载体,但是实际上历史被逻辑化了,历史变成了应用逻辑,逻辑脱离了其所根植之上的历史之土壤。在这个意义上,我们认为马克思的上述判断是对的,这就是黑格尔最终使得辩证法走向了抽象而且孤立的状态,辩证法作为范畴逻辑变成了一种

---

① 《马克思恩格斯选集》第1卷,人民出版社1995年版,第141页。

绝对方法，辩证法被实体化，被形而上学化。正是在这个意义上，黑格尔辩证法的人学色彩被其形而上学的神学色彩所遮蔽掉，这也是为什么马克思反复强调辩证法在黑格尔那里被变成了神秘性的东西。

实际上，对生命异化形态加以考察并非黑格尔的终极目标，黑格尔的最终目的是通过设定和克服一系列异化，来确证绝对精神或神的存在。在黑格尔看来，人的生命之所以充满矛盾和悲剧色彩，是因为生命还没有达到完满形态，绝对精神没有回归自身。因此，黑格尔所描述的生命的异化，不过是绝对精神自身的异化，生命的异化形态是精神的异化形态，生命在黑格尔看来就是精神生命。生命的救赎就是精神的救赎，精神达到完全自由的形态就是绝对精神。而绝对精神在黑格尔哲学视阈中显然具有极强的神学意味，这不仅与早期黑格尔哲学的宗教背景相关，而且关键在于这是黑格尔哲学逻辑推演的必然结果。正如科尔纽所说："黑格尔关于精神活动决定现实的观点，实际上源于基督教的创造观。在黑格尔看来，上帝就是宇宙精神，是绝对观念。"[1] 马克思则更为深刻地揭示："在黑格尔看来，自我产生、自我对象化的运动，作为自我外化和自我异化的运动，是绝对的因而也是最后的、以自身为目的的、安于自身的、达到自己本质的人的生命表现。因此，这个运动在其抽象形式上，作为辩证法，被看成真正人的生命；而因为它毕竟是人的生命的抽象、异化，所以它被看成神性的过程，然而是人的神性的过程——人的与自身有区别的、抽象的、纯粹的、绝对的本质本身所经历的过程。"[2] 黑格尔哲学对于生命异化存在方式的救赎在这个意义上实质上是通过把人性引向神性的方式来实现的。

黑格尔把人的生命活动等同于人的精神活动，进而人的生命现象的异化也被等同于人的精神现象的异化，对生命现象异化的克服也就等于对人的精神异化的克服，人的生命的完整复归的历程，就是人的精神的完整复归的历程。因此，黑格尔对人的理解主要包含两层意思：其一，人的生命现象的异化及其完满形象的复归是一个历史性的过程，对人的理解只能在人的异化以及异化的克服中实现。其二，人的生命是具有自

---

[1] ［法］科尔纽：《马克思的思想起源》，中国人民大学出版社1987年版，第16页。
[2] 《马克思恩格斯全集》第3卷，人民出版社2002年版，第332页。

第四章 历史意义批判及其人学阐释：马克思辩证法的存在论旨趣

我意识的精神生命，人在自我意识中确证自身，因此，人的异化及其复归就是自我意识的异化与复归，就是人对自身精神生命的自觉和完成。就前者而言，黑格尔确实把人的生命存在方式理解为一种历史性的存在，强调在历史中完成生命的拯救，进而为其作为绝对知识的概念注入了生命的意义，保证了其概念辩证法作为一种内涵逻辑的合法性。但是就后者而言，黑格尔对人的生命的精神化理解暴露了其辩证法生命内涵的神秘性。辩证法虽然是生命意义的觉解和拯救，但只是精神生命的觉解与拯救，只是建立在对人的神性理解基础上的神学救赎，在这个意义上，黑格尔辩证法脱离了它的人性内涵，成为一种神性的逻辑。

在《1844年经济学哲学手稿》中，马克思对黑格尔辩证法的积极因素和神性本质做出了深刻的论述。马克思首先肯定了黑格尔辩证法的伟大功绩在于，把人看作一个活生生自我实现的过程，在自身的异化和对异化的克服中完成人作为类存在的本质，即黑格尔始终在历史性地看待人以及人的本质。同时，马克思也明确指出，黑格尔异化思想的局限性在于，由于把人等同于自我意识，黑格尔理解人的对象性是没有现实对象的虚假对象性，"自我意识通过自己的外化所能设定的只是物性，即只是抽象物、抽象的物，而不是现实的物"①。进而，黑格尔对人的异化形态的批判与自我确证只不过是虚假批判和虚假的确证，"否定的否定不是通过否定假本质来确证真本质，而是通过否定假本质来确证假本质或同自身相异化的本质"②。结果，黑格尔对人的类本质的拯救过程，只不过是人的神性化过程，是把人神化之后所实现的神的自我救赎。"这个过程必须有一个承担者、主体；但主体只作为结果出现：因此，这个结果，即知道自己是绝对自我意识的主体，就是神、绝对精神，就是知道自己并且实现自己的观念。"③ 可见，黑格尔对人的异化及其克服理解，不过是精神的和观念的异化与克服，是对人的虚假的异化形式的设立和克服。实现的人的拯救也不过是神学的和思想的拯救，其辩证法最终落入到思辨神学的迷雾之中，而无法发挥自身的现实批判

---

① 《马克思恩格斯全集》第3卷，人民出版社2002年版，第323页。
② 同上书，第329页。
③ 同上书，第332页。

力量。

　　黑格尔辩证法陷入的这一境地，固然与其早期的宗教哲学研究有关，但这只是外在的影响。考察黑格尔概念辩证法的神性本质，必须深入考察承载辩证法形式的内容载体即概念的神性本质。虽然黑格尔辩证法的概念形态表现为理智与生命的和解，但是这里的生命实质上是精神生命或思想生命，因此，概念作为理智与生命的和解，实质上是精神或思想与自身的和解。而且，黑格尔所谓的理智与生命的和解事先已经设定了一个主体承担者，即绝对精神。理智与生命的对立和冲突最终复归到绝对精神，概念作为理智形态的精神生命是绝对精神的知识形态，即绝对精神自我异化、自我克服异化和自我完成。生命克服异化达到所谓的完满形态，是绝对精神逻辑先在的"神性狡计"和自编自导的一场大戏。在这个意义上，马克思的判断无疑是深刻的：黑格尔辩证法从宗教和神学出发，又复归于宗教和神学，其作为概念形态的哲学，不过是变成思想的并且通过思想加以阐明的宗教。①

　　从马克思的立场看，黑格尔强调的精神现象的历史不过是逻辑为认识自身所设定的抽象的、虚假的神性活动的历史，而非真正作为人的对象性活动产物的现实的人的历史。因为黑格尔"只是为历史的运动找到抽象的、逻辑的、思辨的表达，这种历史还不是作为一个当作前提的主体的人的现实历史，而只是人的产生的活动、人的形成的历史"②。黑格尔所理解的"人的产生的活动、人的形成的历史"，也不过是绝对理念或神的自我理解的平台和中介，只能体现为精神活动和自我意识形成的历史，而当人的现实的历史被精神化、神化的时候，人的生命的完整复归也必然是神性的在历史中确证自身的虚假救赎和虚假复归。可见，在黑格尔的思辨逻辑中，只有神的位置而没有人的位置，只有对神的确证而没有对人的确证，于是人的真实生命存在被逻辑所虚无化了。在这个意义上，我们也就能理解为什么尼采把西方理性主义的形而上学传统看作是西方道德虚无主义的思想根源。"整个希腊思维诉诸理性的狂热，透露出一种困境：人们陷于危险，人们只有一个选择：要么毁灭，要么

---

① 《马克思恩格斯全集》第3卷，人民出版社2002年版，第314页。
② 同上书，第316页。

第四章 历史意义批判及其人学阐释:马克思辩证法的存在论旨趣

——荒谬地理性……从柏拉图开始,希腊哲学家们的道德主义局限于病态;而他们对辩证法的重视同样如此。理性＝德行＝幸福,这仅仅意味着:人们必须效仿苏格拉底,制造一种持续的日光——理性的日光,以对抗蒙昧的欲望。人们必须不惜任何代价地聪明,清醒,明白:对于本能和无意识的任何让步,都会导致没落。"[1]

与尼采从理性主义批判的角度揭示西方的精神虚无主义思想渊源的这一路径不同,马克思关注更多的是人在现实层面的生存虚无主义的表现形式及其思想根源。在马克思看来,问题的关键不在于是否运用理性,更不在于是否进行一种辩证思维,问题的关键在于是否把理性对于人自身存在辩证本性的揭示加以绝对化,在于是否把理性变成了"无人身的理性"。"无人身的理性"是理性的实体化,理性把握事物的逻辑形式——辩证法也进而被实体化。黑格尔哲学就是这种实体化的理性哲学的典型表现。

黑格尔实体化的理性哲学对于人的生命存在方式的"虚无化"表现在:人的生命存在的充实与完满本应该表现在人类存在的对象性或矛盾性,人总是在自觉克服生存与死亡、自我与自然、理性与感性、普遍与个体等对象性的关系中确证自身存在的意义与价值。因此,人的存在方式本身是符合辩证逻辑的基本形式的。但是,虽然黑格尔哲学自觉到了人的辩证存在方式,但是他把现实的人理解为精神的人,于是人确证自身充实完满存在的最重要内涵,即人的存在的对象性被逻辑的实体性所窒息掉,人的辩证存在成为应用逻辑,逻辑高于人,而不是人高于逻辑。因为在实体化的神性逻辑中,人既不是他者的对象,也不是自己的对象,而是没有对象性关系的非对象性存在者。但是,人的真实生命存在方式的首要特征却在于人是对象性的存在者,因为在马克思看来,真实的人的对象性关系表现在,"人不仅仅是自然存在物,而且是人的自然存在物,就是说,是自为地存在着的存在物,因而是类存在物"[2]。也就是说,人既是主动性和能动性的、理性的和精神的存在者,更是受动性的、感性的和自然的存在者。正是后者保证了人的存在的真实性,

---

[1] [德]尼采:《偶像的黄昏》,卫茂平译,华东师范大学出版社2007年版,第132页。
[2] 《马克思恩格斯全集》第3卷,人民出版社2002年版,第326页。

"人作为对象性的、感性的存在物,是一个受动的存在物;因为它感到自己是受动的,所以是一个有激情的存在物。激情、热情是人强烈追求自己的对象的本质力量"[①]。而在黑格尔的神性逻辑的辩证法中,人的感性生命内容显然被遮蔽了。在这个意义上,黑格尔辩证法对人的生命的救赎实际上沦为对生命的禁锢。

与黑格尔辩证法从神性的人出发复归于人的神性不同,马克思从感性的人出发,复归于人的感性,进而改造了黑格尔辩证法,打破了其神性逻辑对感性生命的禁锢,在"人的本质的现实的生成"的历史过程中,揭示人在资本主义生产和生活方式中的生存虚无主义的状况,即人的生存维系在一个抽象的实体——资本之上,生存的对象性和创造性被资本的实体性逻辑所固化。资本逻辑作为一只看不见的手摆弄和推动着生存的"群氓"四处游荡,其唯一固着的精神家园——资本却通过商品把人带向无生命的精神荒漠世界,"商品拜物教"无法给予人真实的精神寄托反倒把人类带入集体的虚无和疯狂。正是在这个意义上,马克思才提出其思想目标是把"真正的人的生命"归还给人。而马克思的这一工作无疑是建立在其对于人类辩证生存方式的自觉的基础之上,是建立在马克思对于历史辩证法的理论内涵的重新阐释的基础之上,因此,马克思的历史辩证法是对于辩证法作为一种人类生存逻辑形态在理论内涵和价值旨趣上的多重重大变革。

三 存在与解放:马克思历史辩证法的人学性质

马克思辩证法实现的"逻辑的历史化"为逻辑提供了唯物史观的理论视阈。以唯物史观为新的视阈,辩证法摆脱了黑格尔神学历史观的束缚,从对于人的神性理解的内涵逻辑转变为在现实的历史中还原人的现实存在的内涵逻辑。马克思的辩证逻辑不是去规范和模式化历史的绝对实体,而是人在对于现实历史的创造过程中所自然生成的内在规律性。因此,马克思辩证逻辑与历史存在论的统一不是统一于精神的实体性活动,而是统一于人的感性实践活动。因为历史不再被看作是上帝实现自

[①] 《马克思恩格斯全集》第3卷,人民出版社2002年版,第326页。

身拯救意志的工具和平台，而"不过是追求着自己的目的的人的活动而已"。马克思这里所强调的"目的"不是去实现上帝意志的救赎，而是人的自我拯救、自我解放。马克思辩证法在对于人的生命存在意义和价值加以历史存在论理解的意义上获得了新的理论旨趣。

在马克思看来，黑格尔是哲学史上第一个自觉地以历史思维的视角考察人的辩证存在方式的哲学家。但是，黑格尔虽然达到了对辩证法生命意义内涵的揭示乃至自觉，但是当他把人的生命存在理解为精神生命和理念生命的时候，当他把人生命存在的自我完善看作是精神的自我完善、理念的自我觉知时，人的生命存在的能动性就被无限地夸大为脱离了人的本性的神性存在了。因此，黑格尔辩证法的生命内涵的实质是一种生命神性化内涵，其辩证法的理论旨趣实际上是力图提升人类生命存在的意义与价值，把它提升到神的高度和水平，或者说，是在以一种神性的目光来关照和救赎人的生命存在的有限性。应该说黑格尔以辩证法对于人类生命存在意义的这样提升有其重要的理论价值和现实意义，但是，人类的解放和救赎如果仅仅停留于精神层面，那么人类又该如何从现实的苦难中解脱出来呢？因此，立足现实、关照现实和改变现实成为马克思不同于黑格尔的基本思想立场。虽然继承了黑格尔对辩证法生命内涵的强调，但马克思强调的不是生命在理性和精神层面的辩证能动性，而是强调生命在感性层面的辩证能动性，而能够体现这种感性层面的辩证能动性的首先就是人的感性实践活动。通过确立人类生命的真实存在形式——感性实践活动，克服思辨历史的神学虚无主义性质，马克思赋予了辩证法新的生命内涵和理论旨趣。

（一）感性实践活动：生命真实存在方式的确立

黑格尔把人的生命存在理解为精神生命，进而黑格尔辩证法的生命内涵是通过人的精神现象史呈现出来的，辩证法的理论旨趣就是精神活动的异化及其救赎。与之不同，马克思把人的生命理解为感性活动，从现实能动性的角度理解人的生命，进而马克思辩证法的生命内涵是通过人的实践活动史呈现出来的，辩证法的理论旨趣就是实践活动的异化及其解放。改造以黑格尔为代表的唯心论哲学对于人类生命存在方式的抽象理解，进而确立人类生命最为真实的存在方式，这构成了我们以存在论视角深入反思和阐释马克思辩证法理论旨趣的基本前提。

相对于以往的哲学，特别是理性主义的唯心论哲学，马克思哲学最大的贡献在于把感性能动性的视角引入到对人的生命存在的理解之中。众所周知，按照理性主义的传统，人作为一种有理性的动物，只有理性生命才是人的真实生命，理论的和理性的生活才是人的幸福生活。相反，从事感性活动的人，感性生命和感性生活则被认为是充满了偶然性和不确定性，因而只能认识似是而非的意见和幻象。柏拉图的"洞穴比喻"为西方理性主义哲学奠定了基调，这一基调要求从理性、理论的角度理解人的生命，要求放弃人的感性生命，从人的感性的、激情的生命存在方式中超脱出来，进而纯化生命，达到高尚的理性生命和理性生活。

针对理性主义传统从理性和理论的角度理解人的生命存在，马克思则反其道而行之提出，人生命的真实性不在于人是具有理性思维能力的存在，不在于人是一种能够寻求逻辑必然性的理论生命和能够过一种沉思生活的存在。因为，生命的理论表现形式和沉思性的生活虽然把人从其存在的实在性中提升出来，获得了超越性的自由感和幸福感。但是，理性与深思也把人从其原初的生命存在方式中抽离出来，人失去了创造自身生命意义的原初总体性的根基，理性作为生命的一个向度被无限地夸大和实体化的同时，生命的其他向度特别是生命的偶然性和可能性的开放向度被遮蔽了。

早在"博士论文"时期，马克思就把人的偶然生命看作是人的真实生命。马克思敏锐地提出，原子的偏斜表述了原子真实的灵魂，偏斜不是偶然地出现在伊壁鸠鲁的物理学中，而是伊壁鸠鲁改造德谟克利特哲学的实质。"卢克莱修很正确地断言，偏斜运动打破了'命运的束缚'，并且正如他立即把这个思想运用于意识方面那样，关于原子也可以这样说，偏斜运动正是它胸中能进行斗争和对抗的某种东西。"[1] 因此，"偏斜"是原子对其必然性的反抗，它唤醒了人在对必然性反抗中实现自身的偶然的、感性自由的本性。在《1844年经济学哲学手稿》，马克思更明确地提出，人是感性的和有激情的生命存在："人作为对象性的、感

---

[1] 《马克思恩格斯全集》第40卷，人民出版社1982年版，第213页。

第四章 历史意义批判及其人学阐释：马克思辩证法的存在论旨趣

性的存在物，是一个受动的存在物；因为它感到自己是受动的，所以是一个有激情的存在物。"① 可见，马克思对于人的生命存在的理解与传统哲学存在根本的差异，这样使得马克思能够以更为原初和完整的视角透视人类生命存在的意义和价值问题。

必须强调的是，旧唯物主义也注重从物理或感性的角度理解生命。古代朴素唯物论从自然存在论的视角，把生命的本原理解为物理存在者，生命被看作是由物理世界生成又复归于物理世界的自然存在。18世纪的法国唯物主义从人的感官、感觉的角度理解生命，进而把生命不再看作是自然而然的与人无涉的存在；而是只有在人的感觉中才能把自身构造起来的存在，或者说生命的感觉先于生命的观念。费尔巴哈也从感性的角度理解人，他超越了机械唯物主义的直观反映论把人的感性只看作是对纯"客体"感觉，而开始认识到了主体"感性直观"是人的生命的"内在性"确证和"外在性"体验的统一，以及这种"感性直观"对于自我认知的重要性。那么同样坚持人的感性存在先于人的理性存在，马克思的感性能动性的唯物主义视角与旧唯物主义存在什么根本差别呢？

纵观这三种旧唯物主义，我们发现三者或者从物理、自然的角度，或者从感官、感觉的角度，或者从感知、感情的角度理解生命、理解人，但都没有从生命的能动性或活动性的角度理解生命，都没有从人对自然的改造活动的视角来理解人的生命存在方式，也就是没有从感性活动、实践能动性的总体性视角来理解人、理解生命。因此，旧唯物主义虽然都强调生命的感性存在，但都忽视了人不仅是一个受动的感性生命，而且是一个能动的、感性活动的和创造性的生命。正是对这一点的强调，使得马克思做出了前所未有的理论突破，确立了对于人类生命存在方式和存在意义的独特理解。正如科西克所言，马克思的唯物主义对于人和实在的意义问题的理解与唯心论哲学和旧唯物论哲学都根本不同，实践的观点打开了重新理解人和理解人所生存的自然环境的崭新视角，"唯心主义把意义从物质实在中分离出来，并把它们改造成独立的实在。另一方面，唯物主义实证论则剥夺了实在的意义。这样，神秘的

---

① 《马克思恩格斯全集》第 3 卷，人民出版社 2002 年版，第 326 页。

任务就完成了。因为，愈是彻底地把人和人类意义从实在中消除掉，这个实在就愈被人们看作是真实的"①。"实践打开了达到人和理解人的途径，同时打开了达到自然和解释、驾驭自然的途径。人与自然、自然与规律、唯人类学主义和唯科学主义的二元论，不能从意识的基点来沟通，也不能从物质的基点来沟通。它们只能在实践的基础上，在以上述方式理解的实践基础上沟通。"② 马克思完成这一革命性工作的关键点在于，马克思对于人的理解与以往哲学存在根本差别，人是解读一切哲学形式内在奥秘的钥匙。

在马克思看来，把人的真实生命还给人，意味着超越理性主义和旧唯物主义对人的片面性理解，把人的生命看作是能动性与受动性的统一。"人作为自然存在物，而且作为有生命的自然存在物，一方面具有自然力、生命力，是能动的自然存在物；……另一方面，人作为自然的、肉体的、感性的、对象性的存在物，同动植物一样，是受动的、受制约的和受限制的存在物。"③ 马克思的这一论断，一方面继承了黑格尔的生命能动性的思想，即强调必须从主体的角度理解生命，把生命看作是对象性的活动。另一方面，也继承了唯物主义特别是费尔巴哈的唯物主义对黑格尔哲学的颠倒，即继承了从感性角度理解人、理解生命，而不是从理性的、思维的角度理解生命。但马克思显然没有局限于对二者做外在的并列，而要在更原初的意义上将二者结合起来，实现对人的生命的真实而完整的理解。如何将两个片面性的理论资源有机地结合起来？主体的能动性如何与感性的受动性统一起来？马克思认为，人的生命存在的本性决定了，在其原初性的意义上人既不只是理性的存在者，也不只是感性的存在者，而是实践活动的类的存在物。人的生命作为类存在物是通过实践活动来实现的，实践构成人的最完整的存在方式。"通过实践创造对象世界、改造无机界，人证明自己是有意识的类存在物，就是说这样一种存在物，它把类看作自己的本质，或者说把自己看

---

① [捷克] 科西克：《具体的辩证法》，傅小平译，社会科学文献出版社1989年版，第185页。
② 同上书，第190—191页。
③ 《马克思恩格斯全集》第3卷，人民出版社2002年版，第324页。

作类存在物。"①

人在类的意义上的实践活动如何既能体现生命的自然能动性又能体现生命的感性受动性呢？马克思认为，关键在于实践活动的实质是一种对象性总体性活动。所谓对象性的总体性活动，就是说实践是人与世界的一种具有对象性关系的活动，在这一活动中，人与世界或实在被建构在一个具体的总体性之中，"人在实践中并在实践的基础上超越了动物世界和无机自然界的封闭性，建立起自己与世界总体的关系。在这种开放性中，人作为有限存在超越他的有限性，并与世界的总体建立关联"②。在该具体的总体性中，人与世界不是知识论的理论关系，人不能跳到世界之外从而把世界当作认识的对象加以审视。人只能在世界之中，通过改造世界的活动确证自身的能动性和受动性，即世界对于人的积极界限和消极界限。在这个意义上，人与世界实际上是一种总体性的建构关系，人通过实践活动不仅创造了自身的物质生活条件，而且也确证了自身的类本质。马克思指出："正是在改造对象世界中，人才真正地证明自己是类存在物。这种生产是人的能动的类生活。通过这种生产，自然界才表现为他的作品和他的现实。因此，劳动的对象是人的类生活的对象化：人不仅像在意识中那样在精神上使自己二重化，而且能动地、现实地使自己二重化，从而在他所创造的世界中直观自身。"③可见，在马克思看来，实践过程特别是体现在生产实践过程中的劳动活动构成人类确证自身生命存在的意义与价值的本质力量，因为在劳动中，人既改造着自然界的诸实在，在客观实在上镌刻上人类对于自身存在的意义与价值的理解，即使自然内化为自己的无机生命。同时，实践过程也始终渗透着人类自身的存在要素，让人把人自身的存在要素贯彻到整个对象性活动过程中，进而人在这个过程中把自身确立为自我创造和自我实现的意义和价值的承担者，"除了劳动的要素之外，实践还包括生存的要素。它既表现在人的客观活动中，又表现在构造人类主体的过程中。在前一活动中，人改变着自然，并把人的意义雕凿在自然材料

---

① 《马克思恩格斯全集》第 3 卷，人民出版社 2002 年版，第 273 页。

② [捷克] 科西克：《具体的辩证法》，傅小平译，社会科学文献出版社 1989 年版，第 174—175 页。

③ 《马克思恩格斯全集》第 3 卷，人民出版社 2002 年版，第 274 页。

上面；在后一过程中，焦虑、恶心、恐惧、愉悦、欢笑、希望等生存要素，不是作为切实的'体验'而是作为争取承认的斗争（即实现人类自由的过程）的一部分表现出来。如果没有生存要素，劳动就不能成为实践的组成部分"①。可见，在感性实践活动中，实在的存在和人的存在的意义和价值都在这种意义总体性的生成过程中获得了确证。

在实践活动中人的能动性与受动性的结合，显然是一种辩证的结合，是一种对立统一关系或生命的内在超越关系。而真实的生命就是生命内在超越自身的片面性达到全面发展的过程。在这个意义上，"实践是人类特有的存在方式。因此，它绝不是只决定人类存在的某些方面和某些品格，而是在一切表相中渗透到人类存在的本质。实践渗透人的整体，在总体上决定着人。实践不是人的外在决定因素"②。因此，真实的生命存在状态必然是以一种辩证的和总体性的方式呈现出来的，因为只有通过实践这种辩证的生命活动才能真实而完整地揭示了人类存在方式的总体性和整体性。进而，辩证法的思维方式也必然是作为生命总体性的内涵逻辑才具有其存在论的合法性，因为辩证法并不是脱离人的存在方式的神秘公式，而就是人的生命的辩证存在方式本身。只有把生命与辩证法在实践活动中统一起来，二者才能获得自身真实的存在形式和丰富的理论内容。在这个意义上，马克思实现了对以往生命片面性理解的超越，不仅确证了生命的真实存在方式，而且也为辩证法确立了真实的生命内涵，生命的辩证本性与辩证法的生命内涵达到真正的统一。同时，实践性的生命理解和实践性的辩证法改造的内在统一也为克服近代以来的历史虚无主义，以及黑格尔辩证法的虚无历史性，更为透视马克思辩证法的真实历史性及其理论旨趣奠定了理论基础。

（二）有"根"的历史性：历史虚无主义的克服

黑格尔把人的生命理解为精神生命，人的精神生命的有限性形式需要在精神生命的绝对形态中加以克服，而精神生命的绝对形态即绝对精

---

① ［捷克］科西克：《具体的辩证法》，傅小平译，社会科学文献出版社1989年版，第172—173页。
② 同上书，第171页。

第四章 历史意义批判及其人学阐释:马克思辩证法的存在论旨趣

神具有自满自足的神性意味,或者说,精神生命的自我完成实际上是人的神性化理解和提升的过程,是人被神化的过程。这一过程只能通过历史的思维方式来完成的,因为只有在历史意识中人的有限性和"碎片性"存在才会被历史的目的论所超越,历史目的论对于天意和绝对的许诺保证了历史规律的客观性,也保证了精神生命自我提升的可能性。在黑格尔看来,历史是精神生命觉解自身神性的过程,是上帝的天意在世俗世界中对自身计划的运演,"'景象万千,事态纷纭的世界历史',是'精神'的发展和实现的过程——这是真正的辩神论,真正的历史上证实了上帝。只有这一种认识才能够使'精神'和'世界历史'同现实相调和——以往发生的种种和现在每天发生的种种,不但不是'没有上帝',却根本是'上帝自己的作品'"[①]。因此,我们有理由判断:黑格尔辩证法作为历史与逻辑的统一,其逻辑是神性的逻辑,神性逻辑的历史任务是人的神性救赎。

现在,问题的关键转变为,尽管黑格尔强调人类生命存在的精神层面和理性层面,是旨在解决人类存在的精神困境和达到对于人类精神世界的理性主义救赎,这无疑具有存在论的合理性。但是,黑格尔对于历史目的论的考察是否适合于对于人类生命的精神性解读?或者说,在黑格尔对于历史目的论的断言中能否真正达到其承诺的人类理性生命的提升?解决这些疑问,关键要回答黑格尔的历史目的论思想从何而来?正如前文对于黑格尔历史观的分析所指出的,黑格尔的理性历史观实际上奠基于基督教的神学世界观之上,众所周知,基督教神学世界观的基本理念是"生命原罪——末日审判——上帝救赎",因此,源自上帝的天意,历史最终向我们呈现出必然性逻辑进路。但是,这种历史观由于其神学理念的强大支撑,注定陷入的是一种"无根"的历史虚无主义。正如科西克所质疑的:"如果黑格尔的理性(他通过它来沉思历史,从而使历史成为合理)不是客观观察者无偏见的超历史理性,而是用辩证公式表述的基督教神学世界观的理性,那么,是否会得出这样的结论,即历史是荒诞的、无意义的,历史与理性是互相排斥的?对历史哲学的批判一开始就暗示着,一种借助天意构造出来的理性是不适合对历史作

[①] [德] 黑格尔:《历史哲学》,上海书店出版社2006年版,第12、426页。

理性把握的。"① 历史目的的天意授权与历史的理性规律是无法真正契合的，因为历史的真实进展和内在意义如果不是历史本身的客观生成，而是外在神圣意志的干涉的结果，那么我们就无法得出历史是能够提升人类理性生命和精神生命的有效平台，也无法得出历史的目的论与人类理性的辩证逻辑是真正一致的。在这个意义上，黑格尔历史主义思维方式所导致的是一种历史虚无主义的后果，它也直接造成黑格尔辩证法的理论旨趣陷入了历史虚无主义。克服黑格尔历史观所导致的历史虚无主义，实现一种"有根"的历史性；克服辩证法的虚无主义化倾向，为辩证法奠定真实的历史性根基，成为马克思创立历史唯物主义世界观的重大理论任务。

　　一般认为，历史意识的诞生是近代哲学或基督教诞生以来的产物，古希腊时期的思想家并不注重历史意识，或者说并没有自觉地从历史的视角出发去探究哲学问题。卡尔·洛维特就认为，在古希腊时期，历史只是在政治斗争的领域中存在，政治历史也只是关于人性的斗争史，没有本质的变化，只是一种循环的运动。近代历史观念和进步观念是基督教历史神学的必然产物。② 列奥·施特劳斯也认为，历史意识在19世纪才被发现的，这一发现是近代哲学的解决自然权利危机的"权宜之计"③。可见，卡尔·洛维特和列奥·施特劳斯或者从中世纪神学的视角解读历史意识的诞生，或者从政治哲学的视角诠释历史意识的发现，二者的共同之处表面上是试图探究历史意识的思想起源，但其根本目的都是要说明历史意识对于古典哲学思维方式的背离，进而对于历史思维和进步理念所主导的现代性政治和现代性宏大叙事展开批判。而批判的主要矛头就是指向近代历史意识所导致的现代性视阈中的精神虚无主义困境。那么面对当代哲学从各个角度对于对历史意识的反省和批判，我们应该如何定位与辩证法思维方式相一致的历史思维方式，该如何看待

---

① ［捷克］科西克：《具体的辩证法》，傅小平译，社会科学文献出版社1989年版，第180页。
② 参见［德］卡尔·洛维特《世界历史与救赎历史》，上海人民出版社2005年版，第36、46、47页。
③ 参见［美］列奥·施特劳斯《自然权利与历史》，生活·读书·新知三联书店2003年版，第13页。

第四章 历史意义批判及其人学阐释:马克思辩证法的存在论旨趣

黑格尔以历史思维对于古典辩证法理论的革新？黑格尔的历史哲学是否在一定意义上助长了近代历史哲学的虚无主义倾向？黑格尔的历史哲学与历史神学到底是什么关系？马克思所克服的黑格尔历史虚无主义的"虚无"体现在什么地方？

按照列奥·施特劳斯看法，历史主义的基础是习俗主义。习俗主义坚持停留在柏拉图的"洞穴"中，即停留于"意见"世界之中，无法走出洞穴获得确定性的"知识"。因此，习俗主义意味着一切知识都是没有确定性的意见，没有绝对的自然权利与自然正确，有的只是关于权利与正确的观念，这些观念受环境和个体主观性的影响不能构成普遍原则。历史意识在习俗主义的基础上，结合近代哲学的主客分立的二元论，"成功动摇了普遍的或抽象的原则"[1]。消解了一切意义的客观标准，进而导致了人的存在方式的无根化，导致了彻底的虚无主义。

实际上，列奥·施特劳斯所批判的历史虚无主义正是近代哲学以科学原则去理解历史的必然结果。科学原则从二元论出发，把历史当作客观对象，似乎能达到对历史的"客观"把握，实际上恰恰走向了"主观"的相对主义。在这个意义上，黑格尔的历史观显然不能等同于虚无主义。黑格尔并不是从认识论的角度理解历史，而是从存在论的角度，把历史看作是人的精神性存在方式。因此，黑格尔强调历史是人的精神生命活动的产物，这本身就为历史奠定了存在论的根基。因此，马克思对黑格尔的历史虚无主义的批判，不在于批判黑格尔历史观的"无根性"，而在于批判黑格尔历史观根基的"虚假性"。

卡尔·洛维特认为，黑格尔虽然从表面看是从理性的角度理解历史，历史是人的理性活动的产物。但实际上，黑格尔历史观有着重要的神学前提。理性的历史只是神学历史的世俗形式，黑格尔的历史哲学的实质是："把信仰的眼睛转化为理性的眼睛"，"救赎历史被投影到世界历史的层次上"[2]。在《历史哲学》中，黑格尔自己也强调"解释历史"就是"描绘"所谓"神意"的"计划"[3]。可见，黑格尔历史观念

---

[1] [美] 列奥·施特劳斯:《自然权利与历史》,生活·读书·新知三联书店2003年版,第18页。
[2] [德] 卡尔·洛维特:《世界历史与救赎历史》,上海人民出版社2005年版,第86页。
[3] [德] 黑格尔:《历史哲学》,上海书店出版社2006年版,第12页。

是以神学为前提,并具有浓厚的神性色彩,这使得黑格尔为历史奠定的理性存在论根基黯然失色,理性不过是神性存在的傀儡和工具,历史理性主义实为历史虚无主义。

因此,黑格尔虽然为历史奠定了存在论根基,但生命的理性存在不过是神的傀儡和工具,理性生命及其活动不过是神的活动的虚幻形式,历史所获得的也不过是虚假的根基。

肇始于柏拉图的西方理性主义传统,注重追求最高原因基本原理的知识,这种知识就是形而上学。形而上学视阈中的第一实体是作为终极真理的神,神构成人的精神家园的终极寄托。在这个意义上,彻底的理性主义必然倒向神学。人的主体理性不过是神的客观理性的环节,人所创造的精神家园不过是客观理性的虚假幻象,人最终仍落入无家可归的境地。因此,在海德格尔看来,西方理性主义注重超感性世界而贬低感性世界的形而上学传统,必然伴随着人的精神世界的虚无主义。"虚无主义的本质领域和发生领域乃是形而上学本身;……形而上学是这样一个历史空间,在其中注定要发生的事情是:超感性世界,即观念、上帝、道德法则、理性权威、进步、最大多数人的幸福、文化、文明等,必然丧失其构造力量并且成为虚无的。"① 在这个意义上,黑格尔从人的理性生命出发,在历史视阈中实现辩证法与形而上学的和解,进而为历史奠定形而上学基础的设想也必然失败,因为理性形而上学的虚无主义必然导致历史的虚无主义。

那么,如何走出理性主义形而上学?如何克服形而上学所导致的历史虚无主义呢?尼采认为,理性主义传统根源于古希腊的日神精神,对日神精神的强调导致了对酒神精神的遮蔽和遗忘。但是,日神精神不仅不能真正遮蔽住酒神精神的激情与创造,反而更印证了酒神精神对于生命的原始存在意义。"希腊人恰恰在他们瓦解和羸弱的时代变得越来越乐观、越来越肤浅、越来越戏子气,甚至越来越热衷于逻辑和世界的逻辑化。因而同时也越来越'欢乐'和越来越'有知识'。"② 可见,理性主义的日神精神不过是对人的感性存在的逃避,生命的酒神精神和人的

---

① 《海德格尔选集》下卷,生活·读书·新知三联书店1996年版,第774—775页。
② [德]尼采:《悲剧的诞生》,译林出版社2007年版,第6页。

第四章 历史意义批判及其人学阐释：马克思辩证法的存在论旨趣

感性存在方式就是克服理性主义传统的内在力量，它不仅成为解构形而上学虚无主义的利器，而且是建构生命存在意义的真实根基。早在《博士论文》中，马克思就表达了作为一名普罗米修斯式殉道者的愿望："普罗米修斯承认道：'老实说，我痛恨所有的神。'这是哲学的自白，它自己的格言，借以表示它反对一切天上的和地上的神，这些神不承认人的自我意识具有最高的神性。不应该有任何神同人的自我意识相并列。"① 从这个角度看，马克思立足于人的感性实践活动来确立生命真实存在方式，也就是把酒神精神贯彻到人的实践活动中，通过彰显酒神精神来批判一切日神精神所虚构的神圣形象，进而从根本上克服理性主义传统及其所导致的虚无主义。

从理性活动创造历史到感性活动创造历史，马克思克服了黑格尔历史观的虚无主义性质，为历史意识奠定了真实的根基。这种根基的真实性表现在，历史从来都是人自己根据自己的感性存在方式所创造的历史，而不是根据神的旨意所虚构的历史。历史是人的现实存在方式，而不是上帝神圣计划的世俗表现。"这种历史观和唯心主义历史观不同，它不是在每个时代中寻找某种范畴，而是始终站在现实历史的基础上，不是从观念出发来解释实践，而是从物质实践出发来解释观念的形成。"② 历史的根基从范畴和观念转变为物质实践和感性活动，这种转变把历史从形而上学虚无主义的深渊拯救出来，而使之直接面向人的感性生活。进而历史的旨趣不再服务于理性知识，不再为实现上帝的世俗计划服务，而关注的是人的现实存在和现实生活。"这种历史观就在于：从直接生活的物质生产出发阐述现实的生产过程，把同这种生产方式相联系的和它所产生的交往形式即各个不同阶段上的市民社会理解为整个历史的基础。"③ 进而历史唯物主义认为，只有"通过实际地推翻这一切唯心主义谬论所由产生的现实的社会关系"，才不会使历史"消融在'自我意识'中或化为'幽灵'、'怪影'、'怪想'"④ 的集合。也就是说，只有当历史变成人的自己实践活动所创造的历史的时候，人才能在

---

① 《马克思恩格斯全集》第40卷，人民出版社1982年版，第189—190页。
② 《马克思恩格斯选集》第1卷，人民出版社1995年版，第92页。
③ 同上。
④ 同上。

实践活动和实践批判中改造历史。或者说，只有当历史是真正属人的历史时，人才能在历史的批判活动中向往人的现实自由与实践自由。因此，实践活动的辩证法既构成马克思历史观的真实根基，也构成历史走向更完善状态的进展动力。因此，有学者提出，"辩证法既不是一种导向绝对否定的消极辩证法，亦非一种周而复始的循环论的朴素辩证法，而是一种具有历史的维度，通过一系列否定之否定而指向思维与存在的更高的统一性的历史的辩证法"①。在这个意义上，马克思的历史唯物主义实际上是实践辩证法与历史辩证法的统一。

历史唯物主义对历史虚无主义的克服，使历史获得了真实的存在论"根基"，这就是实践辩证法。同时这一"根基"也获得了实现的平台，这就是历史辩证法。历史唯物主义实现了实践辩证法与历史辩证法的统一，保证了马克思对辩证法作为"历史与逻辑统一"的思维方式的崭新诠释。"历史与逻辑的统一"以历史的解释原则去看待人与世界的否定性统一关系，就是历史的内涵逻辑。但是，由于在历史唯物主义的视阈中，历史不是上帝实现自身拯救意志的工具和平台，而"不过是追求着自己的目的的人的活动而已"。逻辑也不是人的思想史的内涵逻辑，而是人的实践史的内涵逻辑。进而逻辑的终极目标不是在思想的完整形态即绝对知识和上帝那里，而是在人的真实存在方式即感性实践活动中。逻辑的终极旨趣也不是去克服思想的异化形态，达到精神的完满与救赎，而是要现实地批判感性活动的异化形式，现实地实现人的真实生命形式的完整复归。在这个意义上，辩证法在历史唯物主义中获得了新的理论旨趣。这就是在现实的历史批判活动中，打破和摧毁一切束缚人和压制人的历史形式，现实地回答人的自由和解放何以可能。

（三）自由何以可能：马克思历史辩证法的解放旨趣

通过对感性活动作为人真实生命形态的强调，马克思赋予了辩证法思维方式崭新的理论内涵；通过对历史虚无主义的克服，马克思奠定了历史思维方式的真实根基，为辩证法铺设了现实的实践平台。马克思辩证法的理论旨趣就是在其理论平台上把自身的理论内涵实现出来，也就

---

① 王南湜：《历史唯物主义何以可能》，载《学习与探索》2009 年第 5 期。

第四章 历史意义批判及其人学阐释:马克思辩证法的存在论旨趣

是实现历史唯物主义与感性生命活动的内在统一。马克思辩证法所欲达到的理论目标是:历史地解构一切扼杀真实生命的异化形态,并且历史地建构生命的总体性存在方式,从而在这种"解构"与"建构"的统一中守护人的真实生命存在,回答人的自由与解放何以可能。

必须强调的是,黑格尔辩证法并非不关注人的自由问题,恰恰相反,黑格尔认为,只有依靠他的辩证法理论才能真正理解和实现人的自由本质。但是,黑格尔对于自由的理解是一种必然性的自由或理性的自由。黑格尔说:"必然作为必然还不是自由;但是自由以必然为前提,包含必然性在自身内。"① 这种必然性的绝对自由观超越了由康德自主性自由观,自主性自由观只是强调形式自由的"自我依赖"性,而忽视了自由内容的自我生成才是自由观的实质所在,否则自由必然陷入主观的任意性和无根的空洞性之中。在这个意义上,黑格尔的自由观实现了现代自由观从形式自由向实质自由的转变。正如当代美国社群主义代表查尔斯·泰勒所言:"在现代自由观念的发展过程中,黑格尔哲学是一个重要的步骤。他促成了一种全面的自我创造的自由观念。"② 但是,黑格尔哲学的形而上学形态却使得实质自由走向另一个极端,即人的自由就是对自身的绝对存在样态的自觉:"一般讲来,当一个人自己知道他是完全为绝对理念所决定时,他便达到了人的最高的独立性。"③ 因此,在黑格尔哲学视阈中,只有神或"逻格斯"是自由的,其他环节都是不自由的或者说是一种虚假的有待完成的自由。

黑格尔所理解的自由是指人对于自身所具有的普遍性和必然性的自觉,因为普遍性的东西能够从人的感性存在中独立出来,也就是把人从人的有限性存在状态中解放出来,达到内心的平静和精神的自由。显然,这种自由状态的实现只能由理性的思辨方法才能触及到,因为普遍性依靠感性是无法认识的,感性只能觉知特殊性的东西,只有理性不仅能够从感性实在中把实在的形式规定抽象出来,而且能够把这些形式看作是思维的规定与存在规定的统一,或者说把这些规定看作是存在论,

---

① [德]黑格尔:《小逻辑》,商务印书馆1980年版,第323页。
② [美]查尔斯·泰勒:《黑格尔》,译林出版社2002年版,873页。
③ [德]黑格尔:《小逻辑》,商务印书馆1980年版,第324页。

于是，理性完成了对于实在的理念塑造，实现了对于事物的总体性把握，而这种总体性的至高形态就是绝对理念，从而人也只有在与这种表征一切存在的自由总体性相契合时，人的自由才获得了实现："一般讲来，当一个人自己知道他是完全为绝对理念所决定时，他便达到了人的最高的独立性。"① 按照黑格尔这个论证逻辑，黑格尔实际上悬设一个绝对自由的实体，只有这个实体是绝对自由的，人在这个实体面前都是不自由的或者说是一种相对的自由。黑格尔的这一自由观实际上是为人类设置了一个实现自由的绝对"导师"，只有通过与这个"导师"的真实和解才能从相对自由达到绝对自由。但是，黑格尔的自由观实际上承诺的是一种虚假的自由。黑格尔具有宗教意蕴的绝对"导师"实质上是基督形象的抽象表达，在这一"导师"引导下的人类自由之路仅仅停留于精神的自恋。正如以赛亚·伯林所说："如果我彻底受到决定，如果一个全知全能的旁观者能够预见到我的每一个行动，那怎么能说我是自由的呢？如果我过去、现在和将来的所作所为，都能够由某一个了解所有事实和了解支配它们的一切规律的人作出解释，那么，说我能够为所欲为还有什么意义？"②

如果说黑格尔辩证法的理论旨趣在于回答人的神性自由或人的救赎何以可能，那么与之不同，马克思辩证法的理论旨趣则在于回答人的人性自由或人的解放何以可能。马克思明确指出："我们不想花费精力去启发我们的聪明的哲学家，使他们懂得：如果他们把哲学、神学、实体和一切废物消融在'自我意识'中，如果他们把'人'从这些词句的统治下——而人从来没有受过这些词句的奴役——解放出来，那么'人'的'解放'也并没有前进一步；只有在现实的世界中并使用现实的手段才能实现真正的解放；……'解放'是一种历史活动，不是思想活动。"③ 可见，在马克思看来，问题的关键不在于辩证法是否关注人的自由与解放，而在于辩证法如何关注和实现人的自由与解放；问题的关键不在于自由可不可能，而在于自由何以可能。

---

① ［德］黑格尔：《小逻辑》，商务印书馆1980年版，第324页。
② ［英］伯林：《自由及其背叛》，译林出版社2005年版，第91页。
③ 《马克思恩格斯选集》第1卷，人民出版社1995年版，第74页。

第四章 历史意义批判及其人学阐释：马克思辩证法的存在论旨趣

求索自由何以可能的问题，首先要明确对于自由观念或自由是什么的理解。自由问题在西方政治哲学史上拥有悠久的历史和传统，自约翰·密尔于1859年发表《论自由》以来，探讨社会权利与个体自由的边界和限度一直构成西方近代政治哲学的逻辑主线。当代自由主义旗手以赛亚·伯林在这一主线的基础上进一步提出了自由的双重向度问题，即提出积极自由与消极自由这两种自由观的全新阐释。① 伯林对自由观念的划分，清晰地把自由观念的深层问题揭示出来，这就是，积极自由往往走向了自由的反面，即把私人领域对积极自由的理解推广到公共领域，结果造成对公共领域其他成员的专制。但是，伯林对消极自由的强调是否也难免陷入相对主义的境地，在打破一切束缚人的自由的思想和实体的过程中，人的自由如何获得内在的坚定性，或者说我们凭什么去判断一种思想和实体是否束缚和禁锢了我们的自由？我们在做出判断的时候，是不是已经逻辑先在地设定了人的自由是什么？以赛亚·柏林自由观念的当代探索对于我们深入理解马克思哲学的自由观具有重要意义。我们不禁要问：马克思辩证法所关涉的问题——自由何以可能？这里的"自由"是对积极自由何以可能的回答还是对消极自由何以可能的回答？又或者，如果说以赛亚·柏林仍然沿袭的近代政治哲学的自由问题的发问逻辑，那么马克思的自由观是否跳出了近代政治哲学的自由观念传统？

事实证明，马克思辩证法对人的自由何以可能的回答超越了以赛亚·柏林对于自由观的两种划分，或者说，马克思哲学跳出了近代政治哲学的自由观念的追问逻辑，转变了自由观念的问题域。积极自由与消极自由何以可能、边界如何界定等问题已不是构成马克思辩证法关注的基本问题，在马克思辩证法对自由观念的追求过程中，人自由与解放问题的解决既不是积极自由观的胜利，也不是消极自由观的胜利，而是意味着积极自由与消极自由的超越性统一。这种统一的实现主要与马克思辩证法的生命内涵和历史视阈密切相关。正是马克思辩证法的生命内涵保证了人的自由不是消极自由意义上的没有根基的批判和否定，而是人的生命真实存在状态的完整回归。正是马克思辩证法的历史视阈保证了

---

① 参见［英］伯林《自由论》，译林出版社2003年版，第200页。

人的自由不是积极自由的历史主义导演和设计，而是在人的实践活动所创造的现实历史中的内在生成。辩证法生命内涵与历史视阈的统一就是马克思哲学的实践辩证法与历史辩证法的统一，是马克思对于自由的理想预设与现实完成的统一。实践辩证法与历史辩证法的统一保证了马克思哲学虽然始终以求索人的自由与解放何以可能为旨趣，却既没有走进现代极端自由主义的相对主义困境，也没有陷入后现代哲学所批判的宏大叙事的历险。

一方面，马克思哲学的解放旨趣和自由诉求不是无批判、非反思的实证主义，而是一种实践批判的辩证法。作为一种在人与自然的否定性统一关系形成中的实践批判逻辑，辩证法的实践批判是以一种否定性的整体性视角看待自然与社会的。在这一点上，马克思显然受到黑格尔辩证法的极大影响。这就是客体的真理性不是科学实证意义上与主观性的外在符合，而只能在辩证法所要求的对客体的内在否定中所达到的整体性与总体性中实现，辩证法必然意味着非实在论的整体性思维方式。马尔库塞认为，这种整体性思维方式是马克思与黑格尔辩证法的共同点："每一个简单事实和条件都被带入这一过程，以使只有在它所属的整体中被发现时才可能把握它。对于马克思来说，如同对于黑格尔一样，'真理仅存在于整体中，存在于否定的整体之中'。"[1] 卢卡奇也强调马克思继承黑格尔辩证法的最主要的是其总体性的思维，"黑格尔的哲学方法——最引人入胜之处是在《精神现象学》里——始终既是哲学史，又是历史哲学，就这一基本点而言，它决没有被马克思丢掉。黑格尔使思维和存在——辩证地——统一起来，把它们的统一理解为过程的统一和总体。这也构成历史唯物主义的历史哲学的本质"[2]。马尔库塞和卢卡奇之所以都强调辩证法的整体性意义，不仅因为二者都针对的是马克思辩证法的实证化或实在论理解倾向，而且因为二者都看到了马克思辩证法看待人与世界关系的反实证化、反实在论的精神实质。

既然马克思辩证法是反实证主义和反实在论的总体性思维，那么在教科书哲学体系中，在第二国际的经济论思维方式中，马克思辩证法为

---

[1] [美]马尔库塞：《理性与革命》，上海人民出版社2007年版，第265页。
[2] [匈]卢卡奇：《历史与阶级意识》，商务印书馆1999年版，第85—86页。

第四章 历史意义批判及其人学阐释：马克思辩证法的存在论旨趣

什么还是从总体性的实践辩证法倒向了实在论的物质辩证法呢？对于这一问题？梅洛-庞蒂曾做出过深入的分析：问题的关键在于，如何既能把黑格尔的精神辩证法"唯物主义""颠倒"过来，同时又能克服意识与物质的二元对立，马克思的实践概念显然成为完成这一任务的基础。但是，庸俗的实在论者则走向了物质概念，物质通过激发我思的能动性，达到不同于黑格尔的新的客观性，进而想象出一种物质实体辩证法。但是，如果仅仅局限于主客体的反映关系，而不从主客体的实践关系出发，那么物质实体辩证法所导致后果是，"这一权宜之策改变了马克思的洞见：全部哲学从物的辩证法的角度看都落入意识形态，幻想甚或欺骗之列"[1]。卢卡奇也提出，如果不把主客的实践关系纳入到对辩证法的核心理解之中，而只是停留于二者的直观理解，那么其"科学性"导致的必然是对辩证法的肤浅和平庸理解，对批判和革命作为辩证法核心本质的遮蔽和背离。[2] 因此，物质观念和实在论导致了实践辩证法与历史辩证法的脱离，历史辩证法不过是科学实证对现实的直观，无法获得内在的批判动力和坚定性。结果，陷入了无根的虚无主义境地的历史辩证法，其虽然也打着追求人类自由与解放的伟大口号，实际上却是一种停留于人的直观感受"授意"的保守主义美学批判，或者是一种受制于神圣意志"授权"的绝对主义玄想。因此，随着实践辩证法被庸俗化，立足实在论和实证主义的历史辩证法导致人类真实的自由与解放成为不可能，自由陷入抽象的美学批判和绝对玄想，而在现实中这种美学批判和绝对玄想也必然导致伯林所批判的私人领域消极自由与公共领域积极自由的界限模糊，二者之间的相互越界造成的是人的自由与解放反倒走向了对于人的自由与解放的背叛，注重实践批判的马克思哲学从而被误解为抽象的人道主义甚至恐怖主义。

另一方面，辩证法思维方式的理论本性决定了它始终坚持的是一种历史性的视角，这种历史性的视角一旦获得真正实践辩证法的根基就构成辩证法的又一形态——历史辩证法。事实证明，马克思的历史辩证法并不是抽象的人道主义，更不是令人窒息的恐怖主义。历史辩证法表征

---

[1] ［法］梅洛-庞蒂：《哲学赞词》，商务印书馆2000年版，第35页。
[2] ［匈］卢卡奇：《历史与阶级意识》，商务印书馆1999年版，第50—51页。

的是一条真正实现现实的人的自由与解放的道路。因为马克思辩证法表征的从来不是思维对实在事物的反映论的抽象模式，而是表征实在融入到主客体关系所完成的整体性的意义生成活动中。而且这种"意义生成活动"并不是抽象的意识活动，而是现实的物质生产活动。更重要的是，现实的物质生产活动也不是个体抽象的孤立行为，它必然受到历史条件的制约和影响。所以，实在的意义通过在实践活动中的真实生成与实在的意义在历史条件中的真实生成是内在一致的。正是这种双重"生成"的一致性保证了马克思辩证法摆脱了实证主义和相对主义的历史观。在这个意义上，梅洛-庞蒂的判断一语中的："没有任何东西比马克思主义更远离实证主义的平庸了：辩证的思想，始终准备着从每一现象里抽取出超越此现象的真理，它每时每刻都在唤起我们对世界、对历史的惊异。"① 马克思自己也曾明确指出："我们的出发点是从事实活动的人，而且从他们的现实生活过程中还可以描绘出这一生活过程在意识形态上的反射和反响的发展。……只要描绘出这个能动的生活过程，历史就不再像那些本身还是抽象的经验论者所认为的那样，是一些僵死的事实的汇集，也不再像唯心主义者所认为的那样，是想象的主体的想象活动。"② 可见，马克思的实践辩证法与历史辩证法的统一在克服实证主义的历史经验论的同时，也拒绝走向唯心主义的历史决定论。

在历史决定论的视野中，历史的意义与目的是被先验的理念或神圣的天意所决定了的，历史中的人物和事件就是这种理念或天意的工具和中介。显然，在这种历史观的视阈中设想人的自由与解放，实质上是在设想一种理念的或天意的自由与解放，而不是历史中真正创造和改变历史的现实的人的自由与解放。在哲学史上把人的自由与解放理解为理念解放和天意解放的最大代表是黑格尔哲学。通过扬弃黑格尔的历史决定论，把历史奠基于人的感性生活世界，马克思实现历史唯物主义与历史决定论的界限划分。

在马克思看来，黑格尔哲学虽然富有巨大的历史感，并把这种历史感与其辩证思维方式结合起来，但是黑格尔"只是为历史的运动找到抽

---

① [法]梅洛-庞蒂：《辩证法的历险》，上海译文出版社2009年版，第61页。
② 《马克思恩格斯选集》第1卷，人民出版社1995年版，第73页。

第四章 历史意义批判及其人学阐释:马克思辩证法的存在论旨趣

象的、逻辑的、思辨的表达,这种历史还不是作为一个当作前提的主体的人的现实历史"①。因此,"历史的哲学仅仅是哲学的历史,即他自己的哲学的历史。没有'与时间次序相一致的历史',只有'观念在理性中的顺序'。他以为他是在通过思想的运动建设世界;其实,他只是根据绝对方法把所有人们头脑中的思想加以系统的改组和排列而已"②。可见,黑格尔所理解的历史就是哲学与观念史,历史的主体不是现实的人,而是超现实的哲学理念,不是人创造历史,而是理念创造历史。在这个意义上,人的自由与解放何以可能的问题,就是理念克服人的一切精神异化形式走向绝对理念何以可能的问题。因此,历史陷入决定论的同时,人的自由何以可能也陷入了决定论,也就是人的自由不属于人自己,而是属于绝对理念,被绝对理念所决定。黑格尔的这种历史观及其所诠释的自由观实际上就是以赛亚·伯林的积极自由悖论的最后例证,即自由走向了反自由。

与历史决定论相反,马克思尽管也强调辩证法的历史感,但是他理解的历史不是被逻辑预先规定的历史,而是在历史活动中创造逻辑。梅洛-庞蒂认为:"马克思本人发现了内在于人类生活之中的历史合理性,对于他来说,历史不仅仅是哲学根据合理性来赋予其生存权的事实的或真实的秩序,它是一切意义尤其是概念的或哲学的意义合法地被构成场所。马克思所谓的实践,乃是在种种活动——人借助这些活动来组织他与自然、与他人的关系——的交织中自发地呈现出来的意义。"③ 可见,马克思的历史主体不是逻辑,而是从事感性实践活动的人。进而,历史与逻辑的关系变成:"不是原理创造历史,而是历史创造原理",历史与目的论的关系变成:"不是目的创造历史,而是历史创造目的",历史与现实的关系变成:"不是意识决定生活,而是生活决定意识。"④ 因此,对马克思而言,对天国的批判已经由德国古典哲学所完成,现在的任务是对尘世的批判,从对宗教的批判转向对法和政治的批判,正是在这种现实批判活动中,人的自由与解放才可以被真实地设想。

---

① 《马克思恩格斯全集》第 3 卷,人民出版社 2002 年版,第 316 页。
② 《马克思恩格斯选集》第 1 卷,人民出版社 1995 年版,第 141 页。
③ [法]梅洛-庞蒂:《哲学赞词》,商务印书馆 2000 年版,第 32 页。
④ 《马克思恩格斯选集》第 1 卷,人民出版社 1995 年版,第 73 页。

综合实践批判的辩证法和历史批判的辩证法这两个方面来看，既然"人的根本就是人自身"，自由是人的"根本"属性，那么这种"根本"属性不在人之外的任何神圣形象和非神圣形象之中，而就在自己的实践创造和实践批判活动中，就在实践辩证法和历史辩证法的统一之中，人的自由是人的实践辩证法创造的结果，也是人的历史辩证法批判的结果。作为实践辩证法创造的结果，它不是纯粹的消极自由，而是具有内在标准与尺度的积极性自由。作为历史辩证法批判的结果，它也不是纯粹的积极自由，而是批判一切导致人的非自由状态的异化形式的消极性自由。因此，马克思辩证法回答人的自由何以可能，诉诸回答实践辩证法与历史辩证法的统一何以可能，对这一问题的回答也就是回答了超越积极自由与消极自由的二元对立何以可能和达成积极自由与消极自由的统一可以可能这一历史唯物主义。

综上可知，马克思辩证法的理论旨趣是回答人的自由和解放何以可能的问题，他把对这一问题的回答诉诸现实历史过程之中。现实历史过程是实践辩证法与历史辩证法的统一，前者确立了人的真实存在方式，并为历史奠定了确定性的根基，进而历史不是抽象的观念史，不是理念的逻辑先在决定，而是人的生命的自我生成史。后者创立了人的现实解放道路这一平台，为人的真实存在方式的回归提供了现实路径，进而实践也不仅是单纯的劳动与生产活动，而具有了历史性的视阈，成为一种实践批判的活动。作为实践创造活动的实践辩证法和作为实践批判活动的历史辩证法，二者所立足的都是人类真实的存在方式，即人的实践性存在和人的历史性存在。因此，回到马克思哲学的存在论视角，还原马克思辩证法所塑造的存在论体系，不仅可以领会马克思对于存在者存在意义的总体性把握，揭示马克思对于资本逻辑的存在论批判，阐发马克思关于人类自由与解放事业的伟大构想，而且还可以在整体上理解马克思如何开拓了一种符合辩证法理论本性的存在论世界观，理解马克思如何完成了对于人类意义世界的伟大重建。

第五章

意义世界的重建：马克思辩证法的存在论世界观

存在论阐释最终为我们提供的是一种崭新的看待世界的方式，即存在论的世界观。在存在论视阈中，马克思辩证法批判和建构的不是事物的实在性，而是事物自身的存在意义。或者说，马克思通过对事物存在意义的批判和建构实现对事物存在事实的批判和建构。进而马克思对世界的改变，不是改变作为事物实在性之总和的世界，而是改变作为事物存在意义总体的世界，即意义世界。或者说，马克思是通过对意义世界的改造来实现对现实世界的改造。在马克思哲学视阈中，根本不存在无意义渗透的客观物质，现实与事物总是具有内在意义的存在，辩证法对事物的批判是通过创建一种新的意义总体，并借助于这种新的意义总体引领个体事物的存在意义和实在形态的变革。这种意义总体始终是人的实践活动自己创造的总体性，它是马克思新的存在论世界观。马克思的存在论世界观决定了，马克思对世界的现实批判是与马克思对世界的意义批判结合在一起的，现实总是人所创造的意义化的现实，意义也总是现实活动所创造的意义，所以对于马克思辩证法而言，现实批判就是意义批判，意义批判就是现实批判。

一 反思流俗的世界观理解

探讨马克思辩证法的世界观革命，首先要反思世界观概念本身。能否超越常识对世界观的理解，达到哲学意义上对世界观概念的理论自觉，决定了能否真正理解马克思所创立的新世界观，决定了能否真正理解马克思辩证法的世界观革命。因此,反思世界观概念本身构成深入探讨马克思辩证法世界观革命的首要前提。

世界观,从常识的观点看,就是对于整个世界的观点和看法。《哲学大辞典》的定义是:"世界观,亦即宇宙观。人们对整个世界即对自然界、社会和人的思维的总的根本看法。"① 哲学原理教科书的定义是:"所谓世界观,就是人们对于包括自然界、社会和人的精神世界在内的整个世界的一般看法和根本观点。"② 这两种世界观定义符合常识世界观的基本观点,长期占据着人们对于世界观的主流理解。

如果哲学的本性是对自明性常识的质疑,是对理论思维的前提批判。那么常识的世界观理解理应接受哲学的拷问。常识的世界观理解的理论前提是,通过把人与世界分开,让人站在世界之外去"看"与人无涉的世界,然后再让人去反思世界以及人与世界的关系,从而形成关于整个世界的根本观点。但是,世界观真的能作为与人无涉的世界存在吗?人真的能跳到世界之外形成与人无涉的世界观吗?对此,海德格尔认为,人原初地就是在世的存在,世界向来就是人的世界,世界构成人的存在论境遇。世界是人自身存在性质的体现,而不是什么外在于人的东西。"'世界'在存在论上绝非那种在本质上并不是此在的存在者的规定,而是此在本身的一种性质。"③ 在这个意义上,我们把人与世界的原初联系割裂开,以一种旁观者的姿态去定义世界观的观点称为"流俗的世界观理解"。流俗的世界观理解虽然迎合了常识的思维方式,却导致了世界观概念的庸俗化,把世界观概念的真实意义深深地遮蔽了。

流俗的世界观理解实质上是一种"观世界"的视角去理解"世界观"。所谓"观世界",就是把世界作为一个与人无涉的认识论对象,把人看作是世界之外的认识论主体。可见,主客二元对立是这种世界观的理论前提。"观世界"就是人在对"客观世界"的认识活动中形成关于世界的知识和观点。因此,流俗的世界观的理解根源于对人、世界和

---

① 金炳华等编:《哲学大辞典》下卷,上海辞书出版社2001年版,第1349页。
② 李秀林等主编:《辩证唯物主义和历史唯物主义原理》,中国人民大学出版社1995年版,第3页。
③ [德]海德格尔:《存在与时间》,生活·读书·新知三联书店2006年版,第76页。

第五章 意义世界的重建:马克思辩证法的存在论世界观

人与世界的关系完全加以知性化理解。这种知性化理解肇始于笛卡尔开创的近代认识论和意识哲学传统。

近代哲学的根本问题是知识的合法性问题,通过对这一问题的追求树立了人在世界中的中心地位。笛卡尔的二元论首先把思维与存在看作世界的两极,把"我思"看作知识确定性的基础,而把存在者的整体即世界理解为一种广延性的存在者之和。以笛卡尔的我思为基础,近代哲学的认识论转向的理论目标是颠覆传统哲学的"非反思"的独断存在论,从而一方面实现了对人的认识能力和知识根基的自觉反思,完成了主体性的无上地位和知性思维方式的近代合法性论证。另一方面也把古希腊的具体理性抽象化为认知理性。

笛卡尔对人的理性化理解和世界的广延性理解直接导致了"观世界"思维方式的诞生。海德格尔认为,人的理性化理解导致对人的理解转向我思,而人自身的存在方式却被遗忘:"尽管 sum(我在)被设定为是同 cogito(我思)一样原始的,笛卡尔却一任 sum 完全不经讨论。生存论分析将对 sum 的存在提出存在论的询问。只有规定了 sum 的存在,才能够把握 cogitationes 的存在方式。"① 世界的广延化理解则直接导致了世界的空间化和实体化的理解,进而把世界看作是可以与人无涉的实体性、空间性的存在者之和,世界总体的存在论性质却被遗忘了,"笛卡尔视世界的基本存在论规定在于广袤。只要广袤参与组建空间性——在笛卡尔看来广袤简直就同空间性是一回事——而空间性又终归在某种意义上对世界具有组建作用"。"笛卡尔之后出现的种种世界观阐释是建立在何种根本未经讨论的存在论'基础'之上的。"② 可见,在认识论视阈下,主体的理性化理解和世界的广延化理解缺乏对于主体和世界的存在论意蕴的考察,结果本来作为一种意义总体而存在的主体和世界被碎片化地理解为思维的规律之聚集者和存在者样态之总和。从而世界现象作为人的存在论境遇和生存论性质,其存在意义的总体性被近代哲学特别是意识哲学的二元对立思维方式所拆解。本来作为人体验和生存建构起来的世界,变成了人的知性范畴设定起来的世界。人与世

---

① [德]海德格尔:《存在与时间》,生活·读书·新知三联书店2006年版,第54页。
② 同上书,第104页。

界的关系被抽象化为认识论范畴与实体性存在者的关系。人与世界关系的"内在澄明"抽象化为人对世界的"外在观审"。因此，在这种理论背景下，所谓的"世界观"只能是一种认识论意义上的"静观"活动，即一种人站在世界之外的"观世界"。

"观世界"表面上看来是在一种科学意义上对世界加以概念化、系统化的理解，希望通过这种概念化和系统化来达到对世界的普遍规律的知性化把握。但实际上，按照"观世界"的论述逻辑，科学思维只能把握关于世界的个别规律和特殊规律，哲学思维则是对于世界的一般规律和普遍规律的把握，因此，科学为哲学思考提供材料，而哲学则为科学研究提供普遍的方法论指导。事实真的是这样吗？如果科学研究的有限性表明的是人自身认识能力的有限性，那么哲学思考如何突破人的这种有限性而能够认识世界整体？或者说，突破了人自身的有限性的、能够认识世界整体的人还是真实的人吗？我们知道，能够真正科学地"认识"世界整体的只有神，那么，"观世界"的世界观理解是不是已把有限的人抽象化为无限的神了呢？可见，如果我们坚持对世界观加以"观世界"的理解，实质上是设定了一个前提：人具有神一样的认识无限的能力，之所以当下的人还无法达到对于无限的认识，是因为人需要不断克服自身的人性而提升自己的神性，但在觉解神性存在的崇高目标的指导下，人的神性化是一个必然的历程。应该说，传统形而上学家自柏拉图以来大都坚持的是这样一种理论化的人性理解。但是这种理解的理论硬伤在于，人的感性有限性不仅根本无法被理性所真正克服，而且感性有限性才是真正的属人的存在方式。"观世界"思维模式显然背离了人自身有限性的存在方式，其背后隐藏的是一种人的神性化理解的神学世界观。

另外，"观世界"虽然追问了思维与存在、人与世界统一性的根据。但这种追问却建立在思维与存在，人与世界二元对立的前提之上。从而这种看待世界以及现实事物的目光只能是一种神学的目光，而非人学的目光。马克思明确指出："人的思维是否具有客观的真理性，这不是一个理论的问题，而是一个实践的问题。人应该在实践中证明自己思维的真理性，即自己思维的现实性和力量，自己思维的此岸性。关于思维——离开实践的思维——的现实性或非现实性的争论，是一个纯粹经

第五章 意义世界的重建:马克思辩证法的存在论世界观

院哲学的问题。"① 马克思这里所指出的"纯粹经院哲学的问题"不仅针对的是把哲学视为高贵学院活动的抽象思辨,而且其深层的理论目的是批判经院哲学背后所隐藏的神学视角。因为什么样的人能跳到世界之外去形成对于整个世界的根本观点?真正能跳到世界之外并"客观地"审视世界的只能是神的目光,而不能是人的目光。世界本身就是人的存在方式、生活方式,人与世界是一种生存论所组建起来的社会关系,世界在这个意义上就是我们的社会生活本身,而"全部社会生活在本质上是实践的。凡是把理论引向神秘主义的神秘东西,都能在人的实践中以及对这个实践的理解中得到合理的解决"②。可见,我们对于世界的理解也必须跳出"观世界"所导致的对世界观的看似庸俗化实则是"神秘化"的理解,把世界真正还原为人的现实生活的存在论境遇。只有这样,马克思对世界观的理解以及去理解马克思辩证法的世界观意义才能获得正确的地基。

通过以上分析,流俗的世界观理解把本来属人的、亲切的"世界观"变成了与人相疏离的、陌生的"观世界",导致了世界观问题的真实内涵被深深地遮蔽了。这种遮蔽必然使马克思辩证法的世界观意义变得晦暗不明。与流俗的世界观理解不同,近年来,我国哲学界对世界观问题的进行了重新阐释,提出"属人世界观"的基本概念。这为我们重新理解马克思的世界观意义,特别是重新理解马克思辩证法的世界观意义提供了全新的视阈。

与流俗的世界观理解不同,"属人的世界观"认为世界是属人的世界,我们对于世界的理解,就是对人自身的理解,或者说我们往往是通过对人自身的理解,去实现对世界的理解。③ 因此,世界观与人生观是内在统一的,有什么样的人生观就有什么样的世界观,或者说有什么样的世界观,反映就是我们对于人自身的理解。海德格尔认为:"从提到的这些世界观的形式和可能性可以清楚地看到,它不仅被理解为对自然物之关联体的统握,而且同时被理解为对人的此在的

---

① 《马克思恩格斯选集》第 1 卷,人民出版社 1995 年,第 55 页。
② 同上书,第 56 页。
③ 参见《高清海哲学文存》第 2 卷,吉林人民出版社 1997 年版,第 43 页。

意义与目的，因而也是对历史的意义与目的的解说。世界观向来在自身中包含了人生观。"① 应该说这种对世界观的理解是符合马克思世界观原意的。

马克思实现的伟大哲学变革是对以往一切非人世界观的根本变革，是把与人相疏离的世界以及世界观重新拉回人间。这种非人的世界观既包括神学性质的"观世界"也包括属人但与人的本性相异化的唯心主义世界观，"真理的彼岸世界消逝以后，历史的任务就是确立此岸世界的真理。人的自我异化的神圣形象被揭穿以后，揭露具有非神圣形象的自我异化，就成了为历史服务的哲学的迫切任务。于是，对天国的批判变成对尘世的批判，对宗教的批判变成对法的批判，对神学的批判变成对政治的批判"②。这里，马克思提出不仅要对人的自我异化的"神圣形象"进行批判，而且当前更重要的是对人的自我异化的"非神圣形象"进行批判。而这种"非神圣形象"往往是由哲学的旧世界观所决定的。在《关于费尔巴哈的提纲》中，马克思明确指出，旧唯物主义和唯心主义的世界观，或者离开人的感性活动，或者离开人的现实根基，把世界或者变成脱离人的僵死物质总和，或者变成人的抽象思维规定的产物。而马克思以人的现实感性实践活动为基础，把人与世界的关系看作是存在论意义上的内在关系，即世界是人的世界，人是在世的人。因此，有学者提出，世界观的属人性表现在："世界观的'世'，是'人生在世'的'世'；世界观的'界'，是'人在途中'的'界'；世界观的'观'，是'人的目光'的'观'。变革世界观，从根本上说，是变革'人的目光'。"③ 相反，脱离了人生在世和人在旅途的人的目光，即没有根基的目光，只能是海德格尔所说的"静观"而非"行动"。而"静观"则是西方传统形而上学的根本旨趣和特征，静观的"观世界"既不能确证世界的总体性，也不能确证人自身的存在意义。因此，这种意义上的世界观只能是脱离人的抽象解释原则，而这种解释原则反过来往往会变成敌视人的神性实体，人的目光最终又变成了神的

---

① ［德］海德格尔：《现象学之基本问题》，上海人民出版社2008年版，第6页。
② 《马克思恩格斯选集》第1卷，人民出版社1995年版，第2页。
③ 孙正聿：《解放思想与变革世界观》，载《中国社会科学》2008年第6期。

第五章 意义世界的重建：马克思辩证法的存在论世界观

目光。

在海德格尔看来，传统形而上学实质上是一种"静观"高于"行动"的思维方式。亚里士多德的论断："哲学被称为真理的知识自属确当。因为理论—静观知识的目的在于真理，而实践—行动知识之目的则在于其功用。"① 奠定了整个传统形而上学的致思路径，即"静观"与实践分离，重"静观"而轻"行动"的解释原则。海德格尔认为，只有马克思彻底实现了对传统形而上学的颠覆，即颠覆了传统形而上学的以"静观"为解释原则的思维方式，"随着这一已经由卡尔·马克思完成了的对形而上学的颠倒，哲学达到了最极端的可能性。哲学进入其终结阶段了"②。马克思从实践活动这一"行动"的原则出发来理解人、世界和人与世界的关系。因此，马克思世界观革命的实质是：颠覆传统哲学立足于"静观"地解释世界的属神"观世界"，创立一种立足于"行动"地改造世界的属人"世界观"。

但遗憾的是，由于流俗的世界观理解符合常识的思维方式，我们因此也往往容易接受对世界观的"观世界"的理解。但是，"观世界"一方面背离了马克思对世界观的本来的理解，另一方面也遮蔽了马克思辩证法世界观意义的真实内涵。这种背离和遮蔽，使得马克思所理解的世界变成缺乏存在论根基的客观实在的实体性之和，世界观变成同样作为实体性的存在的人对于这种实体性之和的一般观点。按照这种思路，如果马克思辩证法可以作为一种世界观，那么它只能是认识论的世界观。结果马克思辩证法变成了可以"静观"世界的普遍规律和实证方法，正如有学者所提出的："辩证法的直接形态是关于思维规律的逻辑学；辩证法关于思维规律的学说是思想史和认识史的概括，……因而思维规律也就是认识史、认识发展过程的认识论或认识规律；认识规律也就是认识客观内容的规律，即作为认识对象的客观世界的一般规律，因而辩证法也就是世界观。"③ 这种理解的基本前提是：通过把辩证法看作是人类思维规律的自觉，思维规律与万事万物的规律又具有内在一致性，

---

① ［古希腊］亚里士多德：《形而上学》，商务印书馆1996年版，第33页。
② ［德］海德格尔：《面向思的事情》，商务印书馆1996年版，第70页。
③ 孙利天：《论辩证法的思维方式》，吉林人民出版社2006年版，第62页。

从而得出辩证法即是世界万事万物规律的自觉，即具有世界观意义。基于这个前提，把这种理解应用到对马克思辩证法的理解中就会得出：辩证法不仅仅是马克思哲学的方法论，更是马克思的认识论及其所创立的辩证唯物主义的世界观。因此，马克思的辩证法具有世界观意义。但是，如果事实真的是这样，那么马克思辩证法就仅仅是关于实在事物的描述性规律，我们又如何理解马克思辩证法的超越性和批判性维度呢？或者说，马克思如果只能以思维或理论的方式"观"世界，那么马克思辩证法如何真实地"改变"世界呢？

通过对黑格尔辩证法和马克思辩证法的存在论阐释我们发现，辩证法的思维方式从来不是把世界看作是事实的堆积之和，也从来不是对于事物进行单纯的实证描述，而是始终在面向事物自身存在意义的过程中，揭示出事物所具有的意义总体性。辩证法追求的就是这种意义的总体性。无论是精神存在论基础还是实践存在论基础，都是或者通过人的精神活动，或者通过人的感性活动去澄明事物的意义总体性，进而把相互隔离的、僵死的实体性存在看作是能动的意义主体；无论是对抽象理性还是对抽象存在（资本）的存在论批判，辩证法都是在一种对存在的意义批判层面上来完成的，抽象理性批判和抽象存在（资本）批判都是把实在关系加以提升的意义关系批判；作为历史的内涵逻辑，无论是在思想史中还是在现实的历史中，辩证法作为历史的内涵逻辑都把事物存在的意义总体和事物存在的现实总体结合起来，这种结合就是辩证法所理解的历史性的世界。在这个意义上，辩证法所理解的世界从来不是实在世界，而是实在世界与意义世界相统一的历史性的世界。基于辩证法的以上三重内涵，辩证法理论视阈中所形成的"世界观"不可能是实在论或知识论意义上的"观世界"，而只能是存在论意义上的世界作为意义总体的澄明。这种澄明显然不是与人无涉的科学实证和直观想象，而是人与世界原初存在关系的内在超越。

因此，正确理解马克思对现实事物、社会关系的批判以及对于世界观理解的革命，也必须立足于这种辩证法理论所特有的意义批判和意义总体的视角。否则，奠基于实在论和认识论立场的流俗世界观理解不仅没有正确阐释出马克思辩证法的世界观革命，反而在消极的意义上否定了马克思世界观的合法性，并造成当代西方哲学把马克思辩证法当作一种普遍性的原则加以批判。① 这些批判表明,如果仍然坚持实在论和认识论的立场,那么马克思辩证法的世界观意义的合法性必然遭到质疑,同时,这一质疑也导致了辩证法理论自身的合法性危机。因此,要彻底理解马克思辩证法的世界观革命,不仅要求我们走出对世界观的庸俗化理解,立足于世界观的属人性,而且要求我们对辩证法理论自身的独特的存在论性质加以深入考察。这就是需要考察辩证法如何面向客观实在,如何在把世界看作一个活生生的意义总体的同时,去考察辩证法如何既能立足于人与世界的原初关系,又能超越这种关系而具有世界观的意义。

二 意义总体性与辩证法的世界观

既然实在论和认识论视阈中的世界观实质上都是一种"观世界",二者都把人与世界的关系二元对立起来,与之不同,存在论视阈中的世界观总是从人与世界的原初性同一来看待人与世界的关系,人与世界的关系不是外在的对立关系以及之后的强制结合,而是内涵在一种存在论境遇下的意义总体性关系。那么什么样的思维方式能够自觉到这种存在论的世界观呢?什么样的思维方式能把人与世界的关系看作是活生生的意义总体性呢?我们认为,这种思维方式只能是辩证法的思维方式。辩证法思维方式之所以能够作为一种存在论世界观,其根本原因在于,辩证法始终把人与世界的关系看作一种意义总体性。辩证法不管从思维对存在的否定性,还是从主体对客体的否定性,都是一种揭示思维和存在、主体和客体的意义关系的思维方式,都是把对立面看作一种意义总体的自否定性。因为当辩证法不是把世界看作事实的总和,而是看作一个意义的总体时,那么否定性就不是外在的排斥和消灭,而是对被否定者存在意义的提升和超拔,是对被否定者融入意义总体性的一种逼迫。在这个意义上,辩证法不仅仅是纯粹主观的思维规律,而且也是具有客观性的存在规律,辩证法进而作为主客体思维活动或实践活动建立起人

---

① 参见付文忠《新批判马克思主义对辩证法的反绝对化解释》,载《哲学动态》2009年第1期。

与世界的总体性的意义结构。正如捷克哲学家卡莱尔·科西克所言："如果不理解事实的意义是什么，不理解实在是一个具体的总体，这个总体为了认识个别事实或事实系列而变成了一个意义结构，那么，关于具有实在本身的认识就无异于神秘主义，或者，这种认识本身就是不可认识的东西。"① 因此，这个总体性的意义结构由于始终是主体对客体否定与反叛，进而达到对于客体存在意义加以澄明的结果，所以它显然不是一种实证的总体性，而只能是超越性的意义总体性。

在《历史与阶级意识》中，卢卡奇曾反复强调，辩证法的实质就是一种总体性的思维方式。辩证法是在主客体关系中所结成的总体性，离开总体性没有辩证法，离开辩证法也没有真正的总体性。总体性既是辩证法的灵魂和支点，也是辩证法思维方式必然取得的理论效果。"辩证法不顾所有这些孤立的和导致孤立的事实以及局部的体系，坚持整体的具体统一性。"② "辩证方法不管讨论什么主题，始终是围绕着同一个问题转，即认识历史过程的总体。"③ 而且卢卡奇始终强调，马克思辩证法之所以不同于庸俗的唯物主义，在于马克思继承了黑格尔实现的对辩证法作为一种总体性思维方式的自觉。"不是经济动机在历史解释中的首要地位，而是总体的观点，使马克思主义同资产阶级科学有决定性的区别。总体范畴，整体对各个部分的全面的、决定性的统治地位，是马克思取自黑格尔并独创性地改造成为一门全新科学的基础的方法的本质。"④ 可见，在卢卡奇看来，辩证法始终把事物看作为过程中所把握到的总体，历史的总体性不仅是黑格尔和马克思对辩证法的理解，而且是辩证法理论的一般特质。

不仅是卢卡奇，科西克也提出辩证法就是在批判伪具体的过程中达到真实具体性的方法。辩证法所面向的事物实在性不是直观的实在性，而是人的感性实践活动所揭示的实在性，因为辩证法的否定本性决定了，"一旦物质被当作否定性来把握，科学的解释就不再是还原，不再是把新东西还原到先定的前提、把具体的现象还原到抽象的基质；相

---

① ［捷克］科西克：《具体的辩证法》，社会科学文献出版社1989年版，第23页。
② ［匈］卢卡奇：《历史与阶级意识》，商务印书馆1999年版，第54页。
③ 同上书，第86页。
④ 同上书，第77页。

第五章 意义世界的重建:马克思辩证法的存在论世界观

反,科学的解释成了现象的解释"①。因此,辩证法的否定性不是把事物当作直观的对象,而是当作意义的总体,这种对事物加以意义总体化的把握构成辩证法的理论基础,"辩证的阐释方法的基础是把实在理解为一个具体的总体"②。

毫无疑问,卢卡奇和科西克抓住了辩证法思维方式的一般实质,即总体性。但是,阿多诺却对辩证法作为一种总体性思维进行猛烈的批判。阿多诺认为,辩证法自古以来就力图通过否定性的环节来达到肯定性的东西,即通过消除异质性的东西来达到对同质性的东西的论证和赞美,结果辩证法走向了同一性、同质性的暴力和恐怖。而拯救辩证法就是要从这种同一性和总体性中把辩证法的否定性维度和异质性维度拯救出来:"辩证法的名称就意味着客体不会一点不落地完全进入客体的概念中,客体是同传统的充足理由律相矛盾的。矛盾不是黑格尔的绝对唯心主义必定要美化的东西:它不具有赫拉克利特所说的本质。它表明同一性是不真实的,即概念不能穷尽被表达的事物。"③"辩证法是始终如一的对非同一性的意识。"④ 另外,对于辩证法的总体性,后现代主义哲学家还从宏大叙事的角度进行了激烈的批判。利奥塔就认为,作为现代性的"元话语",哲学"明确地求助于诸如精神辩证法、意义阐释学、理性主体或劳动主体的解放、财富的增长等某个大叙事时"哲学的"元话语"便使自身成为合法的科学。⑤ 显然,利奥塔在这里把精神辩证法和马克思的实践辩证法都归入了现代性的宏大叙事行列,并希望通过这种"归入"来实现对辩证法的宏大叙事批判。从以上论述中我们看到,尽管卢卡奇强调了辩证法的总体性对于守护马克思哲学特质的重要性,但是辩证法的总体性仍然受到当代众多哲学家的诟病。总体性到底是如卢卡奇所强调的作为辩证法的支柱,还是如阿多诺所批判的是传统辩证法的同一性,抑或是利奥塔所提出的宏大叙事?因此,所有的问题的焦点

---

① [捷克]科西克:《具体的辩证法》,傅小平译,社会科学文献出版社1989年版,第17页。
② 同上书,第20页。
③ [德]阿多尔诺:《否定的辩证法》,重庆出版社1990年版,第3页。
④ 同上。
⑤ [法]利奥塔:《后现代状态:关于知识的报告》,生活·读书·新知三联书店1997年版,第1—2页。

都集中在：我们应该如何看待辩证法的总体性？辩证法的总体性到底是一种什么总体性？辩证法的总体性到底是不是必然意味着同一性强制？

要想回答以上问题，必须清算我们对于辩证法思维方式的解释原则。以什么样的解释原则看待辩证法，直接决定了辩证法的理论形态及其看待事物的方式。如果仍然坚持无生命的实在论和认识论的解释原则来看待辩证法，那么辩证法所形成的对于事物的总体性认识必然是同一性的强制。因为实在论的解释原则把辩证法看作是对于客观实在的一般规律，认识论的解释原则把辩证法看作是对于这些一般规律的直观反映。二者都把辩证法看作与事物处在外在规定关系之中，进而把辩证法与知性的规定性混为一谈。

在黑格尔看来，把辩证法看作是一般规律性的思维方式实际上是知性思维的强制性在作怪。知性思维的最大特点是："并不深入于事物的内在内容，而永远站立在它所谈论的个别实际存在之上综观全体，这就是说，它根本看不见个别的实际存在。"① 可见，知性思维不仅无法达到事物的总体性，而且遮蔽了事物存在的总体性。因此，问题的关键在于让逻辑的枯骨充满血肉，让逻辑既具有内容又具有流动性和超越性。黑格尔认为具有这种能力的只能是辩证法。辩证法就是要超越知性思维僵死的同一性法则，让活生生的事物总观到符合其本性的意义总体。这个具体的总体保证了辩证法的否定性区别于知性的否定性而具有积极性。"理性的东西，虽说只是思想的、抽象的东西，但同时也是具体的东西，因为它并不是简单的形式的统一，而是有差别的规定的统一。所有对于单纯的抽象概念或形式思想，哲学简直毫不相干涉，哲学所从事的只是具体的思想。"② 可见，黑格尔认为，辩证法根本不是僵死的形式同一性而只能是活生生的具体的总体性思维方式。那么，辩证法到底如何能够实现一种既超越于个体之上，又内在于个体之中的具体总体性呢？

正如上文所述，黑格尔对于辩证法思维方式的存在论改造对于我们深入理解辩证法的总体性问题具有前提性意义。黑格尔采用生命解释原则实现辩证法与存在论的"合流"，从而实现了对辩证法作为一种精神

---

① ［德］黑格尔:《精神现象学》上卷，商务印书馆1979年版，第36页。
② ［德］黑格尔:《小逻辑》，商务印书馆1980年版，第182页。

第五章 意义世界的重建：马克思辩证法的存在论世界观　243

伦理总体性思维方式的理论自觉。因此，黑格尔辩证法对于理解辩证思维的总体性问题的意义表现为，只有立足于对辩证法进行一种存在论的阐释，辩证法的总体性才不是与事物相外在的同一性的僵硬牢笼，而是其存在意义的总体性的意义场域。

在存在论的视阈看来，辩证法的实质是面向事情本身的存在意义，辩证法的逻辑不是事物的实在表象的逻辑，而是事物的意义现象的逻辑。黑格尔指出："从这个方法与其对象和内容并无不同看来，这一点是自明的——因为这正是内容本身，正是内容在自身所具有的、推动内容前进的辩证法。显然，没有一种可以算做科学的阐述而不遵循这种方法的过程，不适合它的单纯的节奏的，因为它就是事情本身的过程"①。黑格尔这里所强调的不是"事物"而是"事情"，因为辩证法所面向的"事物"从来不是客观实在，而是实在或者在人的精神活动，或者在人的实践活动中所呈现出的精神现象或实践现象。无论精神现象还是实践现象都是事物存在意义的开显。

辩证思维实质上是"分裂式"的思维方式，但"分裂"本身不是目的，目的是为了重构事物存在的意义总体性。作为一种批判思维，辩证法所欲把握的总是现象背后的本质，存在者背后的存在，通过分裂事物与其实存的原初同一性，从而揭示和重建事物存在的意义与价值总体，"'分割原一'，是思维透视'物自体'的方式。辩证法是一种批判的思维，它力求把握'物自体'，并系统地探寻把握实在的方式。……它必须扬弃直接日常交往世界的表面自主性。这样，扬弃伪具体以达到具体的思维也就是在表面世界底下揭示出真实世界的过程，是在现象的外表背后揭示出现象的规律，在现象背后揭示出本质的过程"②。因此，正是辩证法作为这种"分割原一"的"分裂式"思维方式决定了，辩证法视阈中的"事物"是由精神活动和实践活动所渗透的"事情本身"。与朴素的实在论和直观的反映论所展现的事物的现象不同，精神现象和实践现象不会导致事物之间的隔绝，而是总渴望建立起事物之间

---

① ［德］黑格尔：《逻辑学》上卷，商务印书馆1976年版，第37页。
② ［捷克］科西克：《具体的辩证法》，傅小平译，社会科学文献出版社1989年版，第7页。

的意义联系。因为精神活动和实践活动与直观活动不同，它们总是从思维与存在或主体与客体的否定性统一关系出发来看待事物，进而是对事物的一种改造和提升活动。而且最重要的是这种改造和提升活动由于人自身存在方式的历史性而具有历史性，进而事物所开显出的种种现象便不会固守于自身，只处于抽象的阶段，而是能从一种历史的抽象性走向一种历史的具体性。这时，历史的总体性就不是实在之间外在结合的抽象总体性，而是事物存在意义结构所呈现出的具体总体性。科西克认为："辩证地研究客观实在的方法论原则就是具体总体观点。这意味着一切现象都可以看作是整体的一个要素。当人们把一个社会现象当作某一整体的要素来研究时，这个社会现象便是一个历史事实。"[①] 或者用黑格尔的话来说就是："真理作为具体的，它必定是在自身中展开其自身，而且必定是联系在一起和保持在一起的统一体，换言之，真理就是全体。全体的自由性，与各个环节的必然性，只有通过对各环节加以区别和规定才有可能。"[②] 在这个意义上，辩证法的总体性并不能与同一性混为一谈。原因有两点：其一，辩证法所面向的是人所开显出的事情而不是客观实在的事物，事情是事物自身的意义总体性的显现。其二，事情由于是人所开显的事物的意义总体性，因而人所固有的时间性和历史性特征，也必然影响到作为事物意义总体性的事情，即事情在历史性视阈必然走向摆脱自身孤立和抽象的境况而向往历史的总体与具体。综合这两方面的特质，辩证法的总体性既不是关于实在之和的总体性，也不是关于知性规定的总体性，而是一种关于揭示事物存在意义和存在价值的伦理总体性。

辩证法所固有的这种总体性的特质决定了，辩证法所把握到的事物总是总体性之中的事物，辩证法所把握到的总体性也总是内在于具体事物之中的总体性。而且辩证法思维方式所把握到的事物的总体性，并不是事物的外在形式及其组合，而是对事物自身存在意义的总体性直观，因此辩证法视阈中所看到的事物也总是具有意义的总体性。在这个意义

[①] [捷克] 科西克：《具体的辩证法》，傅小平译，社会科学文献出版社1989年版，第27页。
[②] [德] 黑格尔：《小逻辑》，商务印书馆1980年版，第56页。

第五章 意义世界的重建:马克思辩证法的存在论世界观

上,作为三种形上对象(世界、灵魂、上帝)之一的世界概念在辩证法视阈中,它所表征的事物的总体性也必然是一种意义的总体性而非事实的总体性。因此,辩证法的世界观也必然是一种意义世界观。

所谓意义世界观,就是把世界理解为一个充满意义的世界,世界中的个体性实在也被理解为充满意义关系的总体性存在。辩证法的意义世界观是对于这种"意义关系的总体性"的高度理论自觉,或者说,辩证法视阈中的世界必然是一个意义世界而非实在世界,而我们通常对于辩证法的理解往往容易停留在实在论的层面,而未能深入到事物存在的实质即存在本身的层面,因此对于辩证法把实在世界理解为一个意义总体的世界或者普遍联系世界的理解也变得流俗化了,"总体范畴在二十世纪被广泛地接受和承认。但是,它始终处在被片面地把握的危险之中。片面地把握会使它成为与自己正好相反的东西,而不再是一个辩证概念。对总体概念的主要修正是把它降低为一种方法论训条,一种研究实在的方法论规则。结果,这个辩证概念退化为两个极为浅薄的老生常谈:每一种东西都与其他的一切东西相联系;整体大于部分之和"①。与辩证法的总体性范畴被片面化和浅薄化理解的倾向不同,我们强调辩证法的总体性的实质是一种意义总体性,辩证法视阈中的世界是一种意义总体性的世界。辩证法的总体性意义世界观具有双重理论意义:其一,它彻底变革了"观世界"思维方式的物化思维和形式思维,把世界既不再简单地看作是与人无涉的事物之和,也不再看作是神秘的超验存在。世界在存在论意义上变成了属于人的存在方式的意义场。其二,它是理解马克思辩证法世界观革命的理论前提。只有建立在对世界加以一种意义总体的理解的基础上,才能理解恩格斯所强调的马克思的思想已经不再是哲学,而是世界观;才能理解马克思的世界观既不同于实证主义的观世界,也不同于传统形而上学的观世界,只是通过意义批判实现对世界的"觉解"和"解释",而是在意义批判与现实批判相统一的意义上真实地"改变"世界。我们首先来考察辩证法的意义世界观的第一重意义。

---

① [捷克]科西克:《具体的辩证法》,傅小平译,社会科学文献出版社1989年版,第21—22页。

众所周知,人是寻求意义的存在,人无法忍受没有意义的生活。人的这种存在论本性决定了人与世界的关系从来不是实在性的并存关系,而是超越性的意义关系。世界对于人而言也从来不是事物的总和,而是由人的具体实践活动所建构起来的人与世界的意义关系所构成的意义总体。我们知道,动物不会去追问自己与世界的关系问题,更不会去追问自身存在的意义。而人则不同,由于人是具有自我意识的存在,人自身和世界是作为人的对象而存在,人必须而且能够通过对对象的有意识反思确证自身的存在意义和价值。或者说,人是一种关系性的存在,而动物则是无关系的存在,人正是在不断反思和创建与他者关系的过程中确证自身的存在。马克思指出:"凡是有某种关系存在的地方,这种关系都是为我而存在的;动物不对什么东西发生'关系',而且根本没有'关系';对于动物来说,它对他物的关系不是作为关系存在的。因而,意识一开始就是社会的产物,而且只要人们存在着,它就仍然是这种产物。"① 马克思这里所强调的"关系"显然是社会关系,正是社会关系所表明的"关系性存在"构成人与动物的根本区别。社会关系之所以具有这种区别功能,其根本原因在于社会关系的实质是人与人之间的意义关系而非实在关系。一方面人遵从自然尺度形成人与自然之间的自然关系,这种关系是一种动物式的原始关系,其实现的只是以人类独白模式为基础的霸权关系,而这种霸权关系貌似确证了人的存在,实则由于确证对象的无自我意识性而陷入虚幻。因此,另一方面,人的自我意识必然意识到真实确证自身的存在必须承认自我之外的与自我相同的他人存在的真实性,并进而在承认他人自我意识的独立性中把自身的独立性真实确证起来,也就是确证自身的人与人之间的主体间的存在关系。正是对于主体间存在关系的自觉使人摆脱了人与自然的独白关系而进入到人与他人的社会关系中。法兰克福学派新锐哲学家霍耐特就提出,主体间的承认模式可以区分为三个层次,即"爱"、"法律"和"团结"②。与之相应的蔑视经验也包括三个层次,即"心理死亡"、"社会死亡"

---

① 《马克思恩格斯选集》第1卷,人民出版社1995年版,第81页。
② 参见[德]霍耐特《为承认而斗争》,胡继华译,上海世纪出版集团2005年版,第102页。

第五章 意义世界的重建：马克思辩证法的存在论世界观　247

和"伤害"。"爱"式承认具有家庭伦理意味，"法律"式承认则是市民社会的法权状态对于人与人疏离关系的确证，"团结"式承认是后形而上学或后现代社会能够企及的社会关系。"心理死亡"式蔑视表现在肉体层面，如拷打或强暴，"社会死亡"式蔑视表现在社会权利受到剥夺和受到社会排斥，"伤害"式蔑视表现在文化贬黜上。① 霍耐特认为，只有"团结"式承认保证了个体在得到社会承认的同时也摆脱了社会对于自身存在意义的"伤害"式蔑视。② 因为只有"团结"能够真正达到对于社会整体的文化和意义认同与对于个体的文化认同和存在意义认同的统一。我们知道，在后形而上学时代掌握意义解释权和话语权已不是独白的理性而是交往理性，交往理性所表征的主体间对话关系保证了意义生成的开放性。因此，在社会关系所蕴含的人与人的承认关系中，人所寻求的承认在最高层次上应该是存在意义的主体间的对话性承认，即希望在与另一个自我意识的对话中把自身的存在意义真实呈现出来，那么这时的社会关系或承认关系在其深层上就是一种存在的意义对话关系。

　　人与动物的根本区别在于是否处于意义关系中。动物的生存活动只是用来维系物种的繁衍，而永远无法从黑格尔所强调的恶无限的繁衍中超脱出来，不会反思繁衍的意义与价值。而人则不同，由于人是一种对象性的存在，因此人的认识活动和实践活动能够把自己的行为作为对象加以反思，进而能够把动物式的生存活动转变为有意识的生活活动。生存活动与生活活动的最大区别在于，前者只能感觉到事物的实在性，并对之加以无意识的否定，因而被否定者与否定者不构成意义关系，而是实在关系。后者则不同，生活活动是人的有意识活动，人对事物的否定是一种自觉的否定，自觉的否定使得被否定者构成否定者的建构自身存在意义的中介和载体，进而与否定者构成了意义关系而非实在关系。正如马克思所指出的："动物只按照它所属的那个种的尺度和需要来构造，而人懂得按照任何一个种的尺度来进行生产，并且懂得处处都把内在的尺度运用于对象；因此，人也按照美的规律来构造。"③ 人的这个"内

---

　　① 参见［德］霍耐特《为承认而斗争》，胡继华译，上海世纪出版集团2005年版，第143页。
　　② 同上书，第134页。
　　③ 《马克思恩格斯全集》第3卷，人民出版社2002年版，第274页。

在的尺度"就是人所特有的意义尺度，正是意义尺度使得人能够把一切动物尺度内在化为人的尺度。

作为一种意义关系的存在，人所看到的事物必然是意义关系的事物，人所建构的世界也必然是意义关系的世界。在这个意义上，所谓世界观就不是人站在世界之外去看世界，而是人在世界之中体验人与世界的意义关系。世界观就是让世界与人之间的意义关系真实地呈现出来，而"观世界"则背离了人的这种存在论性质，也背离了世界观的存在论性质。一方面，"观世界"把世界看作是实在性的事物之和，导致了世界对人的神秘性。因为人作为一个有限的存在者是无法"观"到无限的"事物之和"的，世界成为与人陌生的世界，世界观成为康德意义上的"自在之物"。另一方面，"观世界"走向了另一个极端，把世界观看作是同样具有无限性质的神的"自我之观"。因为既然世界是无限的事物之和，那么能够"观"到无限的只能也是无限者，这个无限者就是上帝或神，世界观就是神的自我之"观"，人同样被排除在世界观之外。

与"观世界"的主客二元对立思维方式不同，辩证法思维方式的首先把主客关系不是看作一种认识论关系，而是看作一种存在论关系。在存在论关系中，主体与客体的对立和否定就不是外在的对立和外在否定，而是存在所表现出的两个方面。因为主体是一种存在，客体也是一种存在，主体不管以一种思维的方式把握客体，还是以一种实践的方式把握客体，都既是主体存在意义的自我展开，也是客体存在意义的自我展开，或者说都是存在意义的展开。黑格尔在《精神现象学》中明确对表象思维、形式思维进行了批判，"表象思维的习惯可以称为一种物质的思维，一种偶然的意识，它完全沉浸在材料里，因而很难从物质里将它自身摆脱出来而同时还能独立存在。与此相反，另一种思维，即形式推理，乃以脱离内容为自由，并以超出内容而骄傲；而在这里，真正值得骄傲的是努力放弃这种自由，不要成为任意调动内容的原则，而把这种自由沉入于内容，让内容按照它自己的本性，即按照它自己的自身而自行运动，并从而考察这种运动"[①]。这种区分的最大意义在于，强调辩证思维既不是沉入对象而无法超拔出来的不自由的物质思维、直观

---

① ［德］黑格尔：《精神现象学》上卷，商务印书馆1979年版，第40页。

思维，也不是局限于自身而无法获得真实内容的虚假自由的知性思维，而是一种在面向事情本身的具体、自由的思维方式。这里的"具体"和"自由"体现在，辩证法从来不外在地强加给对象任何东西，而是让对象自身澄明自身存在的意义。在这个意义上，辩证法视阈中的主客体否定关系就是存在论的自否定关系，辩证法就是一种澄明存在意义的存在论。进而作为一种存在论的辩证法，其所理解的世界不再看作与人无涉的认识论对象，而就是人自身的存在论性质。正如海德格尔所说的，"'世界之为世界'是一个存在论概念，指的是'在世界之中'的一个组建环节的结构。而我们把在世认作此在的生存论规定性。由此看来，世界之为世界本身是一个生存论环节"①。因此，辩证法把世界看作是存在论意义上的属人世界和意义世界。

总之，辩证法作为一种总体性的思维方式，不管是通过精神性的否定性统一关系，还是通过实践性的否定性统一关系，都力图达到对主客体关系的总体性理解。这种总体性区别表象思维的实在性之和，也区别于知性思维的抽象同一性，而是存在论的意义总体性。进而辩证法所把握到的人与世界关系就是一种意义总体性的关系。这种看待人与世界关系的思维方式符合人的类存在本性，也符合世界作为人的生存论性质的基本内涵，二者共同支撑起辩证法独特的意义世界观理解。辩证法的意义世界观，一方面超越了"观世界"思维模式对于世界观概念的庸俗化和神秘化的理解，从而使世界观概念真正回归人间。另一方面也为马克思哲学的世界观革命奠定了基础。正是基于这种辩证法的意义世界观，马克思才将世界看作是由人的实践活动而非人的精神活动所创造的意义世界。从而马克思对这一意义世界的批判，就不会局限于传统哲学仅仅停留于意义批判，而是在意义批判的同时包含对创造这一意义的背后的人的生活状态和社会关系的现实批判，实现了真正能够"改变世界"的"世界观"。

三 马克思辩证法的世界观革命

如果说辩证法的意义世界观是对"观世界"的革命，那么马克思辩

---

① [德]海德格尔：《存在与时间》，生活·读书·新知三联书店2006年版，第76页。

证法则实现了在辩证法世界观理解内部的世界观革命。由于人创造自身存在意义的方式基本可以分为精神活动和实践活动，辩证法在这两种活动中分别实现了对于两类意义世界的建构，即精神层面的意义世界和实践层面的意义世界，从而辩证法的意义世界观的也有精神的意义世界观和实践的意义世界观之分。

必须承认的是，传统形而上学特别是黑格尔哲学立足于人的理性存在，强调从精神的超越性视角重构人类的意义世界，强调对于世界的理解应与人类自身的精神活动和意识现象诸形体结合起来，从而把对于世界观的理解从庸俗化和神秘化的"观世界"思维模式中拉回人间。但是在马克思看来，以精神为载体所建构起来的意义世界终究脱离了人类的历史性实践活动，只是一个虚幻的空中楼阁，其对于现实世界所构成的批判关系只能是"无根"的虚假批判。马克思认为，辩证法对意义世界的构造最原初地体现在人的实践活动而非在人的精神活动中，辩证法的世界观应该是立足于实践解释原则的世界观，进而辩证法对世界的批判不仅是意义批判，而且是对创造这一意义的根基即实践活动本身的批判。在这个意义上，马克思辩证法把世界观转变为意义批判和现实批判相统一的世界观，实现了辩证法的意义世界观内部的革命。

任何一种世界观都是一种哲学的解释原则。马克思对传统辩证法特别是黑格尔辩证法的解释原则的改造，创立了以实践为解释原则的人学形态的辩证法，也创立了以实践为解释原则的属人的世界观。辩证法的理论形态是由其解释原则决定的，哲学的解释原则和世界观是辩证法理论形态的隐性逻辑。传统辩证法的解释原则就是传统形而上学的世界观。按照我们对于传统哲学的解释原则的大致划分，传统哲学包括实体存在论的世界观、主体认识论的世界观和辩证存在论的世界观。建立在三种世界观基础之上的辩证法具有三种形态，即意见的逻辑、幻象的逻辑和思辨的逻辑。① 这里不准备对辩证法的三种解释原则及其理论形态进行逐一论述，而着重探讨马克思对黑格尔辩证法的改造，以及这一改造所体系的世界观变革意义。因为黑格尔辩证法继承和改造了以往辩证

---

① 王天成、曾东：《辩证法的三种形态——意见的逻辑、幻象的逻辑和思辨的逻辑》，载《社会科学战线》2007年第4期。

第五章 意义世界的重建：马克思辩证法的存在论世界观

法的两种形态，代表了传统辩证法理论及其解释原则的最高水平。"马克思对全部旧哲学的批判可以被归结为对黑格尔的批判，并且因为如此马克思的这一批判不仅是对黑格尔的哲学的批判，而且是对理性形而上学本身的批判——在这里，'黑格尔哲学'所意指的不是形而上学之一种，而是形而上学之一切"[①] 在这个意义上我们认为，探讨马克思对黑格尔辩证法解释原则的改造，就是探讨马克思对所有传统辩证法解释原则的改造。

我们一般认为，黑格尔辩证法的解释原则是精神的或思辨的原则，这种看法诚然不错。但精神与思辨只是黑格尔辩证法的形式载体和表现形态，并不是其最深层的解释原则。按照上文我们对于黑格尔辩证法的存在论阐释，可以看出其最深层的解释原则应该是生命原则。以生命为解释原则，黑格尔实现了对传统辩证法的根本改造，赋予辩证法积极的内涵。以生命为原则的黑格尔辩证法具有三重内涵：贯穿目的论思维方式的生命实体的存在论基石；以内在超越形式所获得的确定性的科学形态；守护生命精神家园的伦理总体性的理论归宿。"生命原则"构成了黑格尔辩证法的"合理内核"，通过以实践解释原则吸收这一"合理内核"，马克思赋予了辩证法以新的存在论基础和否定性平台，并创立了新的以实践为解释原则的辩证法理论。在这个意义上，马克思对黑格尔辩证法的改造是一种解释原则的改造，在对黑格尔辩证法的解释原则的内在批判中，马克思揭示了黑格尔辩证法是一种神学形态辩证法的本质，同时也确立自身的实践的解释原则以及人学形态的辩证法理论。

马克思认为，尽管黑格尔辩证法的生命原则使得其存在论基础有一种能动性的力量。但这种能动性是一种实体性和绝对抽象的能动性，"黑格尔从异化出发，从实体确定性出发，从绝对的和不变的抽象出发，就是说，说得更通俗些，他从宗教和神学出发"[②]。因此，黑格尔辩证法的存在论基础虽然具有生命力，但这是一种抽象的神学的生命力，从而决定了黑格尔辩证法的理论形态无非是从一种抽象性到另一种抽象性，辩证法不过是"绝对"或"神"觉解自身的逻辑工具而已。但马

---

① 吴晓明：《论马克思哲学的当代性》，载《天津社会科学》1999 年第 6 期。
② 《马克思恩格斯全集》第 3 卷，人民出版社 2002 年版，第 315 页。

克思还是指出了黑格尔辩证法的"最大功绩"在于，把人的自我产生看作一个过程，在对外化的扬弃中确证了人的劳动的本质。但黑格尔唯一知道的并承认的是抽象的精神的劳动。

与黑格尔辩证法的神学起点不同，马克思辩证法的出发点则是人的感性实践活动，即从人的感性确定性出发。"费尔巴哈是唯一对黑格尔辩证法采取严肃的、批判的态度的人；只有他在这个领域内作出了真正的发现，……费尔巴哈这样解释了黑格尔的辩证法（从而论证了要从肯定的东西即感觉确定的东西出发）。"[①] 因此，马克思辩证法的存在论基础虽然也具有生命的能动性，但是马克思把这种生命的能动性诉诸人的实践活动，而非抽象的理性精神。在这个意义上，马克思辩证法的存在论基础是"行动"而不是"静观"。因此，它的实现平台不是"绝对"或"神"，而是活生生的人。从这一对比中，我们发现，马克思与黑格尔的辩证法的存在论基础虽然都是一种具有生命力的能动性，都把辩证法看作是这一能动性的自我展开，但对这一能动性的载体的理解使得二者又产生巨大的差别，即实践载体与精神载体的根本差别，人学基础与神学基础的根本差别。

由于辩证法的起点即存在论基础根本差别，马克思辩证法与黑格尔辩证法的否定性也根本不同。尽管马克思强调黑格尔辩证法作为"推动原则"和"创造原则"的"否定性"是黑格尔《精神现象学》的最后成果，而且具有"伟大之处"。但黑格尔辩证法的神学起点决定了，它的具有生命力的进展形式是有限精神对无限精神的不断追求，并在无限精神即绝对精神中获得自身的意义和确定性。在这个意义上，黑格尔辩证法的"生命原则"虽然赋予辩证法的"内在超越性"这一核心动力。但是其神学基础决定了它的否定形式只是一种虚假的否定性，"否定的否定不是通过否定假本质来确证真本质，而是通过否定假本质来确证假本质或同自身相异化的本质，换句话说，否定的否定是否定作为在人之外的、不依赖于人的对象性本质的这种假本质，并使它转换为主体"[②]。显然，马克思这里明确指出了黑格尔辩证法以一种虚假的否定性来确证

---

① 《马克思恩格斯全集》第 3 卷，人民出版社 2002 年版，第 314—315 页。
② 同上书，第 329 页。

其非人的虚幻的神学肯定性。

与黑格尔辩证法的虚假否定性不同,马克思辩证法立足于人的感性实践活动,从人与世界的否定性统一关系看人的对象化以及这种对象化的异化。因此,马克思从现实的人的对象性活动出发,追求人的类存在与类本质的真实统一。从而不仅揭示人在神圣形象中的自我异化,而且揭示人在非神圣形象中的自我异化。于是,"对天国的批判变成对尘世的批判,对宗教的批判变成对法的批判,对神学的批判变成对政治的批判"①。在这个意义上,马克思辩证法的否定形式不仅不是神学自我确证的中介,也不仅限于青年黑格尔派的神学批判,而是彻底转换了辩证法的理论旨趣,即脱离了一种阐释神学的逻辑和瓦解神学的逻辑,而变成一种揭示和批判现实的人的存在方式的人学的逻辑。在这个意义上,马克思彻底终结传统辩证法理论的神性逻辑形式。但是阿尔都塞不无警示地指出:"也不能想象黑格尔的辩证法一旦被'剥去了外壳'就可以奇迹般地不再就是黑格尔的辩证法而变成马克思的辩证法。"② 因此,必须强调的是,马克思对黑格尔辩证法的改造并不是先改造其世界观,再改造其辩证法,而是改造黑格尔辩证法本身就是改造其神学性质的世界观。

马克思通过对黑格尔辩证法解释原则的改造,就是对黑格尔所实现的辩证法与形而上学纠缠关系的瓦解。在海德格尔看来,传统形而上学之所以是"学",在于它从逻辑的角度追问存在自身,形成的是"存在—神学—逻辑学"的基本形式。③ 这一基本形式使得辩证法的否定本性被其"神学"本质所窒息,从而变成一种脱离现实的神性逻辑。马克思更为明确地指出:"这个运动在其抽象形式上,作为辩证法,被看成真正人的生命;而因为它毕竟是人的生命的抽象、异化,所以它被看成神性的过程,然而是人的神性的过程。"④ 因此,马克思从实践原则出发,炸开了形而上学与辩证法的纠缠,使得辩证法脱离了传统形而上

---

① 《马克思恩格斯选集》第1卷,人民出版社1995年版,第3页。
② [法]阿尔都塞:《保卫马克思》,商务印书馆2007年版,第79页。
③ 参见[德]海德格尔《海德格尔与有限性思想》,刘小枫选编,华夏出版社2007年版,第40页。
④ 《马克思恩格斯全集》第3卷,人民出版社2002年版,第332页。

学作为一种神性逻辑对辩证法的纠缠。辩证法的理论形态从一种神学的逻辑转变为人学的逻辑，这不仅是马克思对黑格尔辩证法的改造，也是对整个传统辩证法理论的彻底改造。在这个意义上，马克思改造的不是辩证法的一种，而是辩证法的全部。

马克思对辩证法理论形态的彻底改造，不仅仅停留在哲学的方法论意义上，其背后隐藏的是对整个传统世界观的改造，是对传统哲学神性的、非人的世界观的根本改造。传统神学的辩证法是对"存在何以可能"的真实求索，但最终能够完成解释"存在得以可能"的任务只能是神以及神的目光。而马克思回答的则是人在现实社会生活中的"解放如何可能"，实现这一任务的只能是现实的人以及人的目光。因此，马克思辩证法是一种属人的辩证法，其世界观的意义在于它是一种回答"解释何以可能"的属人的世界观。

通过前面的论述，我们对流俗的世界观理解的批判，可以首先确立了世界观的真实内涵，即任何一种世界观都内含着是一种人生观，世界观在其哲学的层面上必然是属人的世界观。马克思辩证法通过对以黑格尔为代表的传统辩证法的批判改造，彻底终结了传统辩证法的神性本质，实现了辩证法从神学的逻辑到人学的逻辑的转变，即从一种属神的辩证法转变为一种属人的辩证法。接下来的问题是，马克思辩证法作为一种属人的辩证法何以具有属人的世界观意义？或者说，马克思辩证法的世界观意义的内涵到底是什么？回答这一问题必须从马克思辩证法的"批判本性"与"理论旨趣"入手。正是在对属人辩证法的"批判本性"的揭示中，马克思得以与旧世界观彻底决裂；正是在对属人辩证法的"理论旨趣"的阐明中，马克思建立了新的真正属人的世界观。

辩证法的理论本性是批判的和革命的。这是我们耳熟能详的对马克思辩证法的经典论述之一。马克思自己也强调："辩证法在对现存事物的肯定的理解中同时包含对现存事物的否定的理解，即对现存事物的必然灭亡的理解；辩证法对每一种既成的形式都是从不断的运动中，因而也是从它的暂时性方面去理解；辩证法不崇拜任何东西，按其本质来说它是批判的和革命的。"[1] 从这一经典论述中，我们可以得出马克思辩

---

[1] 《马克思恩格斯选集》第2卷，人民出版社1995年版，第112页。

证法批判本性的两个特征。其一，马克思始终强调在对事物的"理解"中批判事物，也就是说马克思辩证法所面对的事物从来不是离开人的"理解"的客观实在，而是始终是人所把握到了的存在。其二，马克思强调从"必然灭亡"和"暂时性"的角度"理解"事物，就是在强调对事物的这种"理解"始终是一种时间性和有限性的理解。而真正能够采取一种时间性和有限性的思维方式只能是人的思维方式，或者说只能是人看待事物的目光。可见，马克思对辩证法批判本性的强调，主要是从属人性和有限性两种视角出发的，而这种两种视角又是内在统一的。

我们知道，人既是时间性和有限性的存在者，又能够自觉到自身的这种时间性和有限性。进而人对事物的理解也必然是有限性和时间性的理解，正因为人的有限性和时间性，人才去寻求存在的意义和价值来为自身的生命存在奠基。因此，人是一种寻求意义的存在，人所理解和把握到的事物也是一种意义性的存在。与人相反，神和绝对精神的最大特征在于其超时间性和无限性，因此与人的目光不同，神的目光是超时间性的和无限的。神不用寻求自身存在的意义和价值为自己奠基，因为神就是意义和价值本身。人把自身的有限性看作是意义的根基和基础，而神则把有限性只是当作自身无限性的环节。在这个意义上，人对有限性的批判是一种意义批判和意义寻求，而神对有限性的否定只是一种虚假的否定。神在有限性面前与在自己面前是一样的，或者说神的有限性对神而言根本不构成有限性，因为在神的目光里，即使有限的事物也变成了无限性的事物，有限性作为神的无限性的中介被虚幻化了。在这个意义上，马克思所强调的辩证法的有限性和时间性实际上就是强调辩证法的属人性。相反，以往的辩证法包括黑格尔的辩证法尽管也在"理解"事物，也把事物当作一种意义性的存在。但是传统辩证法对事物的意义批判仅仅是为了觉解上帝的世俗化特征，或者说仅仅是为了上帝存在意义的自我认知。辩证法进而变成了神确证自身的工具，辩证法在神的目光中所具有的世界观意义只能是属神的或神性的世界观。

与神的目光不同，人的目光是一种时间性和有限性的目光。人的目光里的事物才是真正时间性和有限性的事物，人的目光里的辩证法也才是真正批判的、革命的和属人的辩证法。而这种属人的辩证法所创造的也必然是属人的世界和属人的世界观。马克思辩证法作为一种人的目光下的属人的辩证法，其"批判本性"作为一种时间性和有限性的思维方式，主要体现在它是意义批判与现实批判的统一，或者说马克思辩证法是通过对事物的真实意义的批判来实现对其进行现实批判的。我们知道，马克思辩证法的否定性载体是资本的同一性逻辑。资本逻辑不是一种物的实在性逻辑，而是物的逻辑下所掩盖的人的意义性逻辑，即"物与物的关系下所掩盖的人与人的关系"。由于这种"掩盖"，马克思所批判的"物与物的关系"就不是物的实在关系，而是人的意义关系。在这个意义上，马克思辩证法资本逻辑批判就是一种意义批判。但这种意义批判与以往辩证法的根本区别在于，意义的创造者不是无限的神、理念或绝对精神，而是有限的、时间性的和感性存在的人。是人的实践活动而非人的理论活动创造了人的真实意义。而在资本主义社会中，也是人真实地创造了背离人的现实存在。因此，马克思辩证法对事物的意义批判，不是"无根"虚无主义批判，而是立足于人的实践活动的"有根"的现实批判。因为意义就是真实现实的表现，事物的现实存在也是意义所渗透的现实。因此，马克思辩证法的世界观革命体现在对现实生活中一切否定人、敌视人的意义世界的揭示和批判，体现在对人的自由和可能的意义世界的忠实守护。在这个意义上，马克思辩证法的世界观革命不仅要解决如何揭示神的目光下人的自我异化问题，同时它更要解决如何把人从现实的"物"的逻辑中解放出来，获得自身真正的"人"的自由的问题，人的自由与解放是马克思辩证法及其世界观革命的"根本旨趣"。

众所周知，在费尔巴哈的提纲中，马克思鲜明地表达了自己的世界观："哲学家们只是用不同的方式解释世界，问题在于改变世界。"[①] 但是，反思这一论断，我们发现如下问题需要进一步澄清：为什么说哲学家们只是解释世界，难道他们不改变世界吗？难道马克思哲学不解释世界，不是一种世界的解释原则吗？因此，如果仅停留于字面描述，马克思哲学的世界观意义就仍然晦暗不明。我们认为，马克思当然承认以往的哲学家也试图改变世界，自己的哲学也具有解释世界的功能。问题的关键在于两种世界观的理论出发点存在根本差别。正如汉娜·阿伦特所

[①]《马克思恩格斯选集》第1卷，人民出版社1995年版，第57页。

第五章　意义世界的重建：马克思辩证法的存在论世界观

说："我们似乎看到马克思在说：最近哲学家们不断把世界作为自我发展的东西来理解，现在超越了这种认识，看，现在我们正把这个过程掌握在手中，不是按照我们的传统改变着世界吗？"[①] 可见，以往哲学家们的出发点是把世界看作自在的存在，哲学就是在人的理性思辨活动中去诠释这个自在存在的根本规律和基本法则，解释世界就是在人的头脑中重建一个理想世界，这种思维方式早在柏拉图哲学中已经定型。马克思的哲学革命工作是，那个与人对立的自在自足的世界根本不存在，世界是由我的实践活动所构建起来的存在，世界就是由人的理性和思想现实创造的世界。因此，以往哲学家尽管也试图改变世界，但是他们试图改变的是一个陌生的自在世界而非属人的世界，这种改变最终只能退为思辨的玄想。相反，如果世界就是人的世界，改变世界就是改变人自身的存在方式，作为解释世界的"现实哲学化"才与改变世界的"哲学现实化"达到统一，或者说改变本身就是一种崭新的解释方式。

两种世界观理论出发点的不同导致两种世界观提问方式和"根本旨趣"存在差别。以往哲学家的哲学"根本旨趣"在于是回答世界的"存在如何可能？"。与之不同，马克思哲学的"根本旨趣"在于回答人的"解放何以可能？"，正是这一区别构成了马克思的存在论与以往哲学存在论的根本区别。[②] 因此，我们今天反思马克思辩证法的世界观意义，实际上也就是反思和回答：马克思辩证法在什么意义上回答了人的"解放何以可能？"这一世界观"根本旨趣"的问题。

人的自由与解放是马克思人学辩证法的"根本旨趣"，更是其本质特征。无论基本形态从神学逻辑转变为人学逻辑，还是对"批判本性"的守护，马克思辩证法的最终目的都是在批判束缚人、敌视人的思维方式和社会制度中解放人、发现人。作为人学的逻辑，马克思辩证法奠基于人的现实实践活动，把人与世界的关系理解为在实践活动中形成的否定性统一关系，这种否定性统一关系是对人的本性的深刻揭示："实践是人的生存性活动，也是人特有的存在方式和区别于物的存在本性。按

---

① [美] 阿伦特：《马克思与西方政治思想传统》，孙传钊译，江苏人民出版社2007年版，第11页。
② 参见孙正聿《解放何以可能——马克思的本体论革命》，载《学术月刊》2002年第9期。

照马克思的分析和解释,实践是人依一定目的、运用工具变革对象和创造价值的活动。在实践中,人以物的方式去活动,换来的则是物以人的方式的存在。"① 这一辩证过程作为人的类存在特征,就是对人的自由生命的自觉认识和理论表征,"以人的本源性的生命活动与生存方式为根基,马克思辩证法再也不是关于世界的机械结构和一般图景的世界模式论,不是寻求与人无关的客观世界的永恒真理的知识系统,甚至也不是寻求解决思维与存在矛盾、寻求二者统一的思维活动原则,而已成为表征人的生命自由的理论"②。但是,人学逻辑的辩证法对人的本源性自由状态的揭示只是马克思辩证法解放旨趣的内涵之一。正如卢梭所说的:"人是生而自由的,但却无往不在枷锁之中。"③ 因此,人的"生命自由"必须要有辩证法"批判本性"的现实守护,在这个意义上,马克思辩证法的"解放旨趣"体现在,它始终对压制人"生命自由"的资本逻辑展开深刻的批判。

作为表征人的生命自由的马克思辩证法旨在揭示人在资本逻辑统治下的非人状态。在《1844年经济学哲学手稿》中,马克思深刻地揭示了人与物、人与劳动、人与自我以及人与他人的多重异化状态。这种对人的现实的不自由状态的揭示和批判是作为神学逻辑的辩证法所无法达到的。在马克思看来,以黑格尔为代表的形而上学的神性辩证法,虽然把人的异化形态也被看作一个存在论的生成过程,但是由于为了解决"存在何以可能"的根本问题,它必然把人与动物的区别仅仅看作精神性与非精神性的区别。因此,其揭示的人的异化状态也只是作为一种虚幻的、抽象的精神异化,"黑格尔设定人=自我意识,人的异化了的对象,人的异化了的本质现实性,不外是意识,只是异化的思想,是异化的抽象的因而无内容的和非现实的表现,即否定。因此,外化的扬弃也不外是对这中无内容的抽象进行抽象的、无内容的扬弃,即否定的否定"④。可见,传统辩证法的"非现实"性质导致它在现实面前露出了

---

① 《高清海哲学文存》第 4 卷,吉林人民出版社 1997 年版,第 10 页。
② 贺来:《辩证法的生存论基础——马克思辩证法的当代阐释》,中国人民大学出版社 2004 年版,第 216 页。
③ [法] 卢梭:《社会契约论》,商务印书馆 2003 年版,第 4 页。
④ 《马克思恩格斯全集》第 3 卷,人民出版社 2002 年版,第 333 页。

第五章 意义世界的重建:马克思辩证法的存在论世界观

非批判的真面目,其内容的空虚性必然导致其批判功能的虚幻性。因此,虚幻的辩证法不仅不能表征和守护人的自由,反而成为压制和敌视人的逻辑。

与非批判的神性辩证法及其世界观不同,马克思辩证法把人与物的区别,即人的本质理解为类存在物。"人是类存在物,不仅因为人在实践上和理论上都把类——他自己的类以及其他的类——当作自己的对象;而且因为——这只是同一种事物的另一种说法——人把自身当作现有的、有生命的类来对待,因为人把自身当作普遍的因而也是自由的存在物来对待。"① 因此,马克思辩证法从对人的自由本性的现实判断出发,能够深刻揭示人的现实解放的可能性与必要性根据:"在马克思这里,人的'解放'的根据是双重的:一方面,人的'自由自觉活动'的'类的特性'构成人的解放的可能性的'根据';另一方面,人的'类的特性'的'异化'状态则是人的解放的必要性的'根据'。"② 马克思辩证法在揭示人的现实异化与克服这种异化的辩证过程中,就是在"表征人的自由本性"和"批判人的非自由状态"这双重意义上完成自身作为"解放何以可能"的世界观探索。在这个意义上,马克思辩证法实现对世界观理论的根本变革,世界观理论形态从以上回答"存在何以可能"为根本旨趣的属神世界观,转变为以回答"解放何以可能"为根本旨趣的属人世界观。马克思辩证法对世界观理论的这一根本变革就是其最为深刻的世界观意义。

综上所述,正确理解马克思辩证法的世界观革命必须克服世界观的庸俗化理解。世界从来不是与人无涉的实在,世界观也从来不是人的实在性与事物实在性之和的抽象对立,以及以此为前提的外在观审。辩证法视阈中的世界是人所创造的意义世界,是人的存在方式和生存论境遇。辩证法的世界观也是人参与其中的对自身所创造的意义世界的批判和革新,是人在这种批判和革新中所构造的意义总体。因此,马克思辩证法的世界观革命,一方面以一种辩证法的视角把世界观从"观世界"的庸俗化理解中拯救出来。另一方面通过对意义世界的重新奠基,实现

---

① 《马克思恩格斯全集》第3卷,人民出版社2002年版,第272页。
② 孙正聿:《解放何以可能——马克思的本体论革命》,载《学术月刊》2002年第9期。

了辩证法作为世界观的意义批判和现实批判的统一。在改造旧的意义世界的过程中,真实地开创了一条通向人类自由与解放的新的意义世界的道路。

结　　语

辩证法与可能世界

在本书的前期选题和具体写作过程中，笔者始终被一些无法回避的问题困扰着：其一，人类的精神世界为什么会产生辩证法这种思维方式？辩证思维对于人类反省自身和认识他者到底起到什么作用？或者说，辩证思维的终极理论目标是为了认知世界，还是为了反省人类自身？其二，辩证思维的本性到底是认识论的还是存在论的？如果对于存在意义问题的探索是哲学思维的本性，那么辩证法在这条探索之路上发挥了怎样的作用？其三，马克思辩证法以怎样的独特视角参与到存在论对于存在意义的探索之中？或者说，如果马克思辩证法的本质是批判和革命的，那么马克思辩证法批判的和革命的本质是实在层面的批判还是意义层面的批判？马克思辩证法对于存在意义的批判和构建与以黑格尔为代表的传统辩证法思想有何根本区别？

随着写作工作的展开和深入，笔者逐步对以上问题有了自己的理解和感悟。

首先，辩证思维的产生源自于人自身存在的有限性，辩证思维不是供人认知世界的规范和原则，而是人类对于反思人自身存在的意义与价值的理论自觉。辩证思维的终极旨趣不是说明现存事物的存在状态是什么，而是为人的存在意义提供一种可能性的思考维度，或者说，辩证思维的本性是为人的存在提供一个可能性世界和一种可能性的存在方式。通过对于人类存在的可能性存在维度和可能性世界的拓展，辩证思维表征了人类存在的现实性与可能性的张力关系，这种张力关系是辩证思维作为意义批判逻辑的批判力量之源。

其次，由于辩证思维诞生的原初动力在于人对于自身存在矛盾本性的困惑和反思，因此，辩证思维的本性必然是存在论的。作为存在论的辩证法不以求解知识的合法性为基本任务，而以觉解生命存在的意义与价值为终极旨趣。辩证法思维方式似是而非的外观与人类生命存在的矛盾本性之切合并不是意外的巧合，而是人类反思和探索自身存在意义与价值的必然结果。因为意义与价值问题就其本性而言不可能是一个既成性的结论，只能是一个以辩证方式逐步自我生成和自我澄明的过程。辩证法作为一种过程性思维和总体性思维剥离了存在的实在层面、现象层面，能够以思辨的方式进入到存在的意义层面、本质层面，辩证法的理论魅力在于它是对于存在本身意义与价值的总体性映现和直观。

其三，黑格尔辩证法以人类的精神活动为基础，为人类塑造了一种理论形态的可能生活方式，这就是纯粹理念范围内的神圣自由生活。马克思无疑继承了黑格尔对辩证法的存在论理解，继承了辩证法拓展人类存在可能性维度和意义空间的理论本性。但是，马克思深刻批判了黑格尔辩证法的"无根"本性及其对人类可能生活的虚幻塑造。马克思哲学立足于人的感性实践活动，为人类塑造一种根植人类真实存在方式和真正属人的可能性生活。毫无疑问，不管是立足于精神活动，还是立足于实践活动，黑格尔和马克思对于存在意义的阐释都是在存在论层面上展开的。

基于辩证法基本理论问题所引发的原初困惑以及之后的理解和感悟，本书对于马克思辩证法的存在论阐释也围绕两个角度展开。角度一，强调黑格尔辩证法立足于人的精神能动性，实现辩证法与存在论的"合流"，开启了辩证法澄明存在意义的固有维度，把辩证法从实在论和知识论的层次提升到了存在论的层次，这是辩证法的第一次"哥白尼革命"。角度二，马克思充分继承了黑格尔辩证法完成的首次"哥白尼革命"，但同时批判了黑格尔依靠精神活动实现对存在意义和人的精神生活空间澄明和拓展的局限性，而是立足于人的实践性存在方式，真实地寻求现实存在的意义可能性，并利用这种可能性与现实性的内在张力，真实地瓦解了人类存在的异化形态，为人类存在意义的澄明和精神生活空间的拓展提供了崭新的理论支撑。

如果马克思辩证法与黑格尔辩证法的对比研究，是为了凸显马克思辩证法的理论特质，彰显辩证法思维方式的实践存在论意义，从而该研究内容构成本书的叙述逻辑和显性线索。那么本书对于辩证法与存在论关系问题的关注和聚焦则构成了作为本书的研究逻辑和隐性线索，这意味着，马克思辩证法的存在论阐释工作的隐性目标是实现对于存在论辩证法的自觉。但是，存在论辩证法曾遭到现代哲学诸思想家的极力批判，这一批判的主要代表人物是法兰克福学派的思想领袖——阿多诺。阿多诺认为，存在论辩证法的根本理论硬伤在于，辩证法的概念形态根本无法真正触及非概念物，或者说，存在论辩证法对于存在本身意义问题的探索是一个无法实现的理论狂妄。概念在非概念物面前的理论剩余构成阿多诺坚持的否定辩证法的基本动力，康德意义上的物自体与现象界、存在与存在者之间无法抹去的差异是辩证法瓦解力量的理论支撑。

与阿多诺所批判的存在论辩证法抹杀辩证法的否定性，导致辩证法陷入肯定性和同一性怪圈的批判性主张不同，捷克哲学家卡莱尔·科西克则认为，辩证法的思想魅力正是在于其对于物自身或存在意义的求索，因为正是有了对于存在意义问题的寻求，辩证法才能穿透实在论的表象，达到对于事物的超越性和批判性认识，或者说，辩证法对于存在与存在者原初同一的理论"分割"并不是辩证法狂妄，而是辩证法思维方式的本性，即辩证法思维方式的实质就是一种分裂式的思维方式。辩证法以分裂思维透过存在者切中存在本身，并且以透视存在的意义和价值为基本旨趣。通过切中存在本身，辩证法以超越性和可能性的视角实现了对于存在者的批判和建构。

本书的辩证法存在论阐释工作首先是对于辩证法作为分裂式思维方式的守护，主张透过存在者切中存在本身并进而建构关于存在意义的结构总体性。这个结构总体性显然在分割存在与存在者的基础上是关于存在者可能性的总体性，而非实在性的总体性，或者说，这个结构总体性是一个解释学意义上不同存在意义之间"视阈融合"的结果。在这个意义上，辩证法的存在论阐释工作的实质是存在解释学。辩证法的理论旨趣是在存在论层面诠释关于实在的意义结构和价值总体，辩证法思维方式的实质是关于存在意义的解释学，它虽然具有非署名的客观结构特征，但是在哲学解释学的意义上，每个解释主体都必然参与到自身存在意义的诠释和建构之中。这种解释主体可以是个人、组织、阶层和阶级，解释的终极目标是超越解释主体的现实存在，去实现主体可能性存在方式的理想述求。这种理想述求是以现实性与可能性冲突的形式达到，解释冲突的必然性根源于存在本身的辩证意义结构，这也构成辩证法意义批判本性以及辩证法批判革命本质的动力之源。

辩证法的分裂式思维以及存在解释学内含着关切生命存在本身的可能性意义，其根本理论目标是创建生命存在的可能性意义世界。辩证法的存在论阐释工作以分裂式思维作为理论前提，存在解释学作为理论形态，进而强调辩证法思维方式的理论特质在于拓展存在的可能性空间，拓展人自身的存在方式、存在意义和存在场域。辩证法的理论价值不仅在于为历史性的宏大叙事提供整体性思考的方法论指导，其更重要的理论价值在于拓展人类存在的意义空间，在于拓展和丰富人类生存的可能世界及其基本内容。

辩证思维所注重的对事物加以联系、发展的理解是对事物存在意义的理解，是为了突破实在论视角和认识论视角对于事物加以现成性和单向度的理解。辩证思维的根本目的在于拓展事物存在的可能性空间和新的意义向度。因此，辩证法视阈中的事物始终是事物存在的可能性而非现成性。与之相反，我们通常所熟知的形而上学思维方式是对于事物加以孤立、静止的理解，实际上就是指形而上学思维方式只关注事物存在的现成性，而忽略或遮蔽了事物存在的意义性和事物存在的可能性。本书所做的对辩证法的存在论阐释工作，在这个意义上就是要突破形而上学思维方式对于辩证法的现成性和知识论理解，批判把辩证思维降格到只说明事物现成性的水平上，并通过这种"突破"和"批判"，把辩证法固有的寻求人类存在的可能性意义空间和意义维度的哲学本性阐发出来。

与科学思维关注事物的实在性规律不同，哲学思维的本性是关注事物存在的可能性而非现实性，或者说在哲学视阈中，可能性始终是高于现实性的。哲学理论和哲学思维的根本旨趣是要拓展人类存在的可能空间，开拓人类生命的意义维度。在这个意义上，哲学思维中的现成世界必然是一个坏世界，哲学理论中的好世界必然是一个关于可能性的世界。因此，哲学思维的本性实际上更多是一种创意而非原理或科学。哲学创意如同艺术创意一样，其作用在于为人类打开全新的思想空间和存在可能性，让人们认识到除了现实的生活状态之外，人还可以拥有别样的可能性生活方式。但是，这不意味着哲学不关注现实，而是说哲学是以不同于常识、科学的方式关注现实，哲学是以可能性的目光审视和批判现实。可能性与现实性的存在间距决定了，哲学世界与现实世界之间必然存在一种不可调和的张力，这种张力就是哲学思维以批判的姿态指向现实的力量之源。辩证法作为一种具有千年历史的哲学思维方式，符合哲学思维的这一本性。但是，知识论的哲学传统却窒息了辩证法的这一本性，辩证法或者被当作关于事物实在性的"科学规律"，或者被当作关于思维客观形式的"逻辑规律"。结果，对辩证法的现成性阐释遮蔽了对辩证法的可能性阐释，重新开显出辩证法固有的可能性维度，成为拯救辩证法理论本性的重要工作，而这一工作只能依靠存在论这一平台才能实现。

存在论的根本问题是存在的意义问题，存在论对存在意义澄明的根本目的在于揭示事物存在的可能性维度，在于拓展人类存在的可能性空间。在这个意义上，辩证法对事物的可能性高于现实性的把握，可以通过存在论阐释得到更加明晰的阐释。意义问题关乎的是存在的可能性，辩证法的存在论阐释要把辩证法置于意义问题和可能性问题的平台之上，并在这一平台上阐述辩证法如何拓展事物存在与人类存在的可能性维度，阐述辩证法为人类提供的可能性存在方式和可能性的生活理念。

现代西方哲学把意义问题作为哲学思维的边界，思维永远不能通过对存在者的主观分析、判断来切中存在本身的意义和价值。因为一个简单但深刻的思想自觉是：我们永远无法证明思维对于存在者的分析、判断何以不仅是思维关于存在者的主观规定，而且是关于存在者背后的存在本身的规定。康德对知性能力的考察、维特根斯坦对语言界限的界定、海德格尔对认识论主体的生存论阐释都说明了这个道理。可见，在现代哲学视阈中，存在的意义问题已不可能靠主观反思加以解决，而只能靠客观澄明加以阐述。

一般而言，对意义的客观澄明可以凭借两个平台来实现，一个是人类的客观精神活动，另外一个是人类的客观实践活动。无论是精神活动还是实践活动，都突破了对存在者的认识论反思，而把事物的存在意义都看作是能动的实现过程。存在论阐释的视角就是要克服认识论对意义问题的空间化制约，把意义问题投入到时间性和历史性的视阈中。在时间性和历史性的视阈中,事物存在的意义始终是未完成的,存在的意义在于创造而不在于规定,辩证法所固有的可能性高于现实性的理论本性,为我们在现代哲学视阈下反思事物的存在意义开拓了广阔的理论空间。

参考文献

一　著作

1. 《马克思恩格斯全集》，人民出版社，中文第一版、第二版。
2. 《马克思恩格斯文集》，人民出版社 2009 年版。
3. 《马克思恩格斯选集》，人民出版社 1995 年版。
4. ［苏］列宁：《哲学笔记》，人民出版社 1993 年版。
5. ［古希腊］《柏拉图全集》，人民出版社 2003 年版。
6. ［古希腊］亚里士多德：《形而上学》，商务印书馆 1996 年版。
7. ［古希腊］亚里士多德：《范畴篇 解释篇》，商务印书馆 1959 年版。
8. ［古希腊］亚里士多德：《物理学》，商务印书馆 1982 年版。
9. ［古希腊］亚里士多德：《尼可马可伦理学》，中国人民大学出版社 2003 年版。
10. ［德］康德：《纯粹理性批判》，人民出版社 2004 年版。
11. ［德］康德：《实践理性批判》，人民出版社 2003 年版。
12. ［德］康德：《历史理性批判文集》，商务印书馆 1990 年版。
13. ［德］黑格尔：《小逻辑》，商务印书馆 1980 年版。
14. ［德］黑格尔：《精神现象学》上、下卷，商务印书馆 1979 年版。
15. ［德］黑格尔：《黑格尔早期著作集》上卷，商务印书馆 1997 年版。
16. ［德］黑格尔：《哲学史讲演录》第 2 卷，商务印书馆 1960 年版。

17. ［德］黑格尔：《哲学史讲演录》第 4 卷，商务印书馆 1978 年版。

18. ［德］黑格尔：《逻辑学》上、下卷，商务印书馆 1976 年版。

19. ［德］黑格尔：《历史哲学》，上海书店出版社 2006 年版。

20. ［德］黑格尔：《法哲学原理》，商务印书馆 1961 年版。

21. ［德］海德格尔：《存在与时间》，生活·读书·新知三联书店 2006 年版。

22. ［德］海德格尔：《面向思的事情》，商务印书馆 1996 年版。

23. ［德］海德格尔：《演讲与论文集》，生活·读书·新知三联书店 2005 年版。

24. ［德］海德格尔：《海德格尔与有限性思想》，刘小枫选编，华夏出版社 2007 年版。

25. ［德］海德格尔：《形而上学导论》，商务印书馆 1996 年版。

26. ［德］海德格尔：《现象学之基本问题》，上海译文出版社 2008 年版。

27. 《海德格尔选集（上、下卷)》，生活·读书·新知三联书店 1996 年版。

28. ［匈］卢卡奇：《青年黑格尔》，商务印书馆 1963 年版。

29. ［匈］卢卡奇：《历史与阶级意识》商务印书馆 1999 年版。

30. ［匈］卢卡奇：《卢卡奇早期文选》，南京大学出版社 2004 年版。

31. ［法］梅洛－庞蒂：《知觉现象学》，商务印书馆 2001 年版。

32. ［法］梅洛－庞蒂：《哲学赞词》，商务印书馆 2000 年版。

33. ［法］梅洛－庞蒂：《辩证法的历险》，上海译文出版社 2009 年版。

34. ［捷克］科西克：《具体的辩证法》，社会科学文献出版社 1989 年版。

35. ［法］科耶夫：《黑格尔导读》，译林出版社 2005 年版。

36. ［德］卡西尔：《人论》，上海译文出版社 1985 年版。

37. ［德］伽达默尔：《伽达默尔论黑格尔》，光明日报出版社 1992 年版。

38. ［美］查尔斯·泰勒：《黑格尔》，译林出版社 2002 年版。

39. ［德］哈贝马斯：《现代性的哲学话语》，译林出版社 2004 年版。

40. ［德］霍克海默、阿多诺：《启蒙辩证法》，上海人民出版社 2006 年版。

41. ［德］卡尔·洛维特：《从黑格尔到尼采》，生活·读书·新知三联书店 2006 年版。

42. ［德］卡尔·洛维特：《世界历史与救赎历史》，上海人民出版社 2005 年版。

43. ［德］策勒尔：《古希腊哲学史纲》，山东人民出版社 2007 年版。

44. ［德］克朗纳：《论康德与黑格尔》，同济大学出版社 2004 年版。

45. ［德］尼采：《悲剧的诞生》，译林出版社 2007 年版。

46. ［荷兰］《斯宾诺莎书信集》，商务印书馆 1993 年版。

47. ［美］马尔库塞：《理性与革命》，上海人民出版社 2007 年版。

48. ［德］伽达默尔：《真理与方法（上卷）》，商务印书馆 2007 年版。

49. ［德］黑尔德：《时间现象学的基本概念》，上海译文出版社 2009 年版。

50. ［德］阿多尔诺：《否定的辩证法》，重庆出版社 1990 年版。

51. ［法］列维纳斯：《上帝·死亡和时间》，生活·读书·新知三联书店 1997 年版。

52. ［法］列维纳斯：《从存在到存在者》，江苏教育出版社 2006 年版。

53. ［美］蒯因：《从逻辑的观点看》，上海译文出版社 1987 年版。

54. ［苏］罗森塔尔：《马克思"资本论"中的辩证法问题》，生活·读书·新知三联书店 1957 年版。

55. ［法］布迪厄：《实践感》，译林出版社 2003 年版。

56. ［英］伯林：《自由及其背叛》，译林出版社 2005 年版。

57. ［英］伯林：《自由论》，译林出版社 2003 年版。

58．［法］利奥塔：《后现代状态：关于知识的报告》，生活·读书·新知三联书店1997年版。

59．［德］柯尔施：《马克思主义和哲学》，重庆出版社1989年版。

60．［美］马尔库塞：《单向度的人》，上海译文出版社2006年版。

61．［法］卢梭：《社会契约论》，商务印书馆2003年版。

62．［法］卢梭：《论科学与艺术》，上海人民出版社2007年版。

63．［英］沃尔什：《历史哲学导论》，北京大学出版社2008年版。

64．［俄］别尔嘉耶夫：《历史的意义》，学林出版社2002年版。

65．［美］巴雷特：《非理性的人》，上海译文出版社2007年版。

66．［法］科尔纽：《马克思的思想起源》，中国人民大学出版社1987年版。

67．［美］列奥·施特劳斯：《自然权利与历史》，生活·读书·新知三联书店2003年版。

68．《国外黑格尔哲学新论》，中国社会科学出版社1982年版。

69．［苏］捷·伊·奥义泽尔曼：《辩证法史》，人民出版社1982年版。

70．［美］伯特尔·奥尔曼：《辩证法的舞蹈》，高等教育出版社2006年版。

71．［法］阿尔都塞、巴里巴尔：《读〈资本论〉》，李其庆，冯文光译，中央编译出版社2003年版。

72．［法］阿尔都塞：《保卫马克思》，顾良译，商务印书馆1984年版。

73．［法］阿尔都塞：《黑格尔的幽灵》，南京大学出版社2005年版。

74．［美］莱文：《辩证法的内部对话》，张翼星译，云南人民出版社1998年版。

75．［苏］柯普宁：《辩证法 逻辑 科学》，华东师范大学出版社1981年版。

76．［苏］柯普宁：《作为认识论和逻辑的辩证法》，华东师范大学出版社1984年版。

77．［苏］罗森塔尔、施特拉克斯：《唯物辩证法的范畴》，生活·

读书·新知三联书店 1958 年版。

78．［苏］罗森塔尔：《列宁帝国主义理论中的辩证法》，河南人民出版社 1992 年版。

79．［美］弗朗西斯·苏：《毛泽东的辩证法理论》，中共中央党校科研办公室 1985 年版。

80．［美］田辰山：《中国辩证法：从〈易经〉到马克思主义》，中国人民大学出版社 2008 年版。

81．［法］萨特：《辩证理性批判》，安徽文艺出版社 1998 年版。

82．［苏］艾·瓦·伊林柯夫：《马克思〈资本论〉中抽象和具体的辩证法》，孙开焕，鲍世明译，山东人民出版社 1993 年版。

83．《孙正聿哲学文集》（1—9 卷），吉林人民出版社 2007 年版。

84．孙正聿：《哲学通论》，辽宁人民出版社 1998 年版。

85．孙正聿：《马克思辩证法理论的当代反思》，人民出版社 2002 年版。

86．孙正聿：《超越意识》，吉林教育出版社 2001 年版。

87．孙正聿：《崇高的位置：世纪之交的哲学理性》，吉林人民出版社 1997 年版。

88．《高清海哲学文存》（第 1—2 卷），吉林人民出版社 1997 年版。

89．高清海：《哲学的憧憬》，吉林大学出版社 1993 年版。

90．邹化政：《黑格尔哲学统观》，吉林人民出版社 1991 年版。

91．王天成：《直觉与逻辑》，长春出版社 2000 年版。

92．孙利天：《论辩证法的思维方式》，吉林人民出版社 2006 年版。

93．贺来：《辩证法的生存论基础》，中国人民大学出版社 2004 年版。

94．贺来：《辩证法与实践理性：辩证法的"后形而上学视野"》，中国社会科学出版社 2011 年版。

95．刘森林：《辩证法的社会空间》，吉林人民出版社 2006 年版。

96．张一兵：《马克思历史辩证法的主体向度》，武汉大学出版社 2010 年版。

97．黄楠森：《〈哲学笔记〉与辩证法》，北京出版社 1984 年版。

98. 邓晓芒：《思辨的张力》，湖南教育出版社 1992 年版。

99. 赵汀阳：《直观：赵汀阳学术自选集》，福建教育出版社 2000 年版。

100. 张汝伦：《德国哲学十论》，复旦大学出版社 2004 年版。

101. 王南湜：《辩证法：从理论逻辑到实践智慧》，武汉大学出版社 2011 年版。

102. 秦光涛：《意义世界》，吉林教育出版社 1998 年版。

103. 李欣、钟锦：《康德辩证法新释》同济大学出版社 2009 年版。

104. 何中华：《哲学：走向本体澄明之境》，山东人民出版社 2002 年版。

105. 张以明：《生命与实践》，社会科学文献出版社，2010 年版，第 48 页。

二　论文

1. 孙正聿：《解放思想与变革世界观》，载《中国社会科学》2008 年第 6 期。

2. 孙正聿：《解放何以可能——马克思的哲学革命》，载《学术月刊》2002 年第 9 期。

3. 孙正聿：《辩证法：黑格尔、马克思与后形而上学》，载《中国社会科学》2008 年第 3 期。

4. 孙正聿：《辩证法的批判本性》，载《中国社会科学》1992 年第 4 期。

5. 孙正聿：《人类思想运动的逻辑——黑格尔概念辩证法的真实意义》，载《社会科学战线》2003 年第 6 期。

6. 孙正聿：《历史的唯物主义与马克思主义的新世界观》，载《哲学研究》2007 年第 3 期。

7. 孙正聿：《辩证法与精神家园》，载《天津社会科学》2008 年 3 期。

8. 高清海：《再论实践观点的超越性本质》，载《哲学动态》1989 年第 1 期。

9. 高清海：《哲学思维方式的历史性变革》，载《开放时代》1995

年第 6 期。

10. 高清海、孙利天：《马克思的哲学观变革及其当代意义》，载《天津社会科学》2001 年第 5 期。

11. 孙利天：《关于辩证法的十点意见》，载《人文杂志》1989 年第 1 期。

12. 孙利天：《辩证法是一种哲学的思维方式》，载《社会科学探索》1992 年第 1 期。

13. 孙利天：《论辩证法的人生态度和理想》，载《吉林大学社会科学学报》1993 年第 2 期。

14. 孙利天：《现代哲学革命和当代辩证法理论》，载《哲学研究》1994 年第 7 期。

15. 孙利天：《马克思的唯物史观对黑格尔辩证法的颠倒》，载《马克思主义与现实》2008 年第 2 期。

16. 刘福森：《哲学不是什么？》，载《理论探讨》2009 年第 5 期。

17. 刘福森：《从实践唯物主义到历史唯物主义》，载《理论探讨》2001 年第 6 期。

18. 张盾：《在什么意义上黑格尔辩证法是马克思哲学变革的思想源头？》，载《复旦学报（社会科学版）》2007 年第 3 期。

19. 贺来：《辩证法与现代性课题》，载《学习与探索》2007 年第 5 期。

20. 王天成：《黑格尔形而上学维度的革新》，载《吉林大学社会科学学报》2007 年第 4 期。

21. 王天成：《黑格尔概念辩证法中的个体生命原则》，载《天津社会科学》2005 年第 2 期。

22. 王天成：《生命意义的觉解与辩证法的任务》，载《吉林大学社会科学学报》2005 年第 4 期。

23. 王天成、曾东：《辩证法的三种形态》，载《社会科学战线》2007 年第 4 期。

24. 吴晓明：《马克思的哲学革命与全部形而上学的终结》，载《江苏社会科学》2000 年第 6 期。

25. 吴晓明：《论马克思哲学的当代性》，载《天津社会科学》

1999 年第 6 期。

26. 张盾：《辩证法与当代哲学的命运——评阿多尔诺对辩证法的重新诠释》，载《南京大学学报》2004 年第 4 期。

27. 张汝伦：《马克思的哲学观和"哲学的终结"》，载《中国社会科学》2003 年第 4 期。

28. 衣俊卿：《"哲学的终结"与马克思主义哲学的实质》，载《求是学刊》1988 年第 1 期。

29. 王南湜：《作为实践智慧的辩证法》，载《社会科学战线》2003 年第 6 期。

30. 仰海峰：《马克思对黑格尔哲学的五次批判——对唯物辩证法的一个发生学研究》，载《南京政治学院学报》1998 年第 4 期。

31. 王福生：《马克思哲学与现代的辩证法——以〈共产党宣言〉为例》，载《求是学刊》2005 年第 1 期。

32. 姚大志：《什么是辩证法？》，载《社会科学战线》2003 年第 6 期。

33. 方朝晖：《"辩证法"一词考》，载《哲学研究》2002 年第 1 期。

34. 田海平、马英林：《拯救辩证法：后形而上学时代的思想任务》，载《社会科学战线》2003 年第 6 期。

35. 赵敦华：《中西形而上学的有无之辨》，载《北京大学学报》1998 年第 2 期。

36. 朱德生：《形而上学的情结》，载《求是学刊》2003 年第 1 期。

37. 邓晓芒：《论中、西辩证法的生存论差异》，载《江海学刊》1994 年第 3 期。

38. 邓晓芒：《论先验现象学与黑格尔辩证法的差异》，载《江苏社会科学》1999 年第 6 期。

39. 王南湜：《历史唯物主义何以可能》，载《学习与探索》2009 年第 5 期。

40. 俞吾金：《形而上学发展史上的三次翻转》，载《中国社会科学》2009 年第 6 期。

41. 徐长福：《关于实践的哲学与作为实践的哲学》，载《学习与探索》2008 年第 6 期。

42. 何中华:《马克思实践本体论新诠》,载《学术月刊》2008 年第 8 期。

43. 邓晓芒:《马克思从黑格尔那里继承了什么?》,载《马克思主义与现实》2008 年第 2 期。

44. 付文忠:《新批判马克思主义对辩证法的反绝对化解释》,载《哲学动态》2009 年第 1 期。

45. [法] F. 费迪耶:《晚期海德格尔的三天讨论班纪要》,载《哲学译丛》2001 年第 3 期。

三 英文文献

1. Albritton, Robert. *Dialectics and Deconstruction in Political Economy*. New York: St. Martin's Press, 1999

2. Althusser, Louis. *For Marx*. London: Verso, 2005

——*Reading Capital*. London: Verso, 1998

3. Anderson, Perry. *Passages from Antiquity to Feudalism*. London: New Left Books, 1974

4. Arthur, Christopher. *The New Dialectic and Marx's Capital*. Leiden: Brill, 2002

5. Beamish, Rob. *Marx, Method and the Division of Labour*, Urbana: University of Illinois Press, 1992

6. Fine, Ben. *Marx's Capital*. London: Macmillan, 1975

7. Itoh, Makoto. *The Basic Theory of Capitalism: The Forms and Substance of the Capitalist Economy*. Hampshire: Macmillan Press, 1998

8. Marsden, Rechard. *The Nature of Capital*. London: Routledge, 1999

9. Moseley, Fred (ed.). *Marx's Method in Capital: A Re-examination*. Atlantic Highlands: Humanities Press, 1993

10. Paolucci, Paul. *Marx's scientific dialectics*. Leiden: Brill, 2007

11. Rosenthal, John. *The Myth of Dialectics: Reinterpreting the Hegel-Marx Relation*. New York: St. Martin's Press, 1998

12. Wood, Euen. *The Origin of Capitalism*. New York: Monthly Review

Press, 1999

13. Zeleny, Jindrich. *The Logic of Marx*. Oxford: Blackwell, 1980

14. Harvey, David. *A Companion to Marx's Capital*, Verso, 2010

15. Bidet, Jacques. *Exploring Marx's Capital: Philosophical, Economic and Political Dimensions*, translated by Fernbach, Brill, 2007

16. Croce, Benedetto. *Historical Materialism and the Economics of Karl Marx*, translated by Meredith, George Allen & Unwin, 1914

17. Lebowitz, Michael. *Following Marx: Method, Critique and Crisis*, Brill, 2009

18. Sayer, Derek. *Marx's Method: Ideology, Science and Critique in Capital*, The Harvester Press, 1979

19. Smith, Tony. *The Logic of Marx's Capital: Replies to Hegelian Criticisms*, State University of New York Press, 1990

24. Adorno. *Negative Dialectics*. Translation by E. B. Ashton, The Seabury Press, New York, 1973.

25. Gadamer. *Dialogue and Dialectic: Eight Hermeneutic Studies on Plato*, Yale University Press, 1980.

学术索引

A

阿多诺　31,32,113,131,132,148,241,263
阿尔都塞　22,29,158,159,253
阿伦特　256,257
爱的泛神论　72-74,76

B

巴门尼德　46,57,130-132
柏拉图　37-39,41,42,50,60,74,75,110-113,117,130-132,146,147,157,177,209,212,219,220,234,257
柏拉图主义　147,180,193
本体论　13,41,63,72,74,76,92,93,110,139-145,148,154,178-180,257,259
本体论的许诺　148
辩证法不崇拜任何东西　2,114,254
辩证逻辑　10,45,52,80,105,129,131,134-137,139,165,183,184,187,188,209,210,218
辩证唯物主义　5,7,21,83,128,232,238
表达的职能　122
表述的职能　122

别尔加耶夫　188
伯林　224,225,227,229
布迪厄　177

C

策勒尔　41
查尔斯·泰勒　223
常识的否定性　55,56
承认　19,30,36,40,49,81,88,89,94,136,147,151,153,159,163,170,173,188,191,199,201,216,221,245-247,250,252,256
聪明的唯物主义　84
聪明的唯心主义　84
存在何以可能　153,154,174,175,178,181,254,258,259
存在论历史观　189,190,192,193,196
存在论意蕴　53,54,69,89,90,92,95,96,100-104,117,119,121,233

D

德国浪漫派　33,139,147
德里达　164
德谟克利特　57,212
笛卡尔　43,61,69,115,144,233

颠倒 81,82,95,117,142,143,149,165,
    166,172,180,214,227,237
独白 112,113,115,116,155,161,246,
    247
独断论 26,140,144
对话 19,42,99,106,107,112,113,115,
    116,130,155,162,247

E

恩格斯 2,4,59,64,76,78,81,82,87,
    88,93-95,97,98,100,102,103,108,
    109,114,118,120,121,128,141,142,
    146,150-153,156,161,163-166,168,
    171-173,175,176,186,187,195,205-
    210,212-215,221,224,228,229,234,
    236,245-247,251-254,256,258,259

F

非人的世界观 236,254
非时间性 19,105-109,111-114,116
费尔巴哈 82,88,94,146,158,213,214,
    236,252,256
费希特 33,36,44,45,52,62,115,140
弗洛姆 157

G

改变世界 156,170,175,249,256,257
感性生命活动 195,223
歌德 33,198,200
共在性 99
观世界 98,232-239,245,248-250,
    258,259
国民经济学 150-154,158,160,161,
    169,173

H

哈贝马斯 30,35,36,70-72,76,115

海德格尔 3,16,17,19,55,57,58,75,
    86,87,93-97,99,101,106,110-112,
    121,129,143,147,149,170,174,177,
    180,194,220,232,233,235-237,249,
    253,265
荷尔德林 147
赫拉克利特 7,57,132,241
黑格尔 2,4,6,9,10,12-89,92,98,103-
    105,107-109,111,112,115,117,126-
    128,130-135,137-142,145-147,
    149-154,157-159,161-163,165,
    175,177,179,180,182-187,190,194-
    211,214,216-221,223,224,226-229,
    238,240-244,247,248,250-255,258,
    261,262
胡塞尔 12
怀特 18,50
怀疑主义 144,202
霍布斯 36
霍克海默 31,32
霍耐特 36,246,247

J

伽达默尔 3,74,75,130
家族相似 123
交换价值 142,152
解放何以可能 80,154,156,174,175,
    178,179,181,222-224,226,229,230,
    257,259
解释世界 156,175,237,256,257
解释学 3,263,264
经验主义 25-27,36,74
经院空间 117,118,126
精神家园 23,34,70,210,220,251

精神实体　38,49,50,53,54,58-60,63,68,84,85,126

静观　47-49,89,97,136,148,177,234,236,237,252

境遇性　96,98,100,101,104

救赎的逻辑　205

具体的总体性　37,215,242

觉解的逻辑　181

K

卡尔·洛维特　32,218,219

卡西尔　23,24,155,156

康德　9,10,18,19,24,26-28,31,33,36,43-46,49,50,52,53,55,61-64,67,69,71,73,74,84,85,87,98,103,107,112,123,133-136,140,144,145,148,170,180,184,186,191,197,198,223,248,263,265

科尔纽　33,171,206

科西克　12,95,172,173,181,187,200,213-217,240,241,243-245,263

科耶夫　12,13,47,48,51

可能世界　261,264

可能性　7,10,12,23,28,36,43,50,53,57,70,95,112-114,122,137,149,155-157,160,174,175,180,212,217,235,237,259,261-266

克朗纳　50,73,74,112,197,198

蒯因　148,179

L

浪漫主义　33,197,198

类本质　96,100-102,104,154,172,173,207,215,253

类存在物　100,153,172,209,214,215,259

李嘉图　150,152,160

理论理性　67,68,73,135,149,170

理论逻辑　156,177,178

理念论　42,50-52,111,130,131,146

历史存在论　20,21,80,96,103,104,176,187,192,210,211

历史的内涵逻辑　20,222,238

历史决定论　176,228,229

历史唯物主义　5,7,83,105,128,157,218,221-223,226,228,230,232

历史虚无主义　216-220,222

历史意识　100-104,186,188,189,192,196,217-219,221

历史与逻辑的统一　105,108,183,184,186-188,190,192,217,222

利奥塔　241

列奥·施特劳斯　218,219

列宁　81-84,105,167

列维纳斯　116

卢卡奇　31,49,157,159,226,227,240,241

卢梭　31,138,147,198,200,258

伦理实体　30,35,67,203

逻辑存在论　15,92,141,142,146,147,150,154,169,170

M

马尔库塞　66,157,226

马基雅维利　36

目的论　41,42,51,54,60,61,63,217,218,229,251

N

内涵逻辑　22,37-40,53,62,140,141,

177,178,183 - 188,192,196,197,207,
210,216,222
内在超越　5,6,14,20,39,51,54,63 -
65,67,72,77,80,104,111,127,139,
151,166,199,216,238,251,252
内在否定性　2 - 6,8,9,43,56 - 65,67,
68,128,135,201
内在关系　20,76,105,192,236
尼采　32,180,200,208,209,220

Q

启蒙理性　23,29,31,33,69,73,115

R

人道主义　33,158,179,227
人学的逻辑　253,254,257
认识论历史观　189,190,196
日常语言　123,124

S

萨伊　160
商品拜物教　157,210
社会存在论　96,103,156,173,176,179,
181
社会关系　93,99,100,142,164,166,
176,221,235,238,246,247,249
社会空间　118
神性逻辑　195,196,209,210,217,253,
254
生活戏剧　171
生命存在论　191,204
生命理念　52,54,84,85,140,141
生命实体　41,42,49,72 - 74,76,78,251
生命史诗　171
生命原则　4 - 6,17,39,46,54,62,65 -
68,73,78,81,85,87,89,139,251,252

施莱格尔　33,198,200
时间性　16,18,19,53,101,103 - 105,
107 - 126,192,244,255,256,265
实践存在论　20,80,81,89,93,96,109,
117,141,170,176,178,179,238,262
实践感　177
实践观点的思维方式　80,90,177
实践理性　68,73,136,144,149
实践逻辑　156,177,178,196
实践批判　128,173,222,226,227,230
实在世界　131,238,245
实证主义　35,123,127,138,139,160,
226 - 228,245
使用价值　142,152
世界性　96 - 100,104
试错理论　137
思辨的逻辑　107,108,162,250
思想的客观性　24,27,28,35,85,86,88
斯宾诺莎　33,55,61
死亡意识　19,100,101,104,201,202
所指　5,28,37,58,76,93,95,118,124,
125,132,147,158,168,172,217,235,
247
索绪尔　124 - 126

T

他者　6,29,36,39,44,65,79,96,99,
100,104,106,111,113 - 117,162,209,
246,261
同一性　24,25,27,28,39,46,56,57,60,
67,73,85 - 87,100,112 - 114,132,133,
142,145,150,154,162,190,197,199,
241 - 244,249,256,263
团结　246,247

W

瓦解资本的逻辑　126,148,150,179
外在否定性　2-4,6,56,58,59,63
唯物辩证法　5,81,83
维特根斯坦　123,124,126,265
伪具体　240,243
物化逻辑　142
物自体　9-11,27,41,44,45,69,73,
　　136,184,187,243,263

X

现代性　30,35-37,68-72,74-77,79,
　　115,116,151,160,161,218,241
现象学存在论　93
现象学还原　12
谢林　27,33,147,197,198,200
形而上性　179-182
形式逻辑　11,14,37-42,47,53,56,57,
　　64,69,73,76,78,114,137-139,141,
　　181,183,184,188
休谟　25,26

Y

亚当·斯密　160
亚里士多德　18,38-44,52,57,60,61,
　　72,106,117,193,237
伊壁鸠鲁　212
意见的逻辑　107,108,132,162,250
意义批判　6,8,20,21,59,80,127,183,
　　231,238,245,249,250,255,256,260,
　　261,264
意义世界观　21,245,249,250
意义总体性　15,216,238-240,243-
　　245,249
有机体　4,6,16,51,61,65,139,199
有限性　9,14,16,18,19,23,25-28,31,
　　40,42,43,46,51,52,54,58,62,69-73,
　　77,87,88,91,101,103,104,106,109,
　　111-114,116,119-123,125,129,138,
　　139,144,148,149,177,185,191,192,
　　202,211,215-217,223,234,253,255,
　　256,261
愚蠢的唯物主义　84
语言学　74,75,123-126,179
语言游戏　123
欲望　32,48,209

Z

在场形而上学　143
哲学批判　9,122,158,159,167
哲学原理教科书　5,7,128,232
拯救辩证法　11,51,115,155,169,241,
　　265
政治经济学批判　158,165-167
芝诺　7,132
知性的否定性　56,242
主体间性　115,116
主体性原则　29,35,61,69,70,72,76,
　　77,115
属人的世界观　235,250,254,255
资本逻辑　20,80,127,141-144,147-
　　150,155,156,158,160,163-165,167-
　　169,172-174,182,210,230,256,258
自由何以可能　222,224,225,229,230

后　　记

　　本书是在我同名博士学位论文的基础上修改而成的。首先要感谢我敬爱的老师孙正聿先生，没有先生的谆谆教诲和思想启迪，我无法完成这本小书的写作。先生是我行走哲学之路的导师，更是我行走人生之路的导师。"用生命做哲学"对先生而言不是一句空话，而是对于先生哲学和先生人格的合理诠释和真实写照。如果说只有投入生命的哲学才能感动人，只有经过哲学思考的人生才值得一过，那么先生的哲学便是能够真正感动人的哲学，先生的人生便是真正有强度的人生。忝列先生门下，我以先生哲学和先生人格作为自己为学做人的目标和榜样，虽不能至，但心恒向往之。

　　感谢吉林大学哲学系的各位老师。我在吉林大学哲学系求学十载，本书有很多吉大老师的思想印记，老师们的思想个性和对哲学真理的求索热忱深刻影响了本书的思考和写作。特别要感谢孙利天教授、刘福森教授、贺来教授、王天成教授、张盾教授、姚大志教授等老师的思想启蒙，是诸位先生让我爱上哲学、走进哲学。

　　感谢东南大学哲学与科学系的各位老师。哲科系是一个温馨且充满活力的集体，与大家在一起工作让我感到愉快和充实。特别要感谢樊和平教授、田海平教授、王珏教授、徐嘉教授等诸位老师对我工作和生活上的关心，你们的真诚鼓励和热情帮助让我适应和融入新的工作环境。本书的出版得益于东南大学伦理学学科的国家"985"哲学社会科学创新基地的资助，在此对樊和平教授和基地表示诚挚的感谢。

　　还要感谢侯小丰、王庆丰、莫雷、王海锋、杨晓等同门兄弟姐妹。和大家在一起学习和交流的日子让我至今回忆起来仍感到无比亲切和温暖，是你们让我感到在哲学的爱智求真之路上不再孤单，从你们身上我获得了追求真理的勇气，感受到一种沉思生活的魅力。

我要特别感谢我的父母和妻子。父母数十载含辛茹苦的养育之恩无以为报，只能以这本小书为起点，在人生之路和学术之路上真诚做人、认真做事，拿出更多更厚重的成果来回报他们。没有妻子的理解和支持，没有她默默地操持家务和养育孩子，我就无法全身心投入到本书的思考和写作之中，她和儿子的笑脸是我生活的温暖港湾，更是我努力工作的力量之源。

最后，向精心编辑和出版此书的中国社会科学出版社表示诚挚的感谢，并期待本书得到学界同仁和广大读者的批评指正。

高广旭

2012 年 12 月 31 日于六安

2013 年 1 月 13 日再改于南京